本研究受国家社会科学基金项目"新农村建设与农民工回流的社会学分析"（10CSH015）、中央高校基本科研业务项目"流动人口市民化的风险评估及对策"（2016AE010）资助并得到华中科技大学文科学术著作出版资助

华中科技大学社会学文库

教授文集系列

农民工的终结

基于社会成本与城镇化背景的考察

THE END OF MIGRANT WORKERS

Based on the Social Cost and
the Background of Urbanization

刘成斌 著

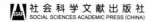
社会科学文献出版社
SOCIAL SCIENCES ACADEMIC PRESS (CHINA)

华中科技大学社会学文库总序

在中国恢复、重建社会学学科的历程中，华中科技大学是最早参与的高校之一，也是当年的理工科高校中唯一参与恢复、重建社会学的高校。如今，华中科技大学（原为华中工学院，曾更名为华中理工大学，现为华中科技大学）社会学学科已逐步走向成熟，走在中国高校社会学院系发展的前列。

30多年前，能在一个理工科的高校建立社会学学科，源于教育学家、华中工学院老院长朱九思先生的远见卓识。

20世纪八九十年代是华中科技大学社会学学科的初建时期。1980年，在费孝通先生的领导下，中国社会学研究会在北京举办第一届社会学讲习班，朱九思院长决定选派余荣珮、刘洪安等10位同志去北京参加讲习班学习，并接见这10位同志，明确学校将建立社会学学科，勉励大家在讲习班好好学习，回来后担起建立社会学学科的重任。这是华中科技大学恢复、重建社会学的开端。这一年，在老前辈社会学者刘绪贻先生、艾玮生先生的指导和领导下，在朱九思院长的大力支持下，湖北省社会学会成立。余荣珮带领华中工学院的教师参与了湖北省社会学会的筹备工作，参加了湖北地区社会学界的许多会议和活动。华中工学院是湖北省社会学会的重要成员单位。

参加北京社会学讲习班的10位同志学习结束之后，朱九思院长听取了他们汇报学习情况，对开展社会学学科建设工作做出了重要指示。1981年，华中工学院成立了社会学研究室，归属当时的马列课部。我大学毕业后分配到华中工学院，1982年元旦之后我去学校报到，被分配到社会学研究室。1983年，在朱九思院长的支持下，在王康先生的筹划下，学校决定在社会学研究室的基础上成立社会学研究所，聘请王康先生为所长、刘中庸任副所长。1985 年，华中工学院决定在社会学研究所的基础上成立社会学系，聘请王康先生为系主任、刘中庸任副系主任；并在当年招收第一届社会学专业硕士研究生，同时招收了专科学生。1986 年，华中工学院经申报获社会学硕士学位授予权，成为最早拥有社会学学科硕士点的十个高校之一。1988 年，华中理工大学获教育部批准招收社会学专业本科生，当年招收了第一届社会学专业本科生。至此，社会学有了基本的人才培养体系，有规模的科学研究也开展起来。1997 年，华中理工大学成立了社会调查研究中心；同年，社会学系成为独立的系（即学校二级单位）建制；2016 年 5 月，社会学系更名为社会学院。

在 20 世纪的 20 年里，华中科技大学不仅确立了社会学学科的地位，而且为中国社会学学科的恢复、重建做出了重要的贡献。1981 年，朱九思先生批准和筹备了两件事：一是在学校举办全国社会学讲习班；二是由学校承办中国社会学会成立大会。

由朱九思先生、王康先生亲自领导和组织，中国社会学研究会、华中工学院、湖北社会学会联合举办的全国社会学高级讲习班在 1982 年 3 月 15 日开学（讲习班至 6 月 15 日结束），上课地点是华中工学院西五楼一层的阶梯教室，授课专家有林南先生、刘融先生等 6 位美籍华裔教授，还有丁克全先生等，学员是来自全国十几个省、市、自治区的 131 人。数年间，这些学员中的许多人成为各省、市社科院社会学研究所、高校社会学系的负责人和学术骨干，有些还成为国内外的知名学者。在讲习班结束之后，华中工学院社会学研究室的教师依据授课专家提供的大纲和学员的笔记，整理、印刷了讲习班的全套讲义，共 7 本、近 200 万字，并寄至每一位讲习班的学员手中。在社会学恢复、重建的初期，社会学的资料极端匮乏，这套讲义是国内最早印刷的社会学资料之一，更是内容最丰富、印刷量最大的社会学资料。之后，由朱九思院长批准，华中工学院出版社（以书代刊）出版了两期《社会学研究资料》，这也是中国社会学最早的正式出版物之一。

1982 年 4 月，中国社会学会成立暨第一届全国学术年会在华中工学院召开，开幕式在学校西边运动场举行。费孝通先生、雷洁琼先生亲临会议，来自全国的近 200 位学者出席会议，其中主要是中国社会学研究会的老一辈学者、各高校社会学专业负责人、各省社科院负责人、各省社会学会筹备负责人，全国社会学高级讲习班的全体学员列席了会议。会议期间，费孝通先生到高级讲习班为学员授课。

1999 年，华中理工大学承办了中国社会学恢复、重建 20 周年纪念暨 1999 年学术年会，全国各高校社会学系的负责人、各省社科院社会学所的负责人、各省社会学会的负责人大多参加了会议，特别是 20 年前参与社会学恢复、重建的许多前辈参加了会议，到会学者近 200 人。会议期间，周济校长在学校招待所二号楼会见了王康先生，对王康先生应朱九思老院长之邀请来校兼职、数年领导学校社会学学科建设表示感谢。

21 世纪以来，华中科技大学社会学学科进入了更为快速发展的时期。2000 年，增设了社会工作本科专业并招生；2001 年，获社会保障硕士点授予权并招生；2002 年，成立社会保障研究所、人口研究所；2003 年，建立应用心理学二级学科硕士点并招生；2005 年，成立华中科技大学乡村治理研究中心；2006 年，获社会学一级学科硕士点授予权、社会学二级学科博士点授予权、社会保障二级学科博士点授予权；2008 年，社会学学科成为湖北省重点学科；2009 年，获社会工作专业硕士点授予权；2010 年，招收第一届社会工作专业硕士学生；2011 年，获社会学一级学科博士点授予权；2013 年，获民政部批准为国家社会工作专业人才培训基地；2014 年，成立城乡文化研究中心。教师队伍由保持多年的十几人逐渐增加，至今专任教师已有 30 多人。

华中科技大学社会学学科的发展，历经了两三代人的努力奋斗，先后曾经在社会学室、所、系工作的同志近 60 位，老一辈的有刘中庸教授、余荣珮教授，次年长的有张碧辉教授、郭碧坚教授、王平教授，还有李少文、李振文、孟二玲、童铁山、吴中宇、陈恢忠、雷洪、范洪、朱玲怡等，他们是华中科技大学社会学学科的创建者、引路人，是华中科技大学社会学的重大贡献者。我们没有忘记曾在社会学系工作、后调离的一些教师，有徐玮、黎民、王传友、朱新称、刘欣、赵孟营、风笑天、周长城、陈志霞等，他们在社会学系工作期间，都为社会学学科发展做出了贡献。

华中科技大学社会学学科的发展，也有其所培养的学生们的贡献。在 2005 年社会学博士点的申报表中，有一栏要填写 20 项在校学生（第一作者）发表的代表性成果，当年填在此栏的 20 篇已发表论文，不仅全部都是现在的 CSSCI 期刊源的论文，还有 4 篇被《新华文摘》全文转载、7 篇被《人大复印资料》全文转载，更有发表在《中国人口科学》等学界公认的权威期刊上的论文。这个栏目的材料使许多评审专家对我系的学生培养打了满分，为获得博士点授予权做出了直接贡献。

华中科技大学社会学学科发展的 30 多年，受惠、受恩于全国社会学界的鼎力支持和帮助。费孝通先生、雷洁琼先生亲临学校指导、授课；王康先生亲自领导组建社会学所、社会学系，领导学科建设数年；郑杭生先生、陆学艺先生多次到学校讲学、指导学科建设；美籍华人林南教授等一大批国外学者及宋林飞教授、李强教授等，都曾多次来讲学、访问；还有近百位国内外社会学专家曾来讲学、交流。特别是在华中科技大学社会学学科创建的初期、幼年时期、艰难时期，老一辈社会学家、国内外社会学界的同仁给予了我们学科建设的巨大帮助，华中科技大学的社会学后辈永远心存感谢！永远不会忘怀！

华中科技大学社会学学科在 30 多年中形成了优良的传统，这个传统的核心是低调奋进、不懈努力，即为了中国的社会学事业，无论条件、环境如何，无论自己的能力如何，都始终孜孜不倦、勇往直前。在一个理工科高校建立社会学学科，其"先天不足"是可想而知的，正是这种优良传统的支撑，使社会学学科逐步走向成熟、逐步壮大。"华中科技大学社会学文库"，包括目前年龄大些的教师对自己以往研究成果的汇集，但更多是教师们近年的研究成果。这套文库的编辑出版，既是对以往学科建设的回顾和总结，更是目前学科建设的新开端，不仅体现了华中科技大学社会学的优良传统和成就，也预示着学科发挥优良传统将有更大的发展。

雷　洪

2016 年 5 月

自序：经验驱动与三农研究的方法论

农民工的相关研究在中国乃至国外的社会科学家当中都已经相当多，成果可谓汗牛充栋。但我们发现一个悖论：农民工的研究非常繁荣，但农民工相关的问题不但没有减少，反而日益增加，比如，农民工流动与家庭婚姻领域相关的离婚率、留守儿童等衍生性问题，还有农民工流动导致媒体普遍关注的农二代犯罪高发、多发问题，诸如此类的社会现象不但没有减少，反而有越来越多的趋势。当然，这与客观的社会发展趋势、社会形势的复杂性有直接的因果关联，但学术界的研究是否提出和分析、预测了这些相关的问题呢？学术的相关研究成果是否已经深刻地解释了这些问题的产生逻辑与社会机制呢？可能答案并不是肯定的。答案不肯定的原因首先是与我们社会科学研究的方法有关。

社会科学研究尤其是经验研究都要讲究方法，但目前学界对方法的重视往往集中在技术层面，对方法论的认知和讨论明显不足。对于不同研究方式和技术之间的比较与关联，在不少研究者的理解中是存在误解的，遗憾的是误解者本人认为不是误解，而是分歧，并且用这种分歧有意或无意地贬低不同方法的研究者。比如不少定性研究者批判定量的人"有数据无思想""假数真算"等。但反过来定性研究并不容乐观，当下的田野研究中几乎每篇论文都有一个新奇的理论框架，给人"个案满地跑，框架满天飞"的感觉，正如赵鼎新所形容的"每天都有众多有时堪称怪异的研究项目和设想粉墨登场，在如此纷繁芜杂的学术混战中出奇制胜的诀窍是不断地推陈出新，推翻常规老论调，开创学术新边疆"（赵鼎新，2006：3）。这一点在当今社会学的重镇可能表现得并不比中国更好，"今日美国一般的社会学、政治学系，对学生们要求的是首先建立所谓'理论'或模式，然后才做经验研究，这种认识方法的结果之一是模式堆积如山，绝大多数十分庸俗"（黄宗智，2013）。这表明社会学看似繁荣，其实与规范学科的差距还相当大的社会事实。笔者禁不住思考：社会学作为一门科学，其经验研究中的方法到底是有什么"科班"要求，其"科学"要素能否向社会学同人羡慕的经济学等更为成熟的学科看齐？

科学研究都是从问题意识开始，即意识到有问题才能着手研究工作。但问题意识往往始于对社会现象的困惑不解，这时模糊的问题意识就产生了，但此时的问题还只是一个大小、领域性的"现象""表现"。所以，问题意识的清晰化是一个从"现象"看出"问题"的过程，前者是混沌印象状态，后者是清晰的可叙状态。所谓"可叙"，是指通过文献的查阅、理性思考，借助已有研究的学术脉络，逐渐能够梳理出"现象"的一些"特征"、关键性因素或变量，并且试图从一定的视角加以解释。

问题意识形成的标志在于能够从纷繁复杂的社会现象中看出问题。问题的探讨与研究往往是从界定社会现象即研究对象开始的，"社会学家的第一步工作应该是从界定他所研究的事物，以使自己和他人知道他在研究什么。这是一切论证和检验最不可缺少的首要条件"（涂尔干，1995：50）。这一条件是否达到是可以检验的：可以通过一定的视角与方法，对所要研究的社会事实能够用具体的社会变量及其关系进行阐述、理解、说明，即形成命题性社会事实。如赵鼎新在研究国家的形成问题时，就把国家的形成这一抽象、模糊的社会现象具体化为七个命题（如中国虽历经更替，但相似的帝国政体得以延续；中国有世界几大文明中最为显著的强国家传统）；冯仕政在对南街村现象的研究中，则把模糊、抽象的"南街村之谜"这一问题具体为三个命题：南街村的经济增长效率如何，南街村的政治合法性是如何形成的，南街村的意识形态怎样发挥作用。

这种把抽象、模糊的领域或现象具体化为问题或命题（problem）的过程表明：任何一个社会现象，其问题包含的因素肯定是纵横交错的，但某一次或一项具体的研究只能抓住一条主线。如果是按照向度来分类，研究问题可分为结构性问题（横向为主线）与过程性问题（纵向为主线）。前者一般要采用量化的研究方法，后者一般要采用定性的田野调查方法。也许正是因为结构与过程两个向度的分野不清，导致很多人对定量与定性的关系持一种对立、互斥的看法。基于这种误解，有的人把方法批评变换成"情感指责"，甚至是人身攻击，这已经完全丧失科学的立场了。

从结构论的观点看，这里的社会事实应当确认为："一切行为方式，不论它是固定的或是不固定的，凡是能从外部给予个人以约束的，或者换一句话说，普遍存在于社会各处并具有其固有存在的，不管其在个人身上的表现如何，都叫作社会事实。"（涂尔干，1995：34）

根据涂尔干的说法，社会现象的"结晶"程度有高有低，结晶化程度高的社会现象就成为"固定"型的社会事实，比如国家法律、科层制组织形态等；结晶化程度低的社会现象就是"未固定"型的社会事实，如风俗文化、习惯伦理。但两种社会事实都具有超越个人表现的普遍性（"普遍存在于社会各处"）、独立于个人存在的外在性（"固有存在"）、对具体个人行动的制约性（"给予个人以约束"）的共同特征。

从建构论的观点看，社会事实应当是"行动者的主观意义关涉到他人的行为，并且指向其过程的这种行动"。以他人指向为出发点，韦伯强调指向的时空可以是过去（如复仇）、现在（如防卫）、将来（如预防），但如果指向事物性对象（如冥想、打雨伞）就不属于社会行动，无意的行为后果（如交通事故）也不是社会行动（韦伯，2005：3、30—31）。由此，韦伯的"社会行动"概念与涂尔干的界定是相通的，即"他人指向"的意义理解应当满足普遍性（例如交通事故的证据应该让所有人都理解为"意外"，而不能换一些人就可以理解成有意为之，那样就是社会行动"谋杀"了）、外在性（行动发出之前的意念不算社会行动，行动一旦发出，便是一个"社会存在"，不是行动者可以消灭的，所以社会行动都有证据）、制约性（行动者都会考虑自己的行动发出对他人造成的影响）三要素。

　　因此，无论采用何种研究方式或技术，对社会事实的界定首先要考虑方法论层面的要求，无论是田野调查还是量化的调查问卷，在界定研究问题的方法论层面都应该考虑研究问题的普遍性、外在性、制约性等社会性。社会性要求超越主观预断，所以，涂尔干提出研究者观察社会事实首先"必须始终如一地摆脱一切预断"（涂尔干，1995：51）。

　　研究能否摆脱预断的标志就是把研究者所要研究的领域、个案、疑问等阐述成具体的问题或中立性命题，而不是用个人的臆断来提出所谓的理论框架然后再去"框定"、选择甚至有意修剪事实材料。比如关于中国农村治理问题，有的研究者根据自己的理论框架，刻意回避那些与主观预定不一致的材料（歌颂新农村的只看政绩、批判新农村建设的只看斗争），选择那些虽不普遍但符合研究者意图的"事实"。当然，如果研究者没有受过"科班"的专业学术训练，这种用理论去"框"现实的过程也可能是由于其研究能力造成的，但不管框架主义者是有意的，还是无意的，其造成的结果都是导致实践的本来面目被遮掩，只发现"想发现"，或者是"应该发现""准备发现"的现象，并且会称之为"田野调查"、实践经验，但其实这种框架主义往往会违反"事实"与经验，甚至让人们无法了解真实的经验常态。如征地拆迁问题中，"自焚"的以命抗争现象虽然频见报端，但这仍然不是拆迁的常态，政府采用拆迁之外的力量进行"变相强制"建构的"被自愿"才是大多数拆迁进程的常态。而由于大多数研究者只关注"新闻"价值或受舆论导向的影响，有"批评暴力强拆"的意图之后才去研究拆迁问题，这种有意或无意甚至是情绪化的"预断"必然导致研究者对"常态"的视而不见。

　　当下的社会科学研究亟待超越盆景意识和框架裁剪主义。以田野与实证为基础的定性研究在中国的社会科学尤其是社会学、政治学等学科中占据非常重要的地位，尤其是1990年代之前在中国的社会科学研究领域积累了丰富的经验，也取得了很多成就。目前随着社会科学研究方法的日新月异，此种田野研究的方法也发生了很多的变化，但主流仍然是以访谈为主，即通过观察与访谈获取资料，然后以定性的资料安排与分析来撰写研究论文。此类研究者在成功的人类学家当中大有人在，但在当前青年学者中，除了极少数的成功者之外，大多数遵循实地调查为基础的田野研究者常常处于两种困境：要么是在田野调查中看了白看，没有发现问题，当然也更写不出研究论文；要么是拿着自己读书时获得的理论框架像用剪刀裁剪盆景一样去裁剪经验材料。前一种困境是不进入状态，处于门外汉的境地；后一种状态就是"框剪主义"或叫"盆景主义"。处于前一种困境的青年学者或研究生会非常苦恼，往往由于毕业论文或工作科研任务的需要，自觉或不自觉地转入后一种困境中，结果就造成盆景主义的泛滥。

"个案满地跑，框架满天飞"是目前盆景主义泛滥的写照。以田野调查为基础的定性研究之所以受到追捧，似乎是由于定性研究介入比较容易，没有任何科学基础的人也可以直接参与田野调查，然后说自己采用的是定性研究。比如，农村研究者大多是从定性研究或者说是从田野调查开始的，遇到农村问题，似乎每个人都懂，都可以进行研究，好像没有任何研究条件的限制与约束。相比较而言，量化研究就需要先学会抽样、统计等专业技术，让大量的社会学或相关专业的人觉得"太难"了。其实不然，如果说量化研究以统计技术为必要条件，但具备这一必要条件的入门者往往可以进行中规中矩的"规范化"研究；而定性研究者则可能陷入前述的两种困境，"不进入状态的门外汉"和"看了白看"可归结为失败，不会有什么大的社会危害，但后者盆景主义方法论的盛行，其危害就不得不进行分析了。

在定性研究中，研究者之所以会陷入盆景主义，原因众多，但最主要的因素可归纳为两个方面：一方面是"社会"过于庞大、复杂，即"人类命运的道路，确实会使一个概览其某一片断的人不能不惊讶无比"（韦伯，2006：13）；另一方面是研究者的方法素养问题，比如有多少人在介入人类学研究之前，真正系统地学习了"科班"的人类学方法？前者是一个客观事实，它说明定性研究并不比定量研究容易，甚至更难。后者就是主观的态度问题了，所以韦伯奉劝那些"惊讶"者："最好将他那些个人的微不足道的意见隐藏不露，就像一个人在目睹汪洋大海或崇山峻岭时所做的那样。除非他认为自己有责任有天赋将自己的意见用艺术或预言的形式表现出来。"（韦伯，2006：13）这里的表现即使在个人主义者那里只是材料的"组合"而非"建构"："我们所做的只是对我们能够理解的个人行为类型进行界分，也就是提出并发展对它们类分——简而言之，就是把我们在进一步的研究过程中必须加以使用的材料做一有序的安排。"（哈耶克，2003：102）笔者这里无法过多地涉及人类学培养过程和技术，但就方法论素养的应用来讲，定性研究最重要的是"理解"而非选择性建构。理解的含义是说，社会科学的研究不是对材料、经验冠以一般化的概念或框架，甚至是理论体系，而是要努力地去理解它们。

当然，辩证地来看，社会科学研究并不能完全回避"理论概念"的重要性与参照功能：从人们的思维方式来讲，现实是复杂的、多维的，也是纵横交错的，而概念可以让人们"化约"复杂、多维、交错的实践经验，这正如韦伯所提出的"理想类型"。有了理想类型的概念之化约，人们才能更好地描述、理解实践经验，也才能进行人与人之间的良好沟通，文化理解与理论传递也才成为可能。从哲学层面讲，人类思维活动本身就是对经验现实的"抽象"，抽象自然离不开"概念"。所以，我们要反对的倒不是一般性的以概念来理解性思考问题（也仅仅限于用来理解性思考），而是要反对随意提出描述性和分析性的概念来作为分析的工具。

好的学术研究是从经验出发，而不是从研究者的理论出发。违反这一点即从研究者提出的理论出发往往会导致框架裁剪主义的盆景"成果"，这好比是裁剪盆景的人首先有了一个盆景意识或想象，把树木、花草裁剪成盆景，而树木或花草的本来面目是未知的。

框架裁剪主义的盆景手法是形成"三农"研究纷繁芜杂面貌的根本原因。尤其是盆景的主刀者，陷入框剪主义而不自知，把研究"异类"于树木的本来面貌标称为研究创新，但其实是裁剪、歪曲了事实。基于此，盆景主义应当首先在方法认识上得到纠正：理解不是用框架或概念去"框剪"经验事实，也不是给予经验材料一般化的标题（标签），而是用逻辑去理解经验。理论只是引导方向，理解产生知识的创造。

如果做个对比，框架裁剪主义与科学的理解解释之间存在以下七个方面的差别。一是从出发点来看，框架裁剪主义的出发点是理论框架，理解解释路线的出发点是社会事实的原材料。二是从理论态度来看，前者是搬用套用，后者是引导借鉴。三是从经验态度来看，前者是拿来主义，后者是尊重经验本身。四是从研究逻辑来看，前者是推理、想象并框进现实，后者是从事实材料出发归纳出社会关联。五是从价值角度来看，前者是应然的理性需求，后者是实然的呈现。六是从研究结论来看，前者是应用经验证实推想，后者是对经验的总结与提升。七是从学术价值来看，前者是按照研究者意志裁剪的盆景，后者是还原社会问题的森林图式。

经验研究中采用定性方法时并不是不需要理论，理论是必需的，这是无疑的。但在实践观察或经验研究中，理论只能作为观察实践、总结经验的"知识库存"而非教条。知识库存（储备）的含义是指：在看到一个具体的社会现象时，能够用相应的知识储备去理解现象，而不是把理论当作标准、框架去裁剪经验。前者形成的是阐释主义路线，后者形成的是"框架裁剪主义"。框架裁剪主义的本质方法论特征在于既定的人为建构。社会本来是一片森林，定性研究本来应该研究一棵具体的树，虽不全面，但可以让我们了解树木或花草的质地、属性、成长过程等。但框剪主义的定性研究是一个个盆景，即使再精致、再符合人们审美的需要，也毕竟是裁剪、割裂出来的，从加工过程的角度讲，是一种植物工艺品，而非科学应当努力追求的"真实森林"。即使通过大量的个案累加，也只能组成一个"人工花园"，而不可能呈现森林的真实面貌。"这种理论的按图索骥和'田野调查'的最大收获，莫过于帮助研究与调查者们发现了他们本来就想要发现的东西"（吴毅，2007：25），"微观层面的信息，尤其是从人类学方法研究得来的第一手资料和感性认识，使我们有可能得出不同于既有规范认识的想法，使我们有可能把平日的认识方法——从既有概念到实证——颠倒过来"（吴毅，2007：174）。

在现实的经验研究中，框架裁剪主义流行的原因在于框架裁剪主义的教条套用过程简单易行：拿自己"所谓的看书"并背诵"书上是怎么教的""我看了某某书上的是如何说的"，然后以此为真理、标准去"框"各种现象，凡是与此不符的，要么不予理睬，要么妄加批判、否定。研究者犯了教条主义错误、食古不化的错误却浑然不觉，并因此方法简单易行而乐此不疲，结果形成了五花八门却缺乏实质意义的"研究成果"，其更大的危害是造成后来的博士、硕士进行模仿，但对如何走上真正的学术研究道路之问题陷入"乱花渐欲迷人眼"的格局。

实证性研究主要是回答社会科学研究中的过程性问题，其基本任务在于把事情的来龙去脉说清楚，其基本路线应该遵循阐释主义路线。阐释主义路线应该是要求"吃透"理论的精神，并用这种理论的精神去理解经验、社会事件，理解的功能应当表现为：遇到一个现象或问题时，可以用知识储备去回应、解释这种现象背后的社会逻辑。而框架裁剪路线的盆景主义是从既定的理念出发走向演绎，其在实际操作过程中会出现以下方法论错误。

（1）学术概念是从教条中生搬硬套而来，拿理论教条去"发现""修剪"经验材料，而不是尊重经验本身的实践形态。这主要体现研究态度的错误，颠倒了理论与经验在定性研究中本来应有的"知识库存"与"研究材料"的关系。

（2）理论概念之间缺乏体系性的有机衔接，而是四处搜索或尽可能罗列诸如区隔、符号抗争之类的名词进行拼凑，导致"理论"概念满天飞。不同时间、不同学派的理论或概念之间缺乏融合、整合，搞不清楚不同概念之间的关系，导致概念杂陈。

（3）根据不同的理论概念寻找或裁剪不同的经验材料，会导致研究材料的"切割"，社会实践经验的本来面目会被人为随意地"修剪"，得到研究者"主观"有意想要或无意发现的"经验"。

（4）在知识生产环节中，盆景主义只能导致无效概念的积累，而不能真正促进知识的生产，无法形成有效的知识链。错误的盆景主义流行甚至会导致用想象出来的乌托邦主义代替现实或否认现实，导致经验的无中生有。

（5）就研究方法而言，盆景主义者最后即使积累到一定深度，能够对经验材料灵活组合，但由于脱离不了框架裁剪的路线，在研究手法上只能是变相抄袭。用诸如"半熟人""准市场"一类的概念来提炼所谓"从经验出发"的研究结论。

"森林"式研究在方法上要求一个原始、自然、开放的系统性过程。原始是指从社会存在出发而不是从理念出发；自然是指不是人为地任意裁剪，而是依据社会本身的属性进行组合、排列；开放是指因素并不固定，研究过程中可能出现任何非既定的元素、因果关联。森林原则的田野调查与研究即使只是呈现森林中的一棵树或者一片灌木丛，但都要求呈现"生态"过程而不是把它修剪成盆景。如此，田野调查与研究的积累才能达到森林的图景。

从科学性发展的目标来讲，实证科学研究的过程阐释既不能停留于"常识"，也不能走向神秘主义（研究者自认为是内行，其他人都是外行），而应走向规范的研究程序，让进入实证研究的人有"科班"规范程序可遵循。当然，"任何研究方法的作用都是有边界的"（孙立平，2002），不同研究方法既没有好坏之分，也没有在具体研究中的应用层面的对立，相反是可以互补的。

基于以上方法论的立场，本研究采取经验驱动的研究路线，以采用定量研究技术为主，辅以定性的人类学观察与访谈，尊重经验事实，分析社会逻辑，形成科学结论。

目　录

上篇｜终结的依据

中篇
因回流而终结

下篇
因城镇化而终结

第一章　导论

第一节　问题的提出

农民工虽然是一个广泛使用的概念，研究成果也可谓汗牛充栋，但其学术概念的界定普遍被忽视，大多数研究都是顺手拿来，而没有从年龄、职业、身份等方面进行操作化。农民工概念在职业上是从事非农化劳动或者为别人耕作（打工）的农业劳动者；在年龄上认定 16 岁以上具有劳动能力的人，因为农村 60 岁以后仍然在劳作的尤其是在建筑、清洁工、农业耕作方面老年人更多；在地域范围上强调是外出劳动的农民工，2011 年国家统计局公布的农民工总量是 2.53 亿人，其中外出农民工是 1.59 亿人；在身世与家庭背景方面，出身于农民家庭，一直在农村或随父母进入城市流动，但没有获得非农户口也没有以参军或招工等途径脱离农民身份。

回流是一个与外流相对的概念，在不同层级政府的概念中，回流的概念往往对应本级别的行政单位。如省级政府公布的回流数字主要是省外流动人口回流到省内，但县级政府公布的就是回到本县的流动人口。国家统计部门的口径则有不同级别，最低级别的口径是以乡镇为单位。但无论是哪一种级别，相关报道和公布数据都表明农民工回流是一种"常态"的劳动力流动现象。根据《人民日报》2012 年 8 月 23 日第 4 版的报道，2012 年上半年河南省省外输出 1119 万人，而河南省外回流到省内的人口有 71 万人，回流比例达到 6%。2008～2011 年，四川农村劳动力跨省转移所占比例分别从 58.7% 逐年降至 55.6%、54.6% 和 52.4%；截至

2012年6月底，这一比例已经下降到48.2%。

回流的常态化在学术界的研究中也得到同样的证实。梁在等（2004）曾利用1995年小普查数据估计返迁回四川的比例为10%，而由广东返迁回四川的比例高达23%。蔡昉在苏北地区的调查认为接近1/4的农民工发生了回流（蔡昉，2000：16），而赵耀辉（2001）在6个省份的824个家庭户进行的调查数据显示返迁率为38%。

虽然回流已经成为一个公认的社会事实，但国家统计局的动态监测数据只监测仍处于务工状态的农民工，而曾经务工过的农民工是不在监测之列的。也就是说，回流后不再务工的农民工，统计口径不包括在内。不包含回流数据就掩盖了农民工"更新"与"替代"的比例，即多少是新增加的，多少是从流动地回流的。被屏蔽的数据显示，农民工外出流动并没有明显的家庭化趋势，根据国家统计局公布的数字，2008～2011年举家外出的比例分别为20.36%、20.41%、20.03%、20.67%。同时，本地务工的比例分别为37.71%、36.75%、36.69%、37.25%，这表明本地务工的比例也没有明显增加。那么，相应的外出务工者的比例也基本稳定，其数据分别为62.29%、63.24%、63.31%、62.75%。但事实上，回流不但给迁出地造成了一系列的影响，也给流入地造成了"民工荒"、腾空岗位等影响。例如，就年龄分布结构来看，在农民工外出总体比例不变的情况下，年轻人外出比例增加了，而本地务工者当中，40岁以上的中年人群比例升高了，回流务农的人群平均年龄更大。根据2010年国家农民工监测调查报告，在2009年的农村劳动力中，16～19岁年龄组人群外出就业、本地非农、本地务农三项的比例分别为50.2%、8.7%、41.2%；20～29岁年龄组劳动力的三项比例分别为49.3%、13.2%、37.6%；30～39岁年龄组的劳动力三项比例分别为27.4%、20.8%、51.8%；40～49岁年龄组劳动力的三项比例分别为11.7%、21.1%、67.2%；50～59岁年龄组劳动力的三项比例分别4.4%、15.4%、80.2%。这表明年龄越大的人群在农村务农的人口越多，50～59岁年龄组在农村务农的比例在80%以上，20～29岁年龄组外出的比例达到近一半。国家统计局监测显示，总体外出规模基本稳定的数据包含了"高年龄劳动力的回流"与"青年农民工的外出增加"。

本研究拟以主观意愿与经济、社会特征为分析切入点，在探讨农民工流动结构特征的基础上，梳理农民工回流的比例与规模，进而着重探讨农民工回流的社会必要性、主体类型、社会影响等。社会必要性主要是指农民工回流在价值导向是否应该，尤其是围绕农民工外出打工的社会成本与代价进行分析；主体类型则是依据农民工主体意愿划分回流的类型；社会影响着重探讨农民工回流对其本人、家庭、社区与新农村建设的生产发展、公共建设等各方面形成的影响。

第二节　文献综述

在已有的相关文献中，外文文献是以"移民"为主，但由于中国农民工是以"流动"为主，基于中国农民工的身份限制与户籍制度等实际背景，本研究着重梳理国内有关农民工的文献。

（一）国外移民回流文献

列文斯坦在研究 19 世纪末期移民到美国的欧洲淘金族群时发现，有近 25% 的人口存在返迁现象，由此列文斯坦提出"每一个迁移潮流都会产生一个补偿性的反向迁移源流"（Ravenstein，1885）。

人口回流现象在国际移民研究中引起广泛重视。1975～2000年，全球约有 1.75 亿跨国移民，占全球人口的 2.9%。其中跨国移民的回流现象是大量存在的：1975 年 1 月 1 日～1980 年 4 月 1日，迁入美国的移民中有 17.5% 的人最终选择离开了美国（Borjas and Bratsberg，1996），这一点与经典理论中"收入最大化"、进入最富有的国家等假设不一致。相关调查表明，那些移民海外的人群往往会积累资源进而在家乡进行投资和消费，而在外移民的时间长度则取决于海外消费水平高低与家庭"终生消费保障"之间的边际效用成本（Stark，Helmeustein and Yegorov，1997；Dustmann，

2003）。当户主面临借贷强制和缩小投资规模时，他们在海外停留的时间长度取决于资本积累达到挣钱目标的所需时间（Mesnard，2004）。在德国的移民当中，收入水平越高的移民回流的可能性越高（Dustmann，2003），但同样利用德国调查数据的有关文献也有研究表明移民收入水平与回流概率之间没有关联（Constant and Massey，2002）。一项有关突尼斯人回流的调查表明，如果移民在海外积累了较多的资金，就会倾向于回流通过投资成为企业家（Mesnard，2004）。同样，一个关于土耳其移民回流的企业家调查数据也表明，回流企业家在海外移民的时间长短与当时移民收入水平有关（Dustmann and Kirchkamp，2002）。

在国外移民研究中，回流在总体移民研究的总量中比例较小，移民研究更多关注的是诸如迁移动机、迁移过程、迁入地融合等（King，2000），尤以美国这样的移民国家为甚：在1990年代中期，美国非本土出生人口占总人口的比例达到9%，净迁入人口占美国总人口增长量的25%，移民在美国出生的孩子占美国增长人口的27%（Martin，1995）。移民回流虽然对移民输出地、迁入地均有重要影响，但是仍然没有受到学术界应有的重视。例如，加勒比海区域的劳动力在二战后大量迁移出去，输入地先是以欧洲为主，后来又转向美国和加拿大，但这种纯迁出到1970年代开始出现改变，即从1980年代起，大量迁入欧洲等地的劳动力开始回流，只是由于移向美国和英属维尔京群岛（The British Virgin Islands）的绝对规模超出欧洲回流的绝对规模，所以回流现象一直没有受到重视（Byron，1994；Byron，2000）。无论是对曾经的发展还是对以后的发展而言，都应当对回流进行深入的调查与研究。对于曾经的迁入地来说，移民先前在生产性劳动、税收、消费、社会服务等方面均有重要的财政性贡献；对于输出地来说，回流人口能够弥补原来由于人口迁出或技术移民而引起的人力资本损失，还能带回经济积累以开始家庭商业投资（Ahlburg and Brown，1998；Thomas，2008）。

在以往有关移民回流的研究中，大多是从经济角度切入的，比如有研究应用理性选择理论对回流动机的调查发现，移民在进入城市后的生活条件改善程度达不到预期或者家乡有更好的投资机会时会发生回流（Christiansen & Kidd，1983；Murphy，2002）；生命周期理论认为迁移的劳动力大多是经过挣钱、回流两个阶段，而这本来就是不同年龄阶段的生命周期规律（Davies & Pickles，1991）。微观经济学的实证调查还发现回流移民大多是由于个人的低学历、低技能而不能在输入地获得成功，而那些继续留在输入地的移民则具有较高的学历和技术（Massey and Lindstrom，1994）。虽然在输入地获得成功的移民本人不倾向于回流，但会通过汇款的方式改变输出地家庭的生活条件和经济生产经营方式或增加新的投资（Stark and Galor，1990；Constant and Massey，2002）。除分析回流的经济原因外，不少研究也关注回流的经济后果，如回流可能在家庭、社区、社会等层面潜在的各种经济影响（Borjas and Bratsberg，1996；Lindstrom and Massey，1994；Oropesa and Landale，2000；Reagan and Olsen，2000；Newbold，2001）。

当然，一些最新的研究也开始关注非经济因素对移民回流决策、回流时间的影响，比如1994年一篇关于从南欧至德国务工的劳动力调查发现，那些家庭成员留守在输出地的劳动力比那些家庭成员随迁的劳动力更倾向于回流（Brecht，1994）。有研究把家人不能团聚对劳动力的生理、心理造成的负面影响看成与经济成本一样的"成本支出"进行研究，结论是已婚者回流的可能性是未婚者回流概率的3.7倍（Wang and Fan，2006）；但也有调查发现已婚者尤其是女性已婚者小于女性未婚者的回流概率（Zakharenko，2008）。还有研究在发现结婚对回流有影响的同时，认为家庭人口规模的大小也会影响劳动力在外就业的心理成本进而影响回流决策（Vadean & Piracha，2009）。以美国为主要输入地的国际迁移与回流的研究也发现，那些迁入美国的人群除了对美国与祖国之间的经济差别有感受，同时对文化差异和语言体系差异也有深切的感受，美国福利保障对一部分人并不具备吸引力，只是在总体迁移人口中降低了回流发生的概率，而且，回流人口并不具有技能偏差——美国武装部队能力测试（Armed Forces Qualifying Test）非常重视的一项内容（Reagan and Olsen，2000）。

在国外研究的人口回流现象中，不少是与中国农民工有十分相似或相近的特征。如有关研究表明，从墨西哥到美国务工的流动人口也大都只能获得地位低下、工作条件较差、劳动强度高或比较危险的工作岗位；墨西哥流动人口与中国农民工的迁移网络、身份体制也十分相似——都难以获得法律认可的正式居民身份，都与家乡保持一定程度的联系以备获得危机发生时的救助与社会支持，并为将来回流做好准备。那些获得一定积累的中年人往往会利用经济资本与技术经验带领家属返回家乡从事手工业、小商品经营或者是扩大一定规模的农业种植活动。

（二）国内人口流动与迁移文献

有的研究者把农民工外出打工叫作"农民工流动"，有的叫作"迁移"。如果按照严格的人口迁移标准来说，中国农民工的迁移行为只是职业非农化的迁移，无论是户籍身份还是整体的生活方式、家庭关系、社会支持网络及其自我认同，都算不上是移民。所以，本研究是在流动的意义上谈农民工。

1. 家庭化流动趋势

农民工规模性流动已经成为中国经济与社会发展的常态，国家统计局公布的《2014 年全国农民工监测调查报告》显示，中国农民工总量达到 2.74 亿人，其中外出农民工为 1.68 亿人。农民工大规模异地流动，对其子女的影响主要产生流动儿童与留守儿童两类情况。对这两类儿童的研究成果而言，在 2006 年之前学界主要是关注流动儿童遭受的文化歧视与社会排斥，但 2006 年以来学界的研究重点是留守儿童问题。这主要是因为留守儿童的健康、安全问题在官方媒体报道、舆论宣传等均显示更为突出，给中国营造和谐社会带来严重的负面影响。因此，近十年来农民工子女选择留守还是流动，尤其是农民工未成年子女在健康、升学、犯罪等不同方向的社会分化与其父母流动之间的关系更受学界关注（王水珍、刘成斌，2007；陈在余，2009；刘成斌，2013）；而且相关经验研究证明留守经历对考入大学等正常社会化农民工子女的心理健康仍然存在负面影响（胡枫，2009；白勤，2012；刘成斌，2014）。随着第一代农民工的逐渐回流与新生代农民工成为产业工人的主体等社会形势的变化，尤其是新生代农民工的发展理念、社会价值观有了实质性的变化（刘成斌，2007），农民工流动的家庭化趋势逐步提升（李强，2012；陈景云，2013）。同时，目前中国正在推进的新型城镇化是以人口城镇化为主轴，那么，农民工家庭化流动是实现人口城镇化的重要构成部分。而农民工子女随迁既可以减少留守儿童风险，又能促进国家人口城镇化进程，是值得认真探讨的社会问题。但目前学界对农民工子女随迁比例、影响因素的探讨尚不甚清晰。因此，本研究立足于了解流动人口的未成年子女是否与其一起随迁的现状，即有多大比例的未成年子女是随迁的、流动人口的未成年子女随迁的影响因素有哪些？这对于了解当下中国流动人口的趋势、国家调整相关的人口政策和劳动政策都具有重要的借鉴意义。

2. 购房城镇化

在现有研究中，通过统计模型分析农民工是否愿意定居城镇及其影响因素的文献居多，综合这些文献来看，影响农民工购房城镇化意愿的因素主要有以下几点。

第一，经济收入水平。无论是理论假设的预期收入水平还是现实中职业收入或家庭总收入，都认为收入是影响农民工购房意愿的主要变量（章铮，2006；李培林、田丰，2011；魏后凯，2013）。

第二，以教育、技术为主的人力资本变量。学者普遍认为教育水平与专业技术能力是影响农民工购房落户城镇的主要因素，其实教育与技术等人力资本也与收入直接相关（李强、龙文进，2009；李培林、田丰，2011；董延芳等，2011；费喜敏、王成军，2014）。

第三，承包田地的数量。张翼的研究结果表明农村原有的承包田是影响农村流动人口城镇化的重要因素，绝大多数农民工不愿意转变为非农户口；如果要求农民工交回承包地，则只有10%左右的农民工愿意转为非农户口（张翼，2011）。其他学者的数据也证实了这一因素的影响（董延芳等，2011）。

第四，迁移距离与地域因素。蔡禾和王进分别用放弃土地、户口迁移作为因变量，讨论了农民工对城市生活方式的追求作为迁移动力因素的影响、流出地与流入地之间的距离远近及其带来的迁移成本对购房意愿的影响（蔡禾、王进，2007）。

第五，社会保障情况。已有研究主要关注国家对农民工制定的劳动、子女教育等政策的落实情况，以及医疗保险、养老保险等方面享受情况（蔡禾、王进，2007；魏后凯，2013；秦立建、陈波，2014）。

第六，是否夫妻共同外出或举家外出（费喜敏，2014）。

第七，社会网络。钱文荣、黄祖辉的研究分析了农民工在城市的社会交往情况以及农民工在与城市居民交往过程中感受到的社会态度是倾向于融合还是倾向于排斥（钱文荣、黄祖辉，2007）。

第八，务工年限。有的学者通过实证研究表明务工年限对农民工进城落户有显著的影响（李强、龙文进，2009），但也有学者通过实证调查认为务工年限对农民工购房城镇化没有影响（夏怡然，2010）。

3. 留守儿童的研究

（1）留守经历对儿童学习成绩的影响。主要观点可以划分为两类：一类是没有影响甚至儿童变得更为独立（朱科蓉等，2002；柳翠等，2005）；另一类是留守经历导致儿童学习成绩变差（项继权，2005；吴永胜，2004；周宗奎，2005），尤其是加上城乡教育差距和留守儿童父母缺席的交互影响，农村留守儿童的受教育机会和学业成绩存在严重的问题，比如到了高中阶段，留守儿童比例明显下降（杨菊华等，2008；段成荣，2013；吕利丹，2014）。究其具体原因，有学者从整体上对留守儿童心理、情感功能方面进行分析，认为由于父母长期不在身边，彼此都感到陌生；监护人由于时间、精力有限及年龄、知识的代沟而与孩子沟通有限，这对留守儿童情感世界影响较大，他们思念在外的父母，同时也只能无奈地面对现实（叶敬忠，2005），最终导致辍学打工或比同龄人过早地外出打工（刘成斌，2014；吕利丹，2014）。

（2）留守经历对儿童的行为习惯和人际交往及安全方面具有

负功能。有调查发现留守儿童在老师的德评方面"优"普遍较少，而"差"比其他儿童多；留守儿童的亲子关系普遍比其他儿童更差；留守儿童普遍存在交往困难、独立性差、参与集体活动不积极、不听祖辈教导、不遵守学校规章甚至小偷小摸等问题（林宏，2003；张艳萍，2005；申晓燕等，2009）。有学者对留守儿童的极端性格类型进行了划分：攻击型，情绪自控力差、好冲动（林宏，2003）；畏缩型，冷漠、畏惧、自卑（黄爱玲，2004），柔弱无助、自卑闭锁、寂寞空虚、考试焦虑、学校恐惧症、依赖心理、盲目反抗或逆反心理（范柏乃等，2007），对父母充满怨恨（范先佐，2005）。2004 年公安部调查显示了两个"大多数"：全国未成年人受侵害及自身犯罪的案例大多数在农村，其中大多数又是留守儿童。留守儿童的安全问题主要集中在三个方面。一是容易受到他人的人身侵害。段成荣、周福林（2005）认为留守儿童的自我保护能力弱，父母外出务工无法对孩子进行思想、价值观上的引导和情感上的呵护，受监护质量大打折扣（孙宏艳、李庆丰，2005）；转型时期社会矛盾突出、治安问题严重，增加了风险。二是留守儿童自己行为失控导致的安全问题。留守儿童容易产生失控行为如喝酒、下河游泳、飞车等，严重的最后走上犯罪之路甚至毁掉生命（范先佐，2005；周宗奎等，2005；姚云，2005）。三是监护权缺失导致的意外，例如意外溺水、意外车祸等（郭三玲，2005）。关于人际交往中的安全感，学者大多是通过实证调查，用修订后的马斯洛安全感 – 不安全感量表和 Rutter 儿童行为问卷对留守儿童与普通儿童进行安全感的比较研究，结论认为"初中留守儿童的情绪安全感、安全感总分显著低于对照组儿童；初中留守儿童的神经症行为与行为问题总分显著高于对照组儿童"（黄月胜，2010）。胡朝晖等（2012）分析了农村留守儿童面临的安全问题及其原因所在。就留守儿童的安全而言，研究结果基本上都显示，父母的外出给孩子的安全带来了更大的威胁。由于亲子分离，留守儿童不能得到应有的照顾，其安全问题受到挑战。

（3）留守经历对儿童心理健康的影响。留守儿童普遍在经济上满意度更高，随着年龄增长会出现经济条件虽然好转但家庭生活满意度降低的情况，留守儿童相比于非留守儿童受朋友的影响更大，但也有研究发现留守儿童"乐群性低，对人对事比较冷淡、性格孤僻"，"情绪不稳定、抑郁、紧张压抑"（王东宇、王丽芬，2005）。部分学者运用比较研究方法，通过对比发现留守儿童在积极情感上的具体特征显著低于非留守儿童，消极情感上表现为孤独感和莫名的烦躁（池瑾等，2008）。在留守儿童心理和情感问题产生的原因方面，吴承红、蔡澄等（2005）从理论层面探讨了留守儿童心理问题产生的原因：情绪问题源于对亲情的需要；交往问题显示出内心的不平衡；自卑心理是缺乏心理支持的结果；逆反心理代表了某种无奈的反抗。毛锡云（2009）则认为留守儿童由于在不完整的家庭中成长，缺少与父母的沟通才出现抑郁、孤独、粗暴、依赖、自私、厌学等负面心理。谷子菊（2009）认为当前整个社会存在将留守儿童污名化的现象，给其带来双重压力——既得不到父母的关爱，又受到来自社会的排斥与偏见。王阳亮（2006）对已有的心理学研究进行整理，归纳出影响留守儿童心理健康水平的家庭因素：父母外出时间、父母分离的时间长短、有无兄弟姐妹及是否在一起、抚养方式及抚养家庭环境、监护人的文化程度与教养方式、父母文化程度。和秀娟（2007）从社会工作的生态学视角入手，强调"环境中的人"的理念，认为留守儿童所处的社会环境及其适应与对策等都是儿童产生心理问题的重要因素，并不是单纯的一个由于父母长期外出而引起孩子情感缺失和心态异常的问题，而是学校、社会、父母、监护人与留守儿童自身等多种因素交互作用的产物（叶曼，2006）。

（4）留守儿童与流动儿童社会化过程的比较研究。流动儿童在亲子关系等方面更占优势，但留守儿童在同伴关系方面更占优势（王水珍、刘成斌，2007）；由于长期的亲子分离，亲子间缺乏交流、家庭情感功能退化等一系列问题对留守儿童的安全感造成不利影响。国内关于留守儿童安全感的研究多见于心理学，大部分研究认为留守儿童普遍缺乏安全感，学者们分别探讨了留守儿童安全感的特点及弹性发展（朱丹，2009）、父母回家间隔对留守儿童安全感的影响（华姝姝，2012）、安全感与行为问题间的关系

（黄月胜等，2010）、从亲子关系的角度探讨安全感及其影响因素
（刘永刚，2011）、留守儿童安全感与应对方式的关系（姜圣秋等，
2012）。还有学者对留守儿童安全感的家庭动因（杨元花，2006）
进行研究，指出父母的养育方式、父母受教育水平、父母职业、
家庭类型、经济收入和家庭物理环境对初中生安全感有明显影响；
亲子分离后，亲子相处时间、替代养育方式显著影响留守儿童安
全感的发展。在学校动因方面，友谊质量、同伴接纳、师生关系
与农村留守儿童的安全感正相关，友谊质量与师生关系对其安全
感有显著的正向预测作用（李骊，2008）。马季等（2008）的研究
指出民工子弟学校与公办学校初中生在安全感总体水平上没有差
异，两类学生在各影响因素中有差异的是家庭教育方式和学校环
境。不同类型的农民工流动方式对其农二代社会分化的方向有不
同倾向与不同程度的影响，双亲外出的留守儿童犯罪概率明显增
加，而上大学的概率明显减小（刘成斌，2013）。

4. 农民工回流

回流概念是借鉴物理学专业术语而来。其本来含义是指理化
实验装置中液体分流中的一种现象，为了保持反应器中液体的连
续性，蒸气必须在挥发的过程中分流一部分返回到反应器中，这
样才能防止反应物挥发太快而中断反应。可以看出，回流概念在
理化科学中的本义是指"回流与蒸气流上升同样重要"，是保证精
馏过程连续稳定的必要条件。人口学借用回流概念来指代人口从
原居地流出后，一部分流动人口再返回原迁出地的行为。近些年
来，出国人员的回流，即海归现象明显；本研究的回流主要是指
外出农民工当中的一部分返回原迁出地。

根据国务院印发的《国家新型城镇化规划（2014—2020）》，
1978～2013 年，城镇常住人口从 1.7 亿人增加到 7.3 亿人，城镇
化率从 17.9% 提升到 53.7%，年均提高 1.02 个百分点；城市数量
从 193 个增加到 658 个，建制镇数量从 2173 个增加到 20113 个。
京津冀、长江三角洲、珠江三角洲三大城市群，以 2.8% 的国土面
积集聚了 18% 的人口，创造了 36% 的国内生产总值，已成为我国
产业工人的主体构成部分，并且"被统计为城镇人口的 2.34 亿农

民工及其随迁家属，未能在教育、就业、医疗、养老、保障性住房等方面享受城镇居民的基本公共服务，产城融合不紧密，产业集聚与人口集聚不同步"。同时，由于城镇产业发展的需要，土地城镇化又在加速推进，1996～2012 年，中国建设用地平均每年增加 724 万亩，城乡合计平均每年增加建设用地 357 万亩；2010～2012 年这两个平均数字分别达到 953 万亩、515 万亩。这就导致中国城镇建设土地增长保持高速，而 2.34 亿农村人口在"产业上已经非农化但在户籍上仍然是农业户口"的"产城不整合"（产业非农化与城镇化不对称、缺乏整合与协调）现象。相关调查统计，中国农民工群体中全家人一起外出、完全脱离农业生产与农村生活的占 19.95%，应该说这一部分是真正意义上的"常住人口"，其他 80.05% 的农民工都是在城市与农村之间循环流动（韩俊等，2009）。如果依据国家公布的 2.34 亿农民工总量来推算，农民工真正举家外出并完全脱离农村生产与生活方式的常住人口有0.4668 亿，另外 1.873 亿的农民工由于家庭与经济、社会网络等多重原因最终更倾向于回流。

（1）农民工回流的原因。对农民工回流行为研究首先是从其决策的成本与收益来比较，大多是借鉴经济学的"经济人"假设来分析农民工回流行为的成本与收益因素。比如一些农民工由于年龄大而丧失劳动机会面临失业风险，为了回避这种风险而回流（白南生，2002；章铮，2006；陈锡文，2009）；还有些农民工由于长期在外打工面临子女教育、老人照顾等诸多问题，认识到子女教育与家庭照顾的重要性而选择回流（黄余国，1999；白南生，2002；张宗益，2007）。还有些学者从"返乡创业"的农民工这一独特人群出发，分析回流创业的机遇产生的拉力促使那些有一定资金积累，也有一定事业发展信心的农民工回流并进行创业（王西玉，1999；白南生，2002；林斐，2004）。由此，有学者评价农民工谋求福利最大化是促成其回流的经济原因，这种理性判断在经济学领域产生了较大影响（刘铮，2006；邹进泰等，2009；伍振军，2011）。

劳动力市场结构与供求关系对劳动力市场造成的变化导致农

民工回流。部分学者认为国家西部开发政策促使西部地区经济获得较快增长进而产生诸多就业机会，同时东部地区面临产业升级困难与市场销售不旺等原因，这些导致较远距离的跨省流动受到抑制，远距离外出打工转变为本地就业的现象普遍发生，由此促进农民工回流与创业（邹进泰，2009；石智雷，2009；郭力，2011）。

其他诸如从职业类型、在外务工经历（时间长短、文化歧视与社会排斥）等方面分析农民工因在城市受到的推力而回流。

（2）回流人群的人口学结构与特征。基于人口学和管理学等角度，学者们发现年龄不但是影响农民工外出的一个显著变量，也是影响其回流的一个突出特征。总体上讲，农民工的年龄与回流概率之间呈现正相关关系，其原因在于农民工从事的大多是体力劳动职业，其年龄达到中年期阶段之后，年龄的增长也就意味着体力的下降与体能的衰弱，进而逐渐丧失劳动力市场上的竞争能力（罗芳，2007；蔡昉，2009；盛来运，2009；叶静怡等，2011）。周皓等通过对第五次全国人口普查数据的分析发现，回流劳动力与外出务工劳动力、非外出劳动力三类人群的平均年龄分别为 29.95 岁、26.41 岁、32.35 岁。

从国家统计局公布的数据来看，全国农民工总量从 2008 年的 2.25 亿人增长至 2013 年的 2.70 亿人。其中，2008～2013 年外出农民工比例基本都在 62% 左右徘徊，没有显著的增减变化，本地务工的农民工比例基本维持在 37% 左右，2013 年本地务工农民工比例略有增长（见表 1-1）。分地区来看，2010～2013 年，东部地区省内流动的农民工比例依次为 80.3%、83.4%、83.7%、82.1%；2010～2013 年，中部地区省内流动的农民工比例依次为 30.9%、32.8%、33.8%、37.5%；2010～2013 年，西部地区省内流动的农民工比例依次为 43.1%、43.0%、43.4%、45.9%。这表明东部、中部、西部地区的农民工本地就业的比例都在增加，跨区域流动的总体比例在降低。

表 1 - 1　全国农民工 2008 ~ 2013 年规模及外出比例变化

指　标	2008	2009	2010	2011	2012	2013
农民工总量（人）	22542	22978	24223	25278	26261	26894
1. 外出农民工（人）	14041	14533	15335	15863	16336	16610
外出比例（%）	62. 29	63. 25	63. 31	62. 75	62. 21	61. 76
（1）住户中外出农民工（人）	11182	11567	12264	12584	12961	13085
（2）举家外出农民工（人）	2859	2966	3071	3279	3375	3525
举家外出占外出农民工量的比例（%）	20. 36	20. 41	20. 03	20. 67	20. 66	21. 22
2. 本地农民工（人）	8501	8445	8888	9415	9925	10284
本地比例（%）	37. 71	36. 75	36. 69	37. 25	37. 79	38. 24

资料来源：根据国家统计局公布的历年《全国农民工监测调查报告》整理。

（3）文化程度方面。普遍的研究结论是文化程度对农民工的外出流动及其回流均有影响。其中，外出农民工的平均文化程度高于非外出的农民人群，文化程度与外出打工概率呈现正相关关系，文化程度与回流的概率却呈现负相关关系。其解释逻辑往往认为文化程度高的农民工具有较高的人力资本和市场竞争能力，所以遵循教育回报率的规律，其收入水平往往较高，在城市获得持续工作的机会增加；由于教育改变价值观念，文化程度较高的农民工人群对家乡的怀念与留恋程度较低，所以回流的概率相对于那些文化程度较低的人群来说更小（蔡昉，2009；盛来运，2009；蒋谦，2009；叶静怡，2011）。但也有认为教育与回流不相关（胡玉萍，2007；罗芳，2007；陈彦琨，2009）甚至是结论相反的研究文献，有学者通过对第五次全国人口普查数据分析，发现回流农民工、在外务工的农民工与非外出务工的农民三类人群的小学文化程度所占比例分别为 21.40%、21.58%、35.94%；初中的比例分别为 43.55%、50.29%、32.84%；高中的比例分别为 12.54%、9.30%、7.66%；中专的比例分别为 6.74%、4.25%、3.19%；大专的比例分别为 6.21%、3.21%、

2.39%（周皓、梁在，2006），这表明回流劳动力人群总体文化素质高于外出打工人群，更高于未外出流动的农村劳动力人群。还有学者发现，文化程度高的农民工回流概率更高，是因为文化教育水平赋予的人力资本产生的创业欲望更加强烈进而产生回流（花雕祖辉，2004）。

（4）婚姻的影响方面。有的研究发现已经结婚的农民工更倾向于回流，因为回流可以与爱人团聚、增强夫妻感情等（罗芳，2007；胡玉萍，2007；蒋谦，2009；陈彦琨，2009），但也有研究发现举家外出的农民工更加偏好城市生活、更倾向于市民化（李强等，2009；戚迪明，2012），而另外一些研究则发现婚姻对回流决策的影响并不显著（盛来运，2009；叶静怡，2011）。

在计划生育方面，有项基于16周岁以上农村妇女的调查发现，进城后回流到农村的女性农民工比那些没有外出流动过的农村妇女更倾向于接纳和采取积极的计划生育措施，尤其是那些一直生活在大城市的回流女性更加明显，而且这些返回到输出地的回流妇女模仿着城市人的健康意识和生活习惯。调查还发现那些村庄中回流妇女比例高低与农村的生育观念、性别观念、自我节育意识存在显著相关关系。

（5）家庭人口与劳动力数量方面。已有研究普遍认为劳动力数量与农民工回流概率呈现负相关关系，因为家庭劳动力数量越多，意味着其家庭劳动力分流的需求越大，家庭有相应成员负责农业劳动与家庭照顾，部分劳动力可以全心全意在外打工而不用牵挂家里，所以回流的意愿更弱（罗芳，2007；盛来运，2009；叶静怡，2011）。同时，由于子女生活照顾和教育管理等需求，孩子数量与劳动力回流之间呈正相关关系，即孩子数量的增加导致其回流的概率增加。还有学者认为孩子的学习成绩好坏也与其家长是否回流相关（盛来运，2009；蒋谦，2009；陈彦琨等，2009；东梅，2014）。

基于流动经历对回流后生活的影响，学者对农民工回流创业有两种截然不同的评价：一种是认为创业潮与打工潮并存，农民工回流不但刺激了农村的非农产业的发展，也促进了农业的机械化与劳动力更新等进步，还促进了农村居民的生活方式与价值观念等多元的现代化；但另一种观点认为并不存在大规模的回流创业潮，成功的典型创业农民工只是个案，回流农民工的平均经济水平低于外出农户，从结构面上讲回流创业只是"创业神话"（白南生，2002）。类似的消极评价还体现在"回流甚少"对农民工发展主流来说根本不重要：有研究通过国家城乡劳动力流动调查数据（RUMIC），探讨了农民工迁移模式的动态性，其结论认为外出、回流、再迁移是农民工外出就业依次经历的三个生命周期阶段性决策，农民工迁移的主要模式是常年在外务工，回流只是一种暂时现象，是一小部分农民工的选择。其中，影响农民工外出或回流决策的显著变量包括年龄、教育程度、婚姻状况与家庭劳动力禀赋，土地资源只影响外出不影响回流。农民工回流与再迁移的决策主要是外出持续时间、务工收入占总收入比重的影响（王子成、赵忠，2013）。还有学者认为农民工回流创业只是一种梦想，大多数农民工回流后把钱花了，然后再出去打工，根本不能实现创业致富，所以农民工回流创业是"瞎折腾"。

总体上看，农民工回流已经是一个不可争辩的事实，但关于回流的确切规模，尤其是通过科学的计算方法估算并获得普遍认可的回流规模目前还没有出现，这表明关于农民工的深入研究、科学研究的缺乏。而农民工无论是改变中国农村还是影响中国城市产业，都是一个不能被忽视更不能被随意撰写的社会事实。

由此，农民工是否需要回流是一个首先应该发人深省的科学问题。本研究认为农民工是否应当、需要回流是一个可以"证明"的社会问题：本研究的上篇即是从农民工外出流动的成本与代价的角度论证了农民工外出的必要性与应当性。一是分析农民工外出流动过程中存在过度打工的情况。过度打工具体又包括外出年龄的提前、外出过程中由于经济观念强度而趋于物化地超高强度打工、在子女等家庭成员有需要时却不能回流等方面。过度打工说明农民工外出超出了应当把握的度，由此导致子女辍学等严重的社会问题。二是从农民工流动方式与子女社会分化的关系探讨了农民工外出的不同选择与安排方式对子女在向上流动进入大学、子承父业外出打工、向下流动滑入犯罪三个方面概率的影响。三是分析那些具有留守经历的大学生的心理健康问题。四是分析流动农民工由于身份与社会结构的限制而导致犯罪率上升的社会逻辑。这四个方面的分析合并起来阐述了农民工回流的必要性与正当性。

在论证了农民工有必要回流的价值基础上，谁在回流、回流者受哪些因素的影响，是本研究第六章的主要内容，即下篇的开始。本研究拟探讨的是正在上中小学的孩子个数是否影响农民工回流的主动性意愿；土地数量是否影响回流的意愿；家乡发展机会与新农村建设情况是否对回流有影响；外出比例与回流比例是否影响村庄治安、集体事务等，也影响村庄秩序的；人口变量，或是村庄变量，抑或是农村建设与发展政策，诸多因素作为"形成性指标"是否有可能影响回流决策。

第三节　研究方法

本研究主要采用问卷调查的研究方式，辅助采用定性访谈。

（一）调查时间

（1）第一期，2010 年 7 ~ 10 月，主要是进行对未回流、已回流农民工的问卷调查，同步进行对未外出农民的调查研究。

（2）第二期，2011 年 3 ~ 4 月，进行对犯罪农民工的调查研究。

（3）第三期，2011 年 10 月 ~ 2012 年 4 月，进行进入大学的农民工子女即向上流动的农二代调查研究。

（4）第四期，2012 年 7 ~ 9 月、2013 年 7 ~ 8 月，项目主持人分别在湖北武汉、黄冈，河南鹤壁、开封四地进行定性访谈与实地调查。

（二）调查抽样依据

根据国家统计局对全国农民工流动状况的监测数据，2009 ~

2012 年全国农民工总量分别为 22978 万人、24223 万人、25278 万人、26261 万人，其中外出农民工分别为 14533 万人、15335 万人、15865 万人、16336 万人，外出比例分别为 63.25%、63.31%、62.76%、62.21%，这表明外出比例略微递减，同时也就意味着在本地就业转移的农民工略微增加。而外出比例中举家外出的比例基本没有明显的增减，四年来分别为 12.91%、12.68%、12.97%、12.85%。

2009～2012 的数据表明，东部地区农民工以就地就近转移为主，中西部地区以外出为主。东部地区农村籍劳动力中农民工占 54.9%，其中，外出农民工占 20.2%，本地农民工占 34.7%；中部地区农村户籍劳动力中农民工占 37.2%，外出农民工占 24.3%，本地农民工占 12.9%；西部地区农村户籍劳动力中农民工占 28.7%，外出农民工占 19.2%，本地农民工占 9.5%。东部地区本地农民工比例高，而中西部地区外出农民工比例高。

从输出结构的分布来看，2009～2012 年，东部地区农民工占全国农民工总规模的比例分别为 43.6%、43.2%、42.7%、42.6%；中部地区农民工占全国总规模的比例分别为 31.1%、31.5%、31.4%、31.4%；西部地区农民工占全国总规模的比例分别为 25.3%、25.3%、25.9%、26.0%。

但是，如果从外出农民工的全国分布结构来看，2009～2012 年，东部地区外出农民工占全国外出农民工总数的比例分别为 31.9%、31.8%、31.6%、31.5%；中部地区外出农民工占全国外出农民工总数的比例分别为 36.5%、36.6%、36.6%、36.7%；西部地区外出农民工占全国外出农民工总数的比例分别为 31.6%、31.6%、31.8%、31.8%（见表 1－2）。由此表明，东部地区的农民工在本地就业的比例比较高，外出比例维持在 31.5%～31.9%；中部地区外出农民工比例最高，四年来一直维持在 36.5%～36.7%；西部地区的外出农民工所占比例与东部地区比较接近，而且近四年来一直维持在 31.6%～31.8%。总体来说，外出比例的东、中、西部分布比例比较稳定，没有明显的增减变化。

表 1-2 东、中、西部农民工占全国的比例

单位：%

年份	2012			2011		
	东部	中部	西部	东部	中部	西部
农民工	42.6	31.4	26.0	42.7	31.4	25.9
外出农民工	31.5	36.7	31.8	31.6	36.6	31.8
本地农民工	60.8	22.9	16.3	61.4	22.7	15.9
年份	2010			2009		
	东部	中部	西部	东部	中部	西部
农民工	43.2	31.5	25.3	43.6	31.1	25.3
外出农民工	31.8	36.6	31.6	31.9	36.5	31.6
本地农民工	62.9	22.5	14.6	63.7	21.9	14.4

资料来源：依据国家统计局发布的历年《全国农民工监测调查报告》整理。

本研究重点是关注回流型农民工，回流的前提是外出，所以，本研究抽样时着重关注外出类型的农民工，而不关注本地就业转移的农民工。故中部地区最后将抽取 3 个省份，东部、西部分别抽取 2 个省份。

（三）抽样程序与步骤

本研究的调查程序总共分为四期。

1. 第一期，采用多阶段抽样，共分为六个步骤执行

第一步根据全国范围流动人口输入与输出的大概类型分成东部、中部、西部三个层次。

第二步在东部、中部、西部三个层次内采用简单随机抽样方法抽取 6 个省份，即浙江、福建、湖南、河南、贵州、四川；调查问卷回收后，由于部分村庄的调查问卷废卷较多，问卷总量与原设计的样本规模有一定差额，于是于 2010 年 10 月补充 1 个省份即安徽省，共计 7 个省份（见表 1-3）。

第三步，在抽中的每个省份内把各区县级单位编写成一个抽样框，采用简单随机抽样方法各抽取 15 个县区。

第四步，根据前六省（安徽除外）抽中的 90 个县区，从在校

学生中招募对应区县农村户籍（以招生入校时的户籍类型为标准）的学生来担任调查员，部分区县没有招募到志愿且合适的调查员，经过面试与培训成功招募的学生共有 66 名。此 66 名学生所在村庄即为本研究的主要样本村。安徽省的补充调查由安徽大学罗霞副教授依据本研究的抽样要求抽 10 个村庄，共计 76 个村庄。

第五步，对村干部采取判断抽样。村庄干部的调查主要是由调查员根据村干部的配合意愿及村庄了解情况进行判断抽样，但村干部调查问卷实际执行成功的只有 70 个村庄（另外 6 个村庄由于村干部拒绝等原因没有执行针对全村结构性概况的村干部问卷调查），最终审核合格的村干部调查问卷只有 65 份（主要是填答不完整、前后矛盾等问题）。

第六步，对居民户采取类型抽样。在 76 个村庄中，要求调查员根据自己了解、向村干部咨询等情况，将全村居民划分为从未外出打工者、外出打工未回流者、打工已经回流并且在半年以上者三种类型。根据全部劳动力总数计算此三种类型占全村总体劳动力规模的比例 P1、P2、P3；将三个比例分别乘以 15（小数四舍五入），得出每种类型的调查对象数 N1、N2、N3；再在每种类型中结合年龄、性别均衡分布原则采取等距间隔加人口变量类型控制的办法抽取 N1、N2、N3 户，对户主或户主的配偶进行调查。其中，外出打工未回流类型的调查对象夫妻双方均在外务工，则通过其家庭成员或熟人找到样本户的户主电话或其配偶的电话，然后以电话访谈的方式调查本人。本研究最终抽取的问卷调查样本的区域分布见表 1-4。

表 1-3　样本抽中的县区

区域	省份	抽中并招募到调查员的县区	村庄个数
东部	浙江	丽水市莲都区、龙泉市（县级）、松阳县、衢州市衢江区、柯城区、江山市（县级）、武义县、磐安县、台州黄岩区、浦江县、三门县、仙居县，共 12 个县区	8
	福建	建瓯市（县级）、漳平市（县级）、闽清县、建阳区、松溪县、永泰县、安溪县、福安市、光泽县、寿宁县、上杭县，共 11 个县区	11

区域	省份	抽中并招募到调查员的县区	村庄个数
中部	湖南	汉寿县、邵东县、汨罗市（县级）、衡东县、新宁县、新邵县、临澧县、隆回县、浏阳市（县级）、新化县、衡阳市珠晖区、宁乡县、醴陵市（县级），共13个县区	13
	河南	浚县、洛宁县、鹤壁淇滨区、鲁山县、洛阳市西工区、商城县、沁阳市、濮阳县、商水县、民权县、杞县、上蔡县，共12个县区	12
	安徽	长丰县、蒙城县、砀山县、临泉县、颍上县、来安县、寿县、和县、南陵县、宿松县，共10个县区	10
西部	四川	井研县、广元市元坝区、资阳市乐至县、绵阳市涪城区、广汉市（县级）、巴中市（县级）、广安市广安区洪、阆中市（县级）、大邑县，共9个县区	9
	贵州	三穗县、天柱县、毕节市（县级）、凯里市（县级）、平坝县、福泉市（县级）、榕江县、水城县、印江土家族苗族自治县、六盘水市六枝特区、思南县、盘县、瓮安县，共13个县区	13

注：浙江省的调查是最先进行的，2010年4月选择4个村庄做过试调查，试调查数据与2010年7月正式调查的数据不匹配，同时，也考虑到东部地区以本地就业为主，外出型农民工比例较低，因此最后保留数据的村庄是8个。

表1-4　本研究最终抽取的问卷调查样本的区域分布

区域	省份	村庄数	问卷数
东部	浙江	8	98
	福建	11	141
中部	湖南	13	187
	河南	12	146
	安徽	10	99
西部	四川	9	107
	贵州	13	181
合计		76	959

　　由于本研究主要是关注回流农民工，所以第一期数据是最重要的数据，也是研究报告撰写的主要依据。所以，对第一期调查数据的测量质量做一下评估。

依据各个村庄的人口规模、从未外出人口数、目前在外务工人口数、最近两年内回流 6 个月以上人口数、最近两年内回流后至调查时没有外出的人口数、回流人口从事个体经营数、办企业数、在本地打散工人数等变量信息，计算外出比例、从未外出比例、回流比例，以及回流人口分流并从事个体经营、创业（创业企业）、在本地务工的比例。然后依据这些外出、回流相对数据进行 MDS 分析。

因为考虑到所应用各指标均为外出与回流的相比数据，所以在 MDS 分析设置中"维度"为 2 乘 2 的设置，S 应力指数收敛性设置为 0.001，应力系数增进的最小标准设置 0.005，最大迭代次数为 30。原始指数数据矩阵如表 1 - 5 所示。

表 1 - 5　原始指标数据矩阵［Raw（unscaled）Data for Subject］

	1	2	3	4	5	6	7
1	0.000						
2	115.480	0.000					
3	38.781	76.700	0.000				
4	24.421	139.900	63.201	0.000			
5	53.980	61.500	15.201	78.400	0.000		
6	57.520	57.960	18.742	81.940	3.548	0.000	
7	36.420	151.900	75.200	12.003	90.400	93.940	0.000

原始指标数据矩阵的应力系数为 0.00001，模拟优度指数 RSQ = 1.00000，这表明模型具有很高的一致性。

七省份的坐标值如表 1 - 6 所示。

表 1 - 6　七省份的坐标值

序号	省份	1	2
1	贵州	0.8404	0.0017
2	浙江	- 2.4749	- 0.0009
3	福建	- 0.2729	- 0.0035
4	四川	1.5415	0.0020

序号	省份	1	2
5	湖南	- 0. 7093	- 0. 0008
6	河南	- 0. 8109	0. 0042
7	安徽	1. 8860	- 0. 0026

　　根据此维度的坐标值，可得出图 1 - 1 的空间图，即刺激点构形（Derived Stimulus Configuration）。

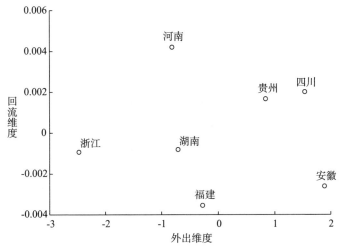

图 1 - 1　依据外出维度与回流维度采用 MDS 方法
制作的七省份 Euclidean 距离模型

　　从图 1 - 1 的距离模型可以看出，与国家统计局公布的数据既有吻合，也有区别。

　　首先，图中显示浙江属于外出比例相对最低、回流比例也相对较低的东部地区，这符合东部地区的发展特征。福建外出程度高于浙江，也高于湖南，但回流程度均低于浙江与湖南。

　　其次，贵州、四川属于外出相对较高回流也较高的西部省份，但安徽属于外出比较高、回流比例低的类型，而且回流程度还低于贵州、四川。

　　最后，福建与河南、湖南的外出维度指标接近，但回流程度的指标属于河南最高，湖南居中，福建最低。由此，本研究后续的定性访谈，出于研究回流农民工的主题需要，将重点考察河南回流的具体情况。

由此，我们依据此构形图可以将样本省份划分为四类：第一类，贵州、四川属于外出程度高，回流程度也较高的类型；第二类，河南属于外出程度较低，回流程度高的类型；第三类，浙江、湖南、福建属于外出程度相对较低，回流程度也低的类型；第四类，安徽属于外出程度高、回流程度低的类型。就感性经验的判断而言，本研究的抽样结果基本符合农民工外出与回流的总体概况。

2. 第二期，调查采用整群抽样（主要是对犯罪青年民工群体的抽样及问卷调查）

第一步，根据笔者熟悉的情况采取判断抽样的方法选择务工流入人口较多的东部省份 Z 监狱和 J 监狱。

第二步，根据监狱提供的刑区及刑期长短，选取 4 个刑区，每个刑区选择 10 个监舍，共计 40 个监舍。但必须说明的是，监狱调查中由于监狱管理等问题，没有抽取女性犯罪人群样本，40 个监舍全部是男性监舍。

第三步，此 40 个监舍中全部在押农村户籍 35 岁以下的犯罪人员均为调查对象，城市户籍的犯罪人员直接排除，年龄在 35 岁以上者也直接排除，最终共调查 321 人。

3. 第三期，调查采用多段抽样

第一步，根据分层原则抽取学校。在国家录取的四个批次中按照层次进行抽样，每个批次按照判断抽样的方法（判断依据是符合抽样的层次需求，项目主持人可以联系到熟人执行相应的调查，使实际执行具有操作可行性）分别抽取 3 个学校，共应抽取 12 所学校，但其中一个调查最后未成功执行。实际执行的 11 所高校分别是安徽工程大学机电学院、安徽师范大学、长沙环境保护职业技术学院、成都航空职业技术学院、成都理工大学、杭州电子科技大学、湖南农业大学、南京大学、西南交通大学、中南大学、中央民族大学。

第二步，根据专业性质抽取专业。每年学校抽取文科、理科各一个专业，共计两个专业。

第三步，根据方便原则在每个专业内抽取年级和班级。每个学校每个专业抽取 4 个年级，每个年级抽取一个班。专科学校如年级不足 4 个，则要相应增加低年级的班级数，保证每个学校有 4 个班级。具体年级和班级的抽取是由该校负责本次调查抽样的老师依方便原则进行，如此老师本人正在上课的班级，或负责管理的班级，或有熟人认识便于展开调查的班级。总样本中共 88 个班级。

第四步，在班级中按照户籍类型只抽取农村户籍生源进行问卷调查。调查结果共获得有效样本 1487 个。

4. 第四期，采用定性访谈和实地调查

调查有两个主题，一个主题是被动回流者或主动回流者的生活情况，在武汉、黄冈、鹤壁、开封四个地区的农村分别抽取一个村庄，每个村庄以观察、集体聊天、个别入户访谈相结合的方法获得调查资料，实地研究的重点是观察村庄中的生产情况、公共生活、集体建设等，现场不做笔记，凭感知的材料信息重要程度进行事后记录。笔者对个别入户调查的访谈内容现场做了记录。

另一个主题是在武汉、黄冈、鹤壁、开封四地采用判断抽样的方法选取回流后创业的农民工进行访谈，抽样对象的获得是依据县市劳动和社会保障局提供的申请"小额贷款"名单进行等距抽样，先跟抽中的创业农民工联系，确认后进行面谈。具体以已经创业的回流农民工为主，共计访谈已经创业农民工 36 人。着手准备创业但还未正式创业的回流农民工是鹤壁市 2013 年 8 月参加市劳动和社会保障局"创业培训项目"的学员，抽取其中一个班的学员（城市户籍的直接排除，当天现场报到的）18 人进行集体座谈，具体座谈日期是 2013 年 8 月 14 日。

（四）研究设计

1. 概念界定与操作化

（1）外出农民工，是指必须离开本区县范围。在本区县范围内的就地转移农民工不在本研究的抽样范围内。

（2）回流农民工，是指外出农民工曾经外出务工半年以上，截至调查时已经回流 6 个月以上的农民工。

（3）回流意愿，是指是否计划过，是否主动自愿回流。

（4）回流动机，是指出于何种目标而回流。回流动机是回流意愿划分的主要依据。

（5）回流的形成性指标，是指农民工回流的原因性指标，主要是以人口指标为主，社会指标为辅。具体体现在研究分析形成回流的自变量。①农民工经济观念，采用李克特量表设计，共 10个问题，通过每个问题测量的结果汇总计算经济观念指数。测量题目具体包括：能挣钱就是好事；理想再好不能挣到钱，也没有用；农村人辍学打工是正常的；打工能挣到钱一样活得精彩；有钱能使鬼推磨是正确的；人有钱比有学历还重要；农村人有钱一样有地位；大学生学费太贵，上大学不划算；没钱的人都会比较自卑；对个人发展而言，学历越来越没有钱重要。

②农民工教育观念，通过对 10 个问题的认同程度计算在子女教育观念上的得分。具体包括：农民即使对子女教育很重视，孩子也不一定考上大学；农村人即使考上大学，也难找好工作；农村孩子即使上大学找到工作，也不一定比打工挣钱多；农村孩子学习不如城市的孩子好；农村孩子比城市孩子笨；农村父母没有城市父母重视子女教育；农村孩子生活习惯不如城市孩子；农民即使有条件，孩子成功的机会仍然小于城市；早点打工挣钱会更多；在父母的影响方面，农村孩子不如城市孩子。

③城市距离，是通过调查以下各项农民工认为是否会对自己的生活造成影响。具体包括：城市生活费用高、没有医疗保障、买不起住房、小孩上学困难、人际交往少、空闲时间少、家人没人照顾、没有家的漂泊感、城市交通拥挤、城市传染病多。

④农村距离，是通过农民工对以下各项描述的符合程度判断来测量。具体项目包括：我喜欢家乡农村的安静环境、我喜欢家乡人与人之间的亲近、我喜欢家乡熟悉的生活环境、我已经不习惯家乡比较单调的生活方式、我对靠农业生活完全不抱信心、我对农业劳作技术基本不了解、我非常不愿意回到农村生活、我不

希望子女在农村接受教育、农村人有良好的品质、农村人有人情味的生活氛围吸引我。

（6）回流的反映性指标，是指农民工回流的后果与影响方面的指标，农民工回流对新农村建设范畴内的哪些指标造成了直接或间接影响。①回流与农村发生变化的宏观指标。具体包括村庄道路、村庄卫生、村庄人际关系、村里治安、村民生活水平、村民住房、乡村民风、村庄管理方式等方面的变化。

②回流与农村变化的微观感受指标。具体包括：父母外出打工将子女留给爷爷奶奶带、父母过年时为"补偿孩子"一下子买很多吃的玩的、留守儿童成绩下降、留守儿童习惯不太好、老人照顾孙子很费力但照看效果又不好、农业耕种和收割方面实行机械化、村民在盖房的事情上有攀比心理、打工挣钱买了洗衣机也用不上、青年人都出去打工、中年人出去打工等。

③回流与村庄发展趋势。具体项目包括：邻里互助、对老人很孝敬、热心村集体的事情、自私自利、在家待不住、只想在城里、在家没意思、靠打牌消磨时间、铺张浪费、做事情有自己的主意不随大流、村集体的事情没人管、不愿意干农活。

④回流与社会心态取向方面的测量。具体项目包括：以怨报德、抱有怨恨心理的人比前些年的数量变化（负向）、社会贫富分化加快（负向）、底层人向上流动的机会、农村孩子的受教育机会、民众不满情绪（负向）、官员腐败程度（负向）、总体社会稳定程度、群体上访事件发生率（负向）。

2. 统计技术方法

本研究主要采用定量分析的统计技术，具体包括以下几种：单变量的描述统计；量交互分类表，均值比较等；回归（Logistic回归等）；结构方程模型。

第四节　样本概况

第一期主题调查问卷的样本基本情况如下。总样本是959人（缺省值不列出，即分项数据与959之间的差距就是缺省数据），其中男性 548 人，女性有 411 人。

在年龄代际分布方面，年龄在 35 岁以上的有 592 人，年龄在 35 岁及以下者有 367 人。在文化程度方面，小学及以下的有 228 人，初中毕业的人有 449 人，高中与中专的有 205 人，专科及以上者有 67 人。在政治面貌方面，党员有 82 人，民族党派有 3 人，群众有 823 人。从家庭人口规模来看，1～2 口人的家庭有 38 人，家庭 3 口人的为 197 人，家庭有 4 口人的为 339 人，家庭有 5～6 口人的为 327 人，家庭 7 人及以上者为 57 人。按照婚姻状况来看，未婚且没有女（男）朋友的有 87 人，未婚但已经有女（男）朋友的有 45 人，已婚的有 785 人，离婚的有 12 人，丧偶的有 23 人。从孩子数量来看，有 1 个孩子的有 299 人，有 2 个孩子的有 370 人，有 3 个孩子的有 98 人，有 4 个孩子的有 24 人，有 5 个孩子的有 2 人。其中，有 1 个孩子正处于义务教育阶段的有 324 人，有 2 个孩子在义务教育阶段的有 58 人，有 3 个孩子处于义务教育阶段的有 4 人。已经回流 6 个月以上的农民工有 377 人，未回流的农民工有 314 人，未外出打过工的农民有 268 人。按照回流的意愿来看，被动回流农民工 106 人，主动回流发展型农民工有 81 人，主动回流生活型农民工有 181 人。

第二期调查的犯罪农民工样本概况如表 1－7 所示。

表 1－7　犯罪农民工样本概况

项目	分类	频数	频率（%）	项目	分类	频数	频率（%）
婚姻状况	未婚	264	82.2	犯罪原因	盗窃罪	159	49.5
	初婚有配偶	40	12.5		一时冲动或哥们儿义气打架斗殴	82	25.5
	再婚有配偶	5	1.6		抢劫罪	29	9
	离婚	7	2.2		家庭冲突或情感冲突	10	3.1
	丧偶	2	0.6		意外或过失性犯罪	6	1.9
	合计	318	99.1		交通事故与酒驾	9	2.8
	缺失	3	0.9		更严重的犯罪（强奸、赌博、买卖枪支等）	26	8.1

续表

项目	分类	频数	频率（%）	项目	分类	频数	频率（%）
	浙江	100	31.2		12 个月	37	11.5
	四川	14	4.4		13～24 个月	68	21.2
	贵州	79	24.6		25～48 个月	82	25.5
	云南	17	5.3	刑期	49～60 个月	30	9.3
	安徽	21	6.5		61 个月以上	69	21.5
户籍	湖南	16	5		缺失	35	10.9
	湖北	11	3.4	身份	农民工	291	90.7
	江西	18	5.6		城市人	30	9.3
	河南	16	5		初犯	260	81
	其他	26	8.1	是否初犯	再犯	57	17.8
	缺失	3	0.9		缺失	4	1.2

第四期调查中部分访谈对象的基本情况如表 1-8 所示。

表 1-8　鹤壁地区实地调查部分访谈对象的务工情况

个案编号	年龄	性别	创业类型
H1：MD	26	男	曾去广东打工 3 年，个体户，夫妻开店
H2：GZ	35	男	曾去温州打工 6 年，个体户，出售日用品，有老人帮忙，老婆在企业上班
H3：SYY	24	女	曾去郑州打工 2 年，个体户，开杂货店，有父母帮忙，丈夫在跑运输
H4：ZBN	29	女	曾去义乌打工 7 年，个体户，出售小饰品，丈夫在企业上班
H5：HSD	37	女	曾去新乡打工 5 年，经商 1 年，现回流经营化妆品，个体户，品牌专营代理商，丈夫另外创业做销售代理公司
H6：CMZ	47	男	创办有机砖厂，也曾创办过一个鞋厂，夫妻共同创业，用工规模达 22 人。曾去广州、洛阳、北京等多地打工 10 年
H7：LHS	36	男	规模经营塑料大棚蔬菜，曾去郑州、北京等地当保安、建筑工人，打工总计 7 年

续表

个案编号	年龄	性别	创业类型
H8：NQH	42	男	养猪，饲养规模达到 300 头/年，曾去广州、北京、郑州等地打工 11 年
H9：WLJ	30	男	运输个体户，曾去郑州、安阳等地打工 3 年
H10：SAO	30	女	橱柜品牌代理经营商，有实体店，雇工 3~4 人。曾打工 3 年，但都是有准备、有目的到那些橱柜品牌的大型商场、制造企业里去"对口"打工。本研究称之为"定向打工"，正文中有专门阐述

上篇　终结的依据

第二章　过度打工

——农民工外出与回流现状结构分析

农民外出打工在 1980 年代中期以来的中国已经成为一个正常的社会现象，相反，农村的青壮年劳动力如果不转移、不外出打工，会被农民自己或周围的熟人看成传统、守旧或者"没出息"的人。虽然 2008 年等年份出现过因为经济危机而导致的部分农民工回流，但总体上农村青壮年劳动力外出打工仍然是主流。农村劳动力转移多少，怎么样外出打工才算是合理的？农民，尤其是青壮年人口的外出打工有没有合理的水平或限度？这是我们目前在探讨城市化、现代化、农村劳动力转移过程中着力较少甚至忽视的问题。

本研究拟通过"操作化"的概念来界定农村青壮年劳动力外出打工的理想类型，违反相关操作标准的即为过度打工。

第一节　农民流出与回流的现状

"打工"概念的理解与界定如下。

"打"，从事某种活动或事情的简称，既含有目的性、工具性，又含有临时性的意思，中国古代就有"打把式"的说法，是指打零工，但在描述正式职业时从来不用"打"。

"工"，直接意义是指工作，但由于中国特殊的城乡二元结构和户籍管理制，这里的"工"又有明显的与农相对的含义，也就是说，"工"是非农职业与生产经营活动。农民工的前身是轮换工、临时工，这在煤矿行业、服务行业（以服务员、保姆为主）特别突出，所以，这里的"工"既包括制造加工意义上的工业，也包括流动服务等行业。

针对中国农民工打工的实际经验，本研究对打工的基本界定如下：打工是指本来从事农业活动的人口转移到工业或商业等非农业生产领域，在一定时间内受雇于他人而获得一定的物质收入，但并不改变其农村人的社会身份的社会生产与经营活动。

由上述定义可以看出，打工作为一个为社会大众所熟悉的专业术语，其概念的内涵具有短暂性、非正式性（边缘性）、被动性（被雇用）的特征。但在经济学视角主导的"打工"政策设计当中，打工的生产特征被充分关注甚至是过度关注，而诸如短暂性、非正式性、被动性的社会特征却被忽略。

打工文化，是指由打工生产活动形成的社会亚文化，尤其是在中西部的农村地区，打工形成了一种流行文化，无论是青年人，还是中年人，抑或是老年人都认同打工是农村人的出路这一说法；国家在流动政策上也支持或造就了这种亚文化的扩张，主要是国家在城乡差距的控制上并不足以改变农村人贫困的现状，而且在农村人口流动方面主要以农村劳动力的乡城转移为主而较少考虑返迁或回流的需求。

分析单位与过度打工的操作化定义。就分析单位来讲，笔者认为社会现象意义上的过度打工是一种"结果性存在"，而农村青壮年劳动力的行动选择是过度打工发生的起点，当然，这种行动选择也受既定的社会政策、城乡差距等的影响和制约。为了分析的简便化，本研究将把农民工的过度打工作为一种行动来进行操作化定义。

过度打工的判断标准主要从行动者的以下角度来考虑。

（1）从行动者的年龄来看，农民外出打工首先需要行动的主体达到法定的劳动力年龄，即行动者一般要达到18岁至少要达到16周岁才能外出打工，而实际上16周岁之前外出打工的人口数以万计：全国2010年13、14、15周岁的人口数与当年初中受教育总人数的差额是1415.27万人。

（2）从行动者的生命周期看，当一个农民工遇到生育子女、抚养子女的关键周期（比如孩子上小学、上初中）时，应当以家庭和子女教育为重；当子女教育和打工挣钱发生矛盾时应当将子女教育和家庭的整体发展空间放在第一位，如果将打工放在第一位就是过度打工。这里不可否认，许多农民工正是为了攒钱让子女接受更好的教育才外出打工的，但笔者认为，如果一个农民工打工的终极目标是子女的教育和发展，而缺席子女在小学、初中的教育关键期的话，则会直接导致子女的社会化风险加大，甚至有可能导致教育失败（转向犯罪），那么即使是为了子女好而不能充分照顾、管教子女的打工也是过度打工。

（3）从行动者的劳动强度来看，农民工打工的劳动时间、劳动强度超过了自身合理的承受极限时，即为过度打工。富士康员工的笔记、职业病危害等反映出年轻的农民工用健康甚至是用生命在换金钱。

综合上述界定，本研究对过度打工的操作化概念是以劳动者个人为分析单位的，但其个人行动的结果在群体分布上直接形成村庄、社会效应，这种宏观层面的分析将在后文中作为行动结果和影响进行呈现。

过度打工是指一种社会事实和文化，超过了打工在农村经济与社会发展当中本来应有的地位与功能，由于过度，打工对农村甚至全社会的负功能影响越来越突出。比如，留守儿童的恶性事件频发，农村及城市中流动人口犯罪率上升等。

过度打工的讨论目的是反对农村劳动力尤其是主要劳动力过度外出打工。目前在中西部的农村地区，大部分年轻人成为在乡镇上做小生意的人或者是有一定技术（比如建筑、装修、运输技术）的人，在纯农业劳作的劳动力人口中，人们见一个年轻人就会条件反射式地问"你为什么不出去打工？"；农村不但没有青壮年男性留下来，也没有青年、中年女性，原来的留守妇女也越来越多地加入外出打工队伍，家庭化务工比例也在提高。可以说，这种外出打工在经济欠发达区域出现了"全民化"的现象，只有那些年龄偏大、文化水平较低或劳动能力在城市缺乏竞争力的人（比如残疾者）才会留在家乡务农。在贵州从江县的丙妹镇的公路上打出"磨刀不误砍柴工，读完初中再打工"的标语，这说明镇政府发现辍学打工的现象不是个案。同样性质的事例还有，2012 年 5 月 6 日，江西省宜春市附近的一个偏远的小山村发生了一起由祖父母照看的五个孙子孙女同时溺亡的事件。悲剧发生时，奶奶（李细秀）得到报信便急忙向村里人求救，但由于全村年轻人都外出打工，没有找到一个能下水救人的年轻人……打工文化已经"过度"渗透了农村的每个角落，起码在欠发达区域的一部分农村的确是这样。

本研究拟在梳理农村过度打工现状的基础上，分析过度打工的出现机理是怎样的，以及哪些主客观条件共同推动了这一现象的形成。外出打工者的主观心理、认知、观念是本研究分析的着重之处，由此展现农民过度认同、过度接受（或许主动或许被动甚至不自觉）、过度主张外出打工导致的社会后果。

1. 村庄中现有劳动力外出比例

调查样本中 65 个①村庄人口务工的总体情况如表 2-1 所示。

表 2-1　村庄目前外出务工比例与从未外出人口比例

		目前在外务工比例	从未外出人口比例
均值（%）		30.6	17.0
均值的 95% 置信区间（%）	下限	26.9	13.0
	上限	34.3	21.1
5% 修整均值（%）		30.2	15.4
中值（%）		32.4	12.1
方差（%）		2.2	2.7
标准差（%）		14.0	16.3
极小值（%）		3.0	0.5
极大值（%）		68.0	69.1
范围（%）		65.0	68.6
四分位距（%）		21.0	16.6
偏度		0.258	1.545
峰度		-0.251	1.779

---

① 调查样本有 76 个，只有 65 个村庄的村干部调查得以顺利开展，故此处为 65 个村庄。

由表 2-1 表明，农民工外出务工已经非常普遍。根据 65 名村干部的回答，村庄目前外出务工人口占本村人口比例的均值为 30.62%，即样本村中有三成的人口都是外出状态，最高外出比例达到 68.0%。

根据 2008 年的 CGSS 数据计算，城市户籍人口（样本规模 N = 3404）中未流动人口比例为 83.2%，城市区县内流动、县外省内流动与省外流动的比例分别为 8.0%、5.0%、3.8%；而农村户籍人口（样本规模 N = 2586）中未流动的比例为 75.8%，农村区县内流动、区县外省内流动、省外流动的比例分别为 9.2%、9.9%、6.2%，农村人口区县外流动的总比例为 16.1%。

本研究还是倾向于认为本调查数据更可靠，因为 CGSS 的调查首先在对农村抽样的覆盖范围与抽样框及抽样方法上可能存在一定的偏差，其不是针对农村劳动力流动而进行的抽样。而本研究是就农村流动人口对村干部的调查，是一种宏观层面的判断，是村干部对本村总体劳动力规模、在外人口数等指标进行综合掌握然后调查登记的，应该说本研究的农民工外出比例更可靠。

从分组数据来看，村庄中外出务工人口比例处于 10% 以下的占 9.2%，外出务工人口比例处于 10%~20% 的、20%~30% 的均占 18.5%，外出务工人口比例处于 30%~40% 的占 30.8%，外出务工人口比例处于 40%~50% 的占 13.8%，外出务工人口比例在 50% 以上的村庄占 9.2%。具体到东部、中部、西部各省份的比较并无显著差异，参见表 2-2。

表 2-2　目前在外务工人口比例和从未外出人口比例分布

| | | N | 均值 | 标准差 | 标准误 | 均值 95% 置信区间 | |
						下限	上限
目前在外务工比例	东部（福建、浙江）	15	0.3388	0.1686	0.0435	0.2454	0.4322
	中部（湖南、河南、安徽）	29	0.2713	0.1450	0.0269	0.2161	0.3264
	西部（贵州、四川）	21	0.3311	0.1360	0.0297	0.2692	0.3931
	总数	65	0.3062	0.1490	0.0185	0.2693	0.3431

		N	均值	标准差	标准误	均值 95% 置信区间	
						下限	上限
从未外出务工的人数比例	东部（福建、浙江）	15	0.1439	0.1335	0.0345	0.0700	0.2179
	中部（湖南、河南、安徽）	29	0.2049	0.1877	0.0349	0.1335	0.2763
	西部（贵州、四川）	21	0.1416	0.1420	0.0310	0.0770	0.2063
	总数	65	0.1704	0.1631	0.0202	0.1300	0.2108

根据统计学分布规律，我们可以用样本数据得到如图 2-1 的分布图。

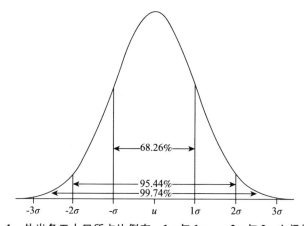

图 2-1　外出务工人口所占比例在 -1σ 与 1σ、-2σ 与 2σ 之间的情况

由标准差的整数倍推论可知，68.26%（一倍的标准差范围内）的村庄中外出务工人口比例处于 15.72% ~ 45.52%，95%（两倍的标准差范围内）的村庄外出务工人口比例处于 0.82% ~ 64.042%。由 95% 的置信水平推论而言，全国农村外出务工人口平均比例应当处于 26.9% ~ 34.3%。

从未外出的人口比例在样本村庄中的均值水平为 17.0%，最低比例仅为 0.5%。就推论而言，在 95% 的置信水平下，全国农村中从未外出人口平均比例应当处于 13.0% ~ 21.1%。

2. 最早外出和普遍外出打工的时间

从 65 个样本村庄的调查结果来看，绝大多数村庄出现外出打工是在 1979～1992 年。最早有人外出打工的年份在 1978 年之前的有 7 个村庄，占全部样本数的 10.8%；最早有人外出打工的年份在 1979～1992 年的有 46 个，占 70.8%；1993 年之后才有人开始外出打工的村庄有 12 个，占 18.5%。从各省份的情况来看，东部、中部、西部各省份并无显著差别，均主要起步于 1979～1992 年（见表 2－3）。

表 2－3　村庄中最早有人外出打工年份各省份分布情况

	村庄中最早有人外出打工年份分组		
	1978 年之前	1979～1992 年	1993 年之后
东部（福建、浙江）	2	12	1
中部（湖南、河南、安徽）	3	17	9
西部（贵州、四川）	2	17	2
$\chi^2 = 5.742$　df = 4　sig. > 0.05			

打工普遍增多的年份主要集中在 1993～2000 年，具体村庄有 30 个，占全部样本数的 46.2%。本村外出打工明显增加是在 1980 年，在 1980～1992 年外出打工人口就明显增加的占 23.1%，2001 年以后外出打工人口才明显增多的有 20 个，占 30.8%。这种数据分布表明农村人口普遍外出的时间并不特别集中在个别年份，而是一个相对平缓的发展过程。村庄外出打工者明显增多年份各省份分布情况见表 2－4。

表 2－4　村庄外出打工者明显增多年份各省份分布情况

	1980～1992 年	1993～2000 年	2001 年以后
东部（福建、浙江）	5	7	3
中部（湖南、河南、安徽）	6	11	12
西部（贵州、四川）	4	12	5
$\chi^2 = 3.835$　df = 4　sig. > 0.05			

按照胡鞍钢等学者的观点，中国农村农民工进城的政策大致分别以 1984 年、2000 年为界可以划分为三个阶段。1950 年代中期至

1983 年是不允许农村人口随便进城的"红灯"时期。1984 年国家在落实农村家庭联产承包责任制的基础上，为了鼓励农村富余劳动力提高劳动生产率而允许农民自带干粮进城务工或经营查漏补缺的小商业，由此到"九五"计划结束为"黄灯"时期。"十五"计划开始后，国家出台政策促进农业劳动力进一步转移，并提出每年转移800 万农业劳动力的具体目标，由此至今为"绿灯"时期。本研究的调查结果表明，在"红灯"时期进城的农民只是少数、个例，1980 年代至 1992 年是农民工进城政策松动早期，大约有两成的农村出现外出打工者增多现象。1993～2000 年则已经进入"绿灯"时期，即绝大多数农村已经出现外出打工明显增多现象。2001 年以后，应该属于农民工流动政策深化与完善时期，比如农民工流动服务的完善、农民工市民化的推进等成为这一时期的主要任务。

3. 回流规模概况

调查数据表明，样本村庄最近两年内回流劳动力人数占全村总体劳动力的比例为 9.11%（见表 2-5），这与国家人口计生委[①]流动人口服务管理司于 2008 年底调查所得出的返乡人口占农村外出务工人口 9% 的结论非常接近（国家人口计生委流动人口服务管理司，2009）。

表 2-5　65 个样本村的回流规模与比例

	极小值	极大值	均值		标准差
			统计量	标准误	
村庄劳动力人数（人）	1.70	8400.00	1497.6180	180.37571	1454.23546
村庄目前在外务工人数（人）	22	3450	631.94	73.627	593.598
最近两年内返乡连续六个月以上的人数（人）	0	800	136.32	19.931	160.689
最近两年内的返乡劳动力人数比例（%）	0.00	50.00	9.11	1.11	8.93

---

① 2013 年，组建"国家卫生和计划生育委员会"，不再保留该名称。——编者注

从回流劳动力所占农村外出劳动力的比例分布来看，回流比例在5% 以下的有 27 个村庄，占全部样本数的 41.5% ；回流比例在 5% ~ 10% 的有 17 个村庄，占 26.2% ；回流比例在 10% ~ 15% 的有 8 个村庄，占 12.3% ；回流比例在 15% 以上的有 13 个村庄，占 20.0% 。

据国家统计局农村司发布的《2009 年农民工监测调查报告》（对全国 31 个省、6.8 万个农村住户和 7100 多个行政村的农民工监测调查结果推算），2009 年全国农民工总人数为 22978 万，其中外出农民工 14533 万人，2009 年末农村外出务工劳动力 14889 万人。据此推算，全国农村劳动力在 2010 年的回流总规模应该为 1323.96 万 ~ 1356.39 万人。

按照此回流规模对农村就业和生产方面的影响应该进行辩证分析，这一方面是弥补农村劳动力不足，另一方面也导致总体劳动力增加过剩；一方面会因家人团圆而提升家人的生理、心理质量，另一方面也可能会导致失业或隐性失业的增加并进而导致家庭经济收入水平下降。但从总体规模上分析，不应过于担心农村回流人口的负面影响。中国 2010 年城镇登记失业率为 4.1% ，而农村失业率则没有官方数据。不同学者得出的农村失业人口规模有一定差别，有学者曾提出农村剩余劳动力的数量应该按不同的标准区分：按照当前农业生产力水平和机械化程度计算的农村实际剩余劳动力叫"狭义的剩余劳动力量"，按照采用先进的农业生产和管理技术条件下农业所需的劳动力计算的农村剩余劳动力叫"广义的剩余劳动力量"。农业部课题组曾按照广义的标准计算得出中国农村剩余劳动力总量为 1.5 亿人。但总体来看，基本都在1.3 亿人以上。涂圣伟和何安华依据农业剩余劳动力和农村剩余经济活动人口，估算出中国农村 2010 年剩余劳动力总量为 1.3047 亿人。实际农村从业人口达 3.0983 亿人（涂圣伟、何安华，2011）。

从此推算结果的总体情况来看，农村外出劳动力在 6 个月以上的长期性回流的比例并不高，跨区域外出（至乡镇以外）的农民工回流总量并未超出外出劳动力总量的 10% ，回流劳动力总量占农村从业劳动力总量的 4.3% 左右。就中国传统"过密化"生产方式与当下新农村建设的发展趋势而言，与流出之前相比，农民工回流对农村劳动力失业方面造成的压力并不那么显著。

第二节　提前外出：农民工外出年龄的过度低龄化

中国语境下的"农民打工"是指本来从事农业活动的人口转移到工业或商业等非农业生产领域，是一种流动现象（floating）而非正式的人口迁移（immigration），这种流动是因为产业之间的劳动力转移而形成的。农民作为产业劳动力进行转移的年龄条件应该达到18岁，至少达到16周岁才能外出，如果是16周岁之前外出便属于过早打工。

1. 年龄提前意义上的过度打工——辍学打工的调查与推断

在817名调查对象中，有240名是没有外出打工过的人口，有577名是外出打工者或者是曾经外出打工现在回流到家乡。在这577名有外出打工经历的调查对象中，在15岁及15岁之前就已经外出打工的占总体调查对象的7.6%（7岁的两个个案中，一个是跟随父母外出乞讨，一个是跟随单身父亲回收垃圾；8岁的两个个案分别是回收垃圾、摆水果摊）。16岁这一年外出打工的占5.2%，16岁及16岁之前打工的占12.8%；但如果把调查对象按照年龄划分为35岁以上的中年组和35岁以下的青年组，则青年组农民工首次外出打工的年龄在15岁及15岁以前的比例为13.3%，而35岁以上的中年组在15岁及15岁之前外出打工的比例只有3.4%；青年组在16~18岁外出打工的比例为35.7%，35岁以上的中年组则为9.1%。由此，本研究重点分析和探讨35岁以下人群的过早打工问题。

在对65个村的村干部问卷调查中，没有一个村庄是无人辍学的。所调查样本村辍学人数为个位数（9人及以下）的有28个村庄，占调查村庄数的43.1%；辍学人数为10~19人的有16个村庄，占24.6%；辍学人数为20~29人的有8个村庄，占12.3%；辍学人数为30人以上的有13个村庄，占20.0%。由此表明农村辍学现象的普遍性。

在上述问卷结果统计的基础上，笔者选择了3个省份的3所初中（3所初中首先考虑的是学校的可介入性，其次考虑的是学校规模）进行辍学率的计算与推断。根据初中每一届学生在招生时人数及 3 年后毕业人数之差，扣除相应的转学（转出与转入）人数，可以得出辍学率（见表 2 - 6）。

表 2 - 6　浙鄂豫三所初中学校的辍学率

单位：%

	2001 级	2002 级	2003 级	2004 级	2005 级	2006 级	2007 级	2008 级
浙江 D 初中	8.9	8.7	8.1	7.3	6.0	6.6	6.7	5.7
湖北 T 初中	4.4	5.0	10.0	9.5	12.6	10.9	7.6	6.3
河南 W 初中	9.6	9.9	6.2	7.8	9.0	8.3	4.9	5.4

注：排除转入与转出人数后。

3 个样本学校均为乡镇政府所在地的初中。浙江 D 中学在 2001 年之后每年招生规模为 638 人，2008 年招入新生只有 492 人；湖北 T 中学 2001 年招生规模为 801 人，2008 年招生人数只有 620 人；河南 W 中学 2001 年招生人数为 1224 人，2008 年下降到 840 人。从总体上看，学生规模在下降，既与人口年龄结构有关，也与辍学率有关。总体数据表明 3 个样本学校的辍学率相对稳定在 5% ~ 10% 。

如果运用同样的方法推算全国的辍学率，则得到的辍学率比笔者调查的 3 个样本初中的统计结果更高（虽然这一计算方法忽略了转入与转出的人数，但包括广东、浙江等发达区域在内的辍学率仍然在 5% 以上）。表 2 - 7 详细列出了根据贵州 1998 ~ 2008 年的统计年鉴进行推算的数据及推算过程；表 2 - 8 省略了数据列表，直接给出辍学率。

表 2 - 7　贵州的辍学情况统计推论

年份	初中学校数（所）	初中毕业人数（人）	初中招生人数（人）	初一、初二、初三的减少数（人）	初一、初二、初三的毛辍学率（%）
1997	1511	276443	412114		
1998	1567	298548	445196		
1999	1592	312633	494406		

年份	初中学校数（所）	初中毕业人数（人）	初中招生人数（人）	初一、初二、初三的减少数（人）	初一、初二、初三的毛辍学率（%）
2000	1648	331329	557466	80785	19.60
2001	1523	362647	638216	82549	18.54
2002	1923	434933	703105	59473	12.03
2003	2068	502251	728959	55215	9.90
2004	2183	573295	721590	64921	10.17
2005	2193	627254	710857	75851	10.79
2006	2151	650318	704579	78641	10.79
2007	2189	645490	709794	76100	10.55

注：阴影部分的数字用意是，1997 年招生人数与 3 年后即 2000 年毕业人数有对比。三年制初中"入口"招生与"出口"毕业人数的差额非常显著。

资料来源：根据贵州 1998～2008 年的统计年鉴整理绘制。

表 2-8 川鄂豫浙粤辍学率统计

单位：%

	四川	湖北	河南	浙江	广东
1997	15.6	17.3	6.9	7.4	10.8
1998	16.0	18.8	8.4	6.3	13.4
1999	14.8	16.8	9.4	5.1	11.2
2000	15.7	14.8	12.2	4.6	10.0
2001	13.8	11.4	5.1	3.1	7.9
2002	12.9	11.0	2.3	2.3	6.8
2003	13.6	8.8	5.8	2.2	7.9
2004	7.6	8.1	3.6	2.0	9.6

资料来源：根据四川、湖北、河南、浙江、广东等省份 1998～2008 年的统计年鉴整理绘制。

根据湖北、广东、河南、浙江、四川等地的数据推算，6 个省份的平均辍学率为 10.1%，与农业部 2003 年调查所得的 10.7%的全国农村平均辍学率非常接近（卢德生、赖长春，2009），这表明农村初中的辍学率普遍、稳定保持在 10%左右。据此对全国进行估算：2000 年中国农村 14～35 岁的青年人口总计为 30127.95 万人，2009 年对应的是 20440.12 万人，那么中国农村 14～35 岁的青年人口中辍学的总规模在 2000 万～3100 万人。

2. 过早打工的认知

笔者经多年来对农村的调查和观察发现，农村实行义务教育后，无论是教育制度安排上不再让农村孩子交学费，还是农村经济条件好转，客观的总体情况是农村孩子由于经济原因辍学的比例越来越小。过度提前外出打工的农村青少年大多不是由于学费、生活费用等经济原因而被迫辍学，而是普遍主动辍学。具体到对辍学原因的解释，大多归咎于"成绩不好""不想上学了"，这是最常听到的农村青少年辍学的理由。本研究的调查结果显示，越是过早打工的农村青年选择"非常同意""功利取向"的比例就越高（见表 2－9）。

表 2－9　调查对象中 35 岁以下的青年农民工对下列各项
选择"非常同意"项的比例

单位：%

	能挣钱就是好事	理想再好不能挣到钱也没用	农村人辍学打工是正常的	打工能挣到钱一样活得精彩	有钱能使鬼推磨是正确的	人有钱比有学历还重要	农村人有钱一样有地位	大学生学费太贵上大学不划算	没钱的人都会自卑	个人学历越来越没有钱重要
15 岁或更早（N＝33）	27.3	18.2	54.5	72.7	54.5	27.3	18.2	54.5	54.5	54.5
16～18 岁（N＝89）	16.7	23.3	20.0	26.7	20.0	23.3	20.0	20.0	23.3	20
19 岁及以后（N＝127）	14.3	11.8	11.5	12.2	11.5	11.8	11.5	22.4	12.9	22.4

在农民工回答自己外出打工的动机时，15 岁或更早外出打工的农民工选择"见世面、增长见识"这一项的比例明显高于其他两组；选择"别人都出去打工了"这一项的比例也高于另外两组，而在"为了谋生"的选项上的比例则明显低于另外两组。这表明

过早打工者首次打工时考虑更多的是看看外面的世界，跟随或者模仿别人的打工行为，具体如表 2-10 所示。

表 2-10　农民工对自己首次打工原因的回答

		别人都出去打工了	给子女创造更好条件	见世面、增长见识	学技术本领	在家闲得慌	为了谋生
15 岁或更早（N = 33）	频数	9	0	15	4	3	2
	频率（%）	27.3	0.0	45.5	12.1	9.1	6.1
16~18 岁（N = 89）	频数	16	9	30	13	6	15
	频率（%）	18.0	10.1	33.7	14.6	6.7	16.9
19 岁及以后（N = 127）	频数	21	29	39	18	4	16
	频率（%）	16.5	22.8	30.7	14.2	3.1	12.6
合计（N = 249）	频数	46	38	84	35	13	33
	频率（%）	18.5	15.3	33.7	14.1	5.2	13.3

$\chi^2 = 19.390$　df = 10　sig. < 0.05

　　大多数过度提前外出打工的辍学者对自己的选择并没有觉得有什么不合适，相反，他们认为是早日独立、成人的表现。但其首次外出时由于年龄不够大，也不熟悉城市的环境，缺乏找工作的经验等，所以，越是提前外出打工的农村青年越倾向于通过亲戚邻居的介绍而获得打工的岗位，这表征着熟人社会或熟人网络对过早打工有意或无意的推动或者是拉动，具体如表 2-11 所示。

表 2-11　调查对象中 35 岁以下者首次外出打工的岗位获得途径

		亲戚邻居介绍的	同学朋友帮助	政府组织的	单位招工	自己找的	其他
15 岁或更早（N = 33）	频数	16	5	0	3	7	1
	频率（%）	50.0	15.6	0.0	9.4	21.9	3.1
16~18 岁（N = 89）	35	24	0	10	17	3
	频率（%）	39.3	27.0	0.0	11.2	19.1	3.4

续表

		亲戚邻居介绍的	同学朋友帮助	政府组织的	单位招工	自己找的	其他
19 岁以后 （N = 127）	频数	34	13	5	29	44	2
	频率（%）	26.8	10.2	3.9	22.8	34.6	1.6
合计 （N = 248）	频数	85	42	5	42	68	6
	频率（%）	34.3	16.9	2.0	16.9	27.4	2.4
$\chi^2 = 29.700$　df = 10　sig. < 0.001							

3. 过早打工的影响因素

现有研究中关于辍学的宏观分析主要强调国家政策、社会风气与文化环境。如周潇认为大规模的持续的农民流动带来了农村生活方式、社会组织以及家庭结构的深刻变迁，由此对农村学校发展带来不利影响；农村青少年面对的大环境日益恶化，加上社会功利观的盛行，共同导致大量的农村青少年转向打工挣钱而非继续学业（周潇，2011）。

依据研究设计的变量操作，以首次打工的年龄为因变量，采用回归统计的方法，将性别、年龄、个人经济观念强度、父母教育观念和方式、打工前家庭经济地位判断、村庄打工普遍程度、农村社会距离感、城市社会距离感、宏观社会趋势的认知判断等作为自变量①进行回归分析。逐步回归的结果如表 2 - 12 所示。

表 2 - 12　农民工首次打工年龄的回归分析结果（逐步回归）

	模型	回归系数	标准误	标准回归系数	T 值	显著水平	零阶相关系数	偏相关系数	部分相关系数
1	常量	7.896	1.590		4.966	0.000			
	年龄	0.405	0.058	0.470	6.950	0.000	0.470	0.470	0.470
2	常量	10.060	1.563		6.436	0.000			
	年龄	0.405	0.055	0.470	7.382	0.000	0.470	0.494	0.470
	农民工经济观念强度	- 0.120	0.025	- 0.305	- 4.792	0.000	- 0.305	- 0.346	- 0.305

① 上述列出的某些变量在逐次回归中不显著，均未显现。模型表中显现的都是检验通过的变量。

模型		回归系数	标准误	标准回归系数	T值	显著水平	零阶相关系数	偏相关系数	部分相关系数
3	常量	13.438	1.830		7.342	0.000			
	年龄	0.436	0.054	0.506	8.052	0.000	0.470	0.528	0.498
	农民工经济观念强度	-0.122	0.024	-0.311	-5.019	0.000	-0.305	-0.361	-0.311
	宏观社会趋势的认知判断	-0.161	0.049	-0.208	-3.308	0.001	-0.113	-0.247	-0.205
4	常量	8.662	2.416		3.586	0.000			
	年龄	0.418	0.053	0.485	7.847	0.000	0.470	0.519	0.475
	农民工经济观念强度	-0.108	0.024	-0.275	-4.445	0.000	-0.305	-0.325	-0.269
	宏观社会趋势的认知判断	-0.147	0.048	-0.189	-3.058	0.003	-0.113	-0.230	-0.185
	城市社会距离感	0.155	0.053	0.184	2.945	0.004	0.298	0.222	0.178
5	常量	12.459	3.061		4.071	0.000			
	年龄	0.400	0.054	0.464	7.466	0.000	0.470	0.501	0.448
	农民工经济观念强度	-0.099	0.025	-0.252	-4.050	0.000	-0.305	-0.300	-0.243
	宏观社会趋势的认知判断	-0.159	0.048	-0.205	-3.319	0.001	-0.113	-0.249	-0.199
	城市社会距离感	0.140	0.053	0.165	2.644	0.009	0.298	0.201	0.159
	农村社会距离感	-0.118	0.059	-0.127	-1.992	0.048	-0.273	-0.153	-0.120

根据回归结果，我们可以得出以下方程：

$$Y = 12.459 + 0.4X_1 - 0.099X_2 - 0.159X_3 + 0.140X_4 - 0.118X_5$$

标准化方程为：

$$Y = 0.464X_1 - 0.252X_2 - 0.205X_3 + 0.165X_4 - 0.127X_5$$

其中，Y 为首次打工年龄，X_1 为年龄，X_2 经济观念强度，X_3 为宏观社会趋势认知判断，X_4 为城市社会距离感，X_5 为农村社会距离感。

五次方程模型的解释力分别为 22.1%、31.4%、35.6%、38.8%、40.2%，调整解释力分别为 21.7%、30.6%、34.5%、37.3%、38.4%。

年龄在方程中的显著影响表明年龄越大的人首次外出打工的时间越晚，越年轻者首次外出时间越早。这表明首次打工年龄映射着时代的变化，社会的共性起主要作用，年轻者比年长者更提前打工是这个时代变化的结果。就代际差异而言，统计数据显示35岁以上的农民工群体第一次外出打工年龄平均为29.13岁，而35岁以下的新生代农民工第一次外出打工的年龄平均为19.03岁，相差超过10年，而普通体力劳动者打工的黄金年限也就是20年。性别作为一个虚拟变量，并没有显著影响，这表明在本研究的统计中，男女性别因素对农民工首次打工的年龄并不具有显著影响。

但除去年龄这一天然因素，或者说除去时代共性的因素外，首先进入方程的是农民工的经济观念强度，这表明个人的认知观念在后天自致因素中是最重要的影响因素。而且这一因素在进入方程的四类社会因素中是标准回归系数最高的，也是偏相关系数最高的，这表明首次打工年龄的后致因素中，个人经济观念强度的影响力最显著。

其次，宏观社会趋势的认知、判断对个人首次打工年龄具有显著影响，个人对宏观社会发展趋势的判断越倾向于消极，其打工年龄就越提前。而且对宏观社会趋势的认知指数居于社会因素的第二位，这表明社会宏观的文化环境、结构特征、价值导向、社会稳定等看似与个人没有直接关联的因素对青少年感知与判断自己的未来、选择自己的人生道路产生重要的影响。

最后，城市社会距离感与农村社会距离感分别作为个人首次外出年龄的"拉力"与"推力"在回归方程中具有显著影响。与城市的社会距离感越近，越倾向于提前打工；与农村的社会距离越远，越倾向于提前打工。这表明，城乡二元结构背景下的城市与乡村给农村青少年留下的印象及对其生活的影响也是农村青少年提前外出打工的重要影响因素。

从现有的官方公布数据和学术调查来看，农村青少年辍学情况总体上比例偏高：根据国家统计局数据，2008年中国初中辍学人数达140万人（国家统计局，2010）；农业部2003年的调查样本中农民子女的辍学率平均为10.7%（卢德生、赖长春，

2009）；王身佩等人运用官方统计数据对河南省农村义务教育阶段的辍学进行统计分析发现，2000 届、2002 届和 2003 届三届初中三年级的辍学率分别是 20.44%、12.88% 和 8.95%（王身佩等，2006）。辍学无论是对个人发展还是对整体社会而言其负功能是显而易见的。

现有研究对辍学微观因素的分析主要关注家庭关系、父母管教方式、老师教育方法及学校管理方式等。牛建林通过对中国综合社会调查数据与县级主要社会经济统计资料的分析发现，农村地区同龄人外出务工对初中生辍学具有吸引与示范作用，具体表现为一个区县同龄人外出务工的比例越高，义务教育阶段的在校学生辍学的可能性越高；与完成义务教育者相比，初中辍学者更有可能外出务工，但家人外出可以降低农村中小学生辍学的可能性，促进其接受较高的教育（牛建林，2012）。苏群等人通过实证调查数据分析指出父亲和母亲的受教育程度、户主职业、子女个数、家中是否有病人以及子女个人特征诸变量对农户子女辍学行为有显著影响，外出打工的父母及家庭生活方式的变化会影响孩子的学习生涯（苏群、丁毅，2007；卢德生、赖长春，2009；墨菲，2009）。还有研究发现农民工外出流动过程中如果是父母均外出打工而将子女留守在家的话，此类留守儿童社会化过程中上大学的概率将会明显下降，而犯罪的概率则明显上升（刘成斌，2013）。

第三节　当回不回：有义务教育阶段子女的外出农民工

"当回"不是农民工认为当回，而是从家庭共同体的完整性、子女教育需要、老人需要的角度定义的。"不回"指有正在义务教育阶段的子女留守在家，但农民工没有回流的意向。

调查样本的总体数据表明，在没有子女处于义务教育阶段的调查对象中，未回流与回流人群所占的比例分别为 46.7%、53.3%；在有子女处于义务教育阶段的调查对象中，未回流与回流所占的比例分别为 43.7%、56.3%。交互分类的卡方检验结果表明卡方值为 0.593，小于自由度为 1 时的临界值 3.841（见表 2 - 13），故有无子女处在义务教育阶段的两类农民工回流比例并无显著差异。

表 2 - 13　有无子女正处在义务教育阶段的农民工
回流与否的交互分类

			回流与否		合计
			未回流	回流	
有无子女正处 在义务教育阶段	无	频数	189	216	405
		频率（%）	46.7	53.3	100.0
	有	频数	125	161	286
		频率（%）	43.7	56.3	100.0
合计		频数	314	377	691
		频率（%）	45.4	54.6	100.0
$\chi^2 = 0.593$　df = 1　sig. > 0.05					

如果考虑到农民工的年龄因素，我国农村人口平均年龄是 22 ~ 24 岁，其子女如果处于义务教育阶段即 6 ~ 15 岁，那么，农民工的对应年龄应该在 40 岁以下。因此，我们在总样本中截取年龄为 40 岁以下的子样本再做交互分类比较，其统计结果与全部样本的统计结果一致，即农民工有子女处于义务教育阶段与没有子女处于义务教育阶段的两类人群在是否回流方面并无显著差异（见表 2 - 14）。

表 2 - 14　40 岁以下农民工有无子女正处在义务教育阶段与
回流与否的交互分类

			回流与否		合计
			未回流	回流	
有无子女正处 在义务教育阶段	无	频数	122	107	229
		频率（%）	53.3	46.7	100.0
	有	频数	91	104	195
		频率（%）	46.7	53.3	100.0

续表

		回流与否		合计
		未回流	回流	
合计	频数	213	211	424
	频率（%）	50.2	49.8	100.0
$\chi^2 = 1.840$　df $= 1$　sig. > 0.05				

　　笔者在执行本研究的调查项目时，经常看到新闻媒体报道农村留守儿童意外伤害甚至死亡案件的同时，也经常看到农民工为了子女教育而回流的报道，比如下面就是一例被新华网引用的报道①。

　　　　节后沿海地区和大城市再现"用工荒"，不少农民工选择就近就业或者返乡创业，原因何在？记者赴农民工主要输出地调查发现，留守儿童问题成了农民工不愿意再外出的主要原因。一位农民的话，真实反映了这种心态："我这辈子就这样了，不能让娃再跟我一样，宁愿少挣点，也要培养好他！"

　　为了进一步检验此观点，笔者以调查对象是否回流为因变量，以调查对象的年龄、文化程度、性别、是不是党员等人口变量为协变量，以是否有子女处于义务教育阶段为自变量，建立二元 Logistic 回归模型，其统计结果显示，模型的"－2 对数似然值"为 875.612，Cox & Snell R 方为 0.033，Nagelkerke R 方为 0.043，模型系数的综合检验卡方值为 21.511，自由度为 5，显著水平为 0.001，表明模型成立；但"有无子女正处于义务教育阶段"并未进入方程模型，表明这一变量并不对农民工是否回流造成影响（见表 2－15）。新闻媒体基于个人的报道只能是个例，不能由此个案来解释"民工荒"问题的原因。由此，大肆渲染农民工为了孩子而不再外出是"民工荒"的原因，是一种错误的解释，也会造

---

① 转引自 http://news. xinhuanet. com/politics/2011－02/17/c_121090716. htm。

成农民工为子女教育而回流与国家经济发展需求是对立的矛盾这样的误导。

表2-15　有无子女正处于义务教育阶段对农民工
回流与否的回归统计

		B	S. E,	Wals	df	Sig.	Exp（B）
步骤1a	年龄	0.033	0.008	15.364	1	0.000	1.034
	性别	-0.166	0.164	1.027	1	0.311	0.847
	文化程度	-0.031	0.059	0.273	1	0.601	0.969
	是不是党员	0.099	0.163	0.370	1	0.543	1.104
	有无子女正处于义务教育阶段	0.085	0.166	0.266	1	0.606	1.089
	常量	-1.179	0.670	3.092	1	0.079	0.308

第四节　过度打工的理论思考

1. 国外关于农民行动特征和文化属性的讨论

一是非理性的传统形象。这一观点主要来自恰亚诺夫（ЧаяНОВ）的"自足"说和斯科特（Scott）的"生存伦理"说。恰亚诺夫通过实证调查资料得出的结论认为，小农模式就是小农意识主导的、以满足家庭消费为主的自给自足式的自然经济。该模式的最大特征是农民追求的是风险最低而非利益最大，农民在基本需求得到满足之后就丧失了资本投入的动力，而不是马克思所形容的"资本动力大小会与利率成正比"，因而恰亚诺夫给我们呈现的农民是一种保守、落后、低效率、非理性的生产者形象。这一点在斯科特的研究中也得到类似的描述，斯科特把农民的劳动动机形容为在水深齐颈的情况下才会有动力的生存伦理，否则农民会喜欢安逸、平静的生活。

二是"经济人"假设。这一观点认为传统的农业发展缓慢不是因为农民缺乏理性的进取精神，而是劳动技术等因素阻碍了农民投入的收益增长。主要代表人物是美国经济学家 T·W. 舒尔茨

（Schultz），他在《改造传统农业》中认为农民虽然在生产资料上是"小农"，但生产观念跟资本家没有明显的区别，农民对生产要素的配置也符合帕累托最优原则，因而农民的经营也是有效率的（Schultz，1964）。波普金（Popkin）也支持这一观点，他在《理性的小农》中认为农民是追求个人或家庭福利最大化的劳动者，往往进行衡量、比较可能获得的所期望的最大利益后才做出行动的选择，并会对自己的选择结果进行反思和评估。显然，经济人假设把农民描绘成了理性、精于计算的劳动者，只要有一定的客观政策、技术等条件许可，农民就会合理配置他们的资源和劳动力，追求效率和最大收益。

三是黄宗智的"过密化"观点。黄宗智基于对中国华北等地的实证研究发现，农民劳动力的过多投入与农业产出是不成正比的，虽然农民作为单一的劳动力在主观上是追求效率增长的生产者，但实际在单位土地上的劳动力过多投入导致农业劳动的边际收益递减，即过密化形成。尤其是中国改革前是明显的过密化趋势，改革后农村劳动力转移是反过密化的过程。

四是家庭复合理性模型。这一类观点强调农民是理性的，但理性是有多重性的。主要代表是贝克尔（Bacher）的新农户经济学模型。贝克尔以家庭为基本单元分析农户的经济理性——追求家庭利益最大化，农户对家庭成员的所有时间单元的价值进行市场工资、机会成本的评估，然后做出生产决策或消费决策。总体上讲，在生产决策上采用的是成本最低模型，而在消费决策上采用效用最大化模型。劳动力供给过程中会综合多种因素进行成本收益之间的估算（Bacher，1965）。

2. 国内关于农民工理性化的讨论

一是"制度理性"论。郑凤田（2000）研究了道义小农、理性小农模式的缺陷，吸收了西蒙的有限理性假说和新制度经济学派的制度变迁理论；提出了小农经济的制度理性假说，认为不同制度下农民的理性有异质性。在完全自给自足的制度下，农民的理性是家庭效用最高；在完全商品经济的市场制度下，小农行为追求利润最大化，是理性的"经济人"行为；而在半自给自足的制度下，小农既为家庭生产又为社会生产，此时的农民理性行为具有双重性。不同制度变迁的结果使小农的理性行为也发生变化。

二是"社会化小农"论。徐勇、邓大才（2006）从当今中国农村处于一个社会化程度高、土地均等化、税费全免等制度安排下的现实出发，提出了农户行为理论假说。他们认为中国农村自改革开放以来，出现了两个显著的变化：一是按照人口均分土地，农户基本解决了生存问题；二是社会化程度迅速提高，渗透到农户生产、生活、交往的各个环节、各个领域。小农约束条件由生存约束转为货币约束，小农经济伦理由生存伦理转为货币伦理，农户的目标由生存、效用最大化转为货币收入最大化。传统经典小农理论对此变化无能为力，因为它们假定农户的生存问题没有解决，假定社会化、市场化水平较低。对此，需要提出新的分析框架解释假定条件变化后的农户的行为及其动机。认为判断农户的动机与行为要因户、因地、因时、因需求层次、因发展阶段而定，并据此抽象出一个时期大部分农户的行为与动机。

三是"多重理性"论。其主要观点是把农民看作多重目标、多重动机、多重性质的理性劳动者。卢迈、戴小金（1987）认为农民既追求收入的稳定性，又追求收入的增长，是一种双重理性混合的状态；宋洪远（1994）认为农户追求最大化但实现过程受多重因素影响；胡豹、卫新、王美青（2005）认为非农产业劳动的时间、收入水平、工作强度是影响农民劳动选择的主要因素；史清华、黄祖辉（2001）认为农民是理性的经营者，其主要发展趋势呈现"非农化"倾向；蒋乃华（2002）、卫龙宝（2003）等人的调查发现农民城镇化过程中其进城意愿主要取决于非农收入水平的高低；李强、张林秀（2007）的研究认为农户的理性决策在生产和消费的过程中形成了一种均衡模型；张海阳、宋洪远（2005）等人研究农民耕种行为时发现劳动量、资金成本、利润回报、传统观念、耕作习惯、信息成本等均是农民理性计算的不可忽视的因素。在多种因素的影响下，现行惠农政策对农民是否种粮的影响力有限（张建杰，2007）。

相对于农村劳动力转移、产业结构调整、城镇化进程等主流

价值引导下对"打工文化"的肯定和强化而言，出于社会可持续
发展、良性循环而质疑、抵制或改良过度打工的声音还很弱，虽
然已经有很多学者和官员开始认识、反省中国人口过度流动的后
果，但没有从正本清源的角度去分析、研究或设计改革。

第三章　农民工流动方式与子女社会分化

——基于对中国人口流动制度设计的检验与反思

第一节　问题及其理论资源

关于农民工子女的社会化尤其是教育问题在教育学、社会学、经济学等学科的探讨较多，而且在政府决策部门和新闻报道中也已经广为人知，但农民工对子女流动或留守的不同选择到底会对农民工子女将来的社会分化造成什么样的影响，农二代的阶层分化方向是向上流动或是滑入更底层（比如因参与、实施偷盗、抢劫等而成为罪犯）受其流动与留守影响的概率是多大，目前在学术界的研究成果中还是鲜见的。另外，在农二代的阶层分化与流动问题上，大多数研究往往关注其父辈诸如"父亲文化程度""父亲经济地位"等相对固定的社会变量，这些因素确实对农二代的上升流动产生一定的因果影响，但无论是农民还是他们的子女在一定时期内甚至终生都不可能改变这些自变量，因为农民的文化水平或者经济地位往往一旦形成就很难改变。本研究聚焦农民工在外出打工过程中子女教育形式选择对子女将来社会分化方向的影响，拟从大学生、青年农民工、犯罪的农村青年三个类型人群中分别抽取样本进行对比分析，应用 Logistic 对数线性模型来比较流动与留守经历在三类样本中的发生比。在主观条件或意愿上讲，农民工如何流动、对子女的教育如何安排相对而言具有较大的可选择性，基于此拟为探讨农民工子女的教育选择路径、国家制定人口流动政策提供一定的参考。

父母流动对子女代际分化的影响在现有的研究成果中主要牵涉农民阶层流动研究、流动儿童研究、留守儿童研究三大块，但本研究是聚焦农民工子女的流动或留守经历对其向上流动或沦为罪犯的发生比的影响，所以重点梳理现有文献中关于流动儿童、留守儿童的相关成果。

对流动儿童负面状态的研究包括生活习惯、入学率、教学质量等方面，具体内容包括流动儿童入托率较低，义务教育阶段的辍学率比全国平均水平高，识字率明显更低，失学情况比较普遍，在学流动儿童的成绩下滑比较严重等，尤其是省外流动的儿童这种特征表现更突出（吕绍清、张守礼，2001；段成荣、梁宏，2004；中国儿童中心，2005；黄祖辉、许昆鹏，2006）。流动儿童心理复原力较差，从外部环境获得的心理资源和支持较少，对外部环境的参与也相对较少（周文娇等，2011），特别是由于同辈群体的缺乏与交际圈的缩小（王水珍、刘成斌，2007），同辈群体在现代社会中对儿童的社会化效果的影响越来越重要，甚至可能超过家长的影响力（Harri，1995）。

对流动儿童积极面的研究发现，相对于留守儿童，与父母生活在一起的流动儿童身心更加健康，家务劳动承担较少，学业方面受到的干扰较少（Amuedo - Dorantes and Pozo，2006；Kandel and Kao，2001），与全国儿童平均水平相比入学率更高（段成荣、梁宏，2004）；流动儿童在亲子关系、知识面广度等方面比留守儿童表现更好（王水珍、刘成斌，2007）。

对留守儿童消极面的研究主要有如下方面。父母外出无法对留守儿童的学习进行辅导和监督，并对其学习的态度等造成负面影响，同时由于留守儿童完整的家庭生活状态被打破，留守儿童的亲子关系也不如流动儿童，且初中辍学率较高（段成荣、周福林，2005；王玉琼，2005；叶敬忠等，2006；王水珍、刘成斌，2007），所以虽然父母外出打工在经济上改善了孩子的学习环境和教育条件，但孩子的不良学习习惯、学习兴趣的弱化甚至丧失抵消了经济改善带来的贡献，留守儿童在人际关系和自信心方面明显不如父母都在家的儿童（周宗奎等，2005；吕开宇等，2006）。"外出务工的家长整日忙于打工，没有时间与精力过问孩子的学习，对孩子的困惑、需求、交往、兴趣的关注就更少了，正处于身心迅速发展时期的中小学生，对学习、生活、自身的变化有太多的问题需要解决，但家庭不能充分给予他们以精神上的支持和知识上的解答。"（吴霓，2004）"父母外出务工，尤其是远距离外出务工，会导致农村留守儿童学习成绩的下降"（胡枫、李善同，2009），甚至有的调查指出"有 60% 的留守儿童存在心理问题，还有 30% 的留守儿童直言恨自己的父母"（周伟，2005）。

对留守儿童的积极面的研究成果主要有以下几个方面。从经济层面讲，外出父母向留守家庭寄回了大量存款，而这些汇款可能会对留守儿童的教育产生正面的影响。许多关于国际移民对留守子女教育影响的研究（Bryant，2005；Cox Edwards and Ureta，2003）均表明，移民汇款能使留守国内的子女获得更多的受教育机会，并且显著降低了留守子女的辍学率以及减少了他们参与劳动的时间，更多的钱能被用于投资子女的教育（Stark and Bloom，1985；Stark and Taylor，1991）。在社会关系方面，留守儿童拥有较好的社会支持网络，尤其是同辈群体的支持（王水珍、刘成斌，2007）；留守儿童小学阶段入学率比较高，但初中以后则可能存在比流动儿童更高的辍学率。但也有调查表明，流动儿童与留守儿童在学习成绩、课堂表现及性格发展上并不存在显著差异（卢德平，2006），留守儿童的父母通过打工提高了经济条件，进而在一定程度上弥补了子女发展上的一些不足（胡枫、李善同，2009）。

综上所述，笔者认为以上研究有几点不足。第一，在研究对象上，大多数研究是只选择流动儿童或者只选择留守儿童，甚至是只选择某一种流动儿童。比如研究者只选择民工子女学校当中的流动儿童，而对进入公办学校学习的流动儿童却没有包含（当然，也有反过来只研究进入公办学校的流动儿童者）。大多数留守儿童研究者对于双亲留守与单亲留守两类留守情形未加区分，而事实上这两类留守很可能使子女出现本质性的社会化差异。

第二，在研究方法上，以个案观察与访谈等描述、归纳分析为主，定量研究总体上比定性研究少。在研究技术的应用层面，质性研究大多停留在感性认知、评价方面，缺乏更科学的数据论证与逻辑演绎；定量研究以单变量描述统计和双变量交互分析为主，对适合因果分析、差异比较的高级统计技术应用较少。比如，对农民工子女是否辍学、辍学影响因素，只用描述性统计显然是不够的。

第三，在研究视角与结论上，已有研究大多关注负面现象，即主要聚焦流动儿童、留守儿童分别有什么不足，或者只研究某一个"缺陷"；在对自变量的归因与解释上，大多数研究归结于"父辈的文化水平""父辈的经济地位"，甚至是"父母婚姻状态"等因素。虽然这些变量是后天的自致变量，国家政策和社会组织也需要关注并解决这些变量导致的问题，但绝大多数农民包括他们的子女对这些自致因素往往是无能为力的。

在现有的研究文献中，研究者们都没有回答综合所有的因素之后流动儿童与留守儿童最终的社会化结果会怎么样。基于此，本研究拟围绕农民工的流动方式衍生出来的"对子女教育方式的选择"这一相对自主或者说可以自主的行为对农二代社会分化方向与概率的影响问题而展开，探讨在农民工不得不外出打工的情况下，民工子女的教育选择的"理想类型"是什么，进而思考国家应当制定什么样的政策才能对促进民工子女教育改善具有正向的引导意义。

第二节　农民工子女社会分化的验证思路

农民工子女社会分化方向与概率是一种社会存在的结果，本研究通过数据关系分析这种社会结果（升学率、犯罪率）的过程变量，即社会微观原因，如农民工子女社会化过程中教育形式的选择，然后将这种微观层面的个人行动选择归因到社会结构力量上寻求解释与预测。

（一）变量操作化

由于本研究的焦点在于农民工子女的流动或留守经历对其社会分化方向的影响，因此关键变量有两个：流动或留守的社会化经历、社会分化方向。社会分化作为因变量，是一种社会结果，具体划分为三类：向上流动，以考上大学为标志；没有明显流动，子承父业去打工；向下流动，滑入社会边缘群体。其中，向上流动的上大学情况又根据国家高考录取批次分为四类，即一、二、三、四类院校（见图3-1）。根据抽样执行的可行性与样本规模的统计需要，在每一个抽样小类型中初始计划均拟调查400个样本，但实际执行过程中，由于监狱调查的困难，样本规模有所减少。在社会分化的方向上，子承父业的青年农民工没有发生明显的阶层分化，下述分析将只以向上流动与向下流动为因变量。

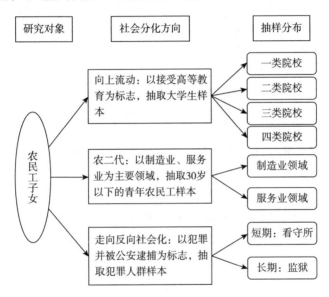

图3-1　农民工子女的社会分化方向与抽样分布的设计思路

考虑到可操作性，本研究对流动或留守的社会化经历类型操作如下：问卷当中分别测量小学、初中阶段父母亲、自己的情形。原题目分为如下三问："小学时你父亲的情况是"、"小学时你母亲的情况是"（答案选项为"一直在外打工或以打工为主""一直在家或以在家为主"）、"你自己的情况是"（答案选项为"跟随父母在外流动或以流动为主""一直留守在家或以在家为主"）。

对于农民工子女的分类有多种处理方式，最常见的一种是把纯粹流动或留守与阶段性流动或留守分开，与单亲（又可以划分为母亲和父亲）、双亲交互，再与小学、初中阶段交互，如此可以得到 12 种以上的类型划分，但这种过细的划分造成部分类型样本量非常小，如母亲单亲外出的流动型只有 2 个。考虑到小学与初中的差异，本研究采用小学、初中分别划分，各划分父母均不外出（参照型）、双亲外出的流动型、单亲外出的流动型、双亲外出的留守型、单亲外出的留守型。其样本情况如表 3-1 所示。

表 3-1　自变量类型的划分及样本规模

单位：人

调查对象父母	调查对象情况	类型划分	小学	初中
本地务农打工	在家	父母均不外出（参照型）	806	782
均外出打工	跟随流动	双亲外出的流动型	127	132
一方外出打工	跟随流动	单亲外出的流动型	49	64
均外出打工	留守在家	双亲外出的留守型	447	480
一方外出打工	留守在家	单亲外出的留守型	637	608

在因变量与自变量之间，调查问卷设计了家庭结构、亲子关系、情感感受等变量作为了解因果关系的中介，比如，亲子关系的操作化包括以下项目："不管父母多么忙碌，总想多留一些时间陪我"；"父母能以愉快的心情与我相处"；"父母与我谈话时经常正面引导而不是批评"；"父母觉得我能过得快乐比学习成绩好更重要"；"父母觉得我犯错误虽然不应该但是属于正常"；"我说话时父母能耐心听完"；"父母能够与我经常亲密地接触（如拉手，拥抱）"；"父母一直认为我是一个好孩子"；"父母与我谈话时能够了解我内心的感受"；"我愿意主动告诉父母我在学校发生的事情和内心感受"。答案均采用李克特量表格式，从完全符合（5分）到完全不符合（1分）。

（二）抽样方法

本研究的抽样方法是，在向上流动的大学生群体、向下流动的犯罪青年群体、子承父业的青年农民工三类人群分别抽样，获得一个合成样本。其中，大学生群体的抽样是采用分层抽样，即在国家录取的四个批次中进行分层次抽样，在每个层次内部结合笔者调查的操作可行性分别在安徽工程大学机电学院、安徽师范大学、长沙环境保护职业技术学院、成都航空职业技术学院、成都理工大学、杭州电子科技大学、湖南农业大学、南京大学、西南交通大学、中南大学、中央民族大学，按照专业学科（文理科）、年级、户籍（只抽取农村户籍生源）进行分层抽样。调查于 2011 年 10 月～2012 年 4 月进行，共获得有效样本 1487 个。犯罪青年群体的抽样在务工流入人口较多的东部省份 Z 监狱和 J 监狱进行，时间为 2011 年 3～4 月，监狱的抽样没有女性犯罪人群样本，因此，性别等人口变量在本研究中并不考虑，样本抽取主要按年龄、户籍（城乡）进行分层抽样，只抽取 16～25 岁人群，最终获得犯罪青年民工样本 321 人。本研究没有对子承父业的青年农民工单独抽样，而在笔者主持的国家社科基金项目"新农村建设与民工回流的社会学分析"（于 2010 年 7～10 月进行）调研数据中抽离出 35 岁以下青年农民工 258 人作为本研究的子样本。由此，本研究的总样本为 2066 人。

（三）研究假设与统计技术

流动儿童与留守儿童及父母不外出打工的农民子女总体人数是固定的，如果假设三类人群向上社会流动（进入大学）和沦为罪犯的概率是相同的，那么，在校大学生、在押犯罪人群中流动儿童、留守儿童、非外出打工的农民子女所占比例应该一致。如果假设教育选择形式对社会分化方向和概率有影响，则交互分布的结果会不一致（偏离期望分布）。结合社会化理论和现有文献的结论，本研究建立如下假设。

研究假设一：流动儿童和留守儿童进入大学的机会与父母不外出的农民子女存在概率上的差异，考虑到"家庭化"流动等研究成果的结论，流动儿童向上社会流动（阶层提升，以上大学为标志）的比例应高于留守儿童向上社会流动的比例，而且在进入的大学层次上应该是学校层次越高流动儿童的比例越高。

研究假设二：流动儿童和留守儿童在犯罪方面与父母不外出的农民子女存在概率上的差异，同时考虑到家庭结构的影响，双亲外出的留守儿童犯罪的发生比更高。

出于研究目的中分析和验证农民工子女流动、留守经历对其社会分化结果中上大学或沦为罪犯的影响之需要，而且要排除自变量本身对样本比例结构的影响（即对数线性中的主效应），本研究将采用对数线性模型作为主要分析技术，但由于 SPSS 软件不直接提供发生比结果，所以，在 Logistic 估计参数的基础上应用对数发生比公式进行计算。

第三节　农民工子女社会分化方向

（一）样本数据分布

从理论上分析，流动型、留守型及参照群体的社会化结果如果不受流动或留守这一过程影响的话，其在大学生样本、青年农民工样本、犯罪农村籍青年样本三个类别的分布应该一致，即在统计出的交互列联表中不存在显著的分布差异。而本研究的调查统计结果显示，三类样本中不同流动、留守类型的交互列联表频数分布存在差异，并且卡方检验非常显著。其中，小学阶段双亲外出留守型、初中阶段双亲外出留守型均在大学生样本中所占比例最低，尤其是小学阶段双亲外出留守型与样本总体比例相差14.2%；而犯罪农村籍青年样本中，均是双亲外出留守型比例最高，小学阶段、初中阶段双亲外出留守型分别比总样本比例高出10.3%、7.8%（见表3-2和表3-3）。这表明双亲外出留守无论是出现在小学还是出现在初中，在进入大学、沦为犯罪群体的比例上均存在一种显著的差异。

表3-2　小学阶段社会化经历类型在三类样本中的分布比较

		双亲外出流动型	单亲外出流动型	双亲外出留守型	单亲外出留守型	父母均不外出（参照）	合计
大学生样本	观测频数	91	36	258	479	623	1487
	期望频数	91.4	35.3	321.0	459.2	580.1	1487.0
	频率（%）	71.7	73.5	57.8	75.1	77.3	72.0

续表

		双亲外出流动型	单亲外出流动型	双亲外出留守型	单亲外出留守型	父母均不外出（参照）	合计
青年民工样本	观测频数	17	7	73	71	90	258
	期望频数	15.9	6.1	55.7	79.7	100.7	258.0
	频率（%）	13.4	14.3	16.4	11.1	11.2	12.5
犯罪农村籍青年样本	观测频数	19	6	115	88	93	321
	期望频数	19.7	7.6	69.3	99.1	125.2	321.0
	频率（%）	15.0	12.2	25.8	13.8	11.5	15.5
合计	观测频数	127	49	446	638	806	2066
	期望频数	127.0	49.0	446.0	638.0	806.0	2066.0
	频率（%）	100.0	100.0	100.0	100.0	100.0	100.0

$\chi^2 = 64.121$　df = 8　sig. < 0.001

表 3 - 3　初中阶段社会化经历类型在三类样本中的分布比较

		双亲外出流动型	单亲外出流动型	双亲外出留守型	单亲外出留守型	父母均不外出（参照）	合计
大学生样本	观测频数	89	47	293	454	604	1487
	期望频数	95.0	46.1	345.5	437.6	562.8	1487.0
	频率（%）	67.4	73.4	61.0	74.7	77.2	72.0
青年民工样本	观测频数	21	8	75	73	81	258
	期望频数	16.5	8.0	59.9	75.9	97.7	258
	频率（%）	15.9	12.5	15.6	12.0	10.4	12.5
犯罪农村籍青年样本	观测频数	22	9	112	81	97	321
	期望频数	20.5	9.9	74.6	94.5	121.5	321.0
	频率（%）	16.7	14.1	23.3	13.3	12.4	15.5
合计	观测频数	132	64	480	608	782	2066
	期望频数	132.0	64.0	480.0	608.0	782.0	2066.0
	频率（%）	100.0	100.0	100.0	100.0	100.0	100.0

$\chi^2 = 45.803$　df = 8　sig. < 0.001

　　从统计数据的性质上讲，表 3 - 2 和表 3 - 3 的数据分布是一种结果。但这种分布结果不能说明不同类型的农民工子女教育形式对其向上流动（考上大学）和向下流动（沦为罪犯）的作用强度，也缺乏对其他变量的有效控制。事实上，"正是交互效应作用的存在使得联合分布比例偏离了边际分布比例"（郭志刚，1999：223），因此需要进一步采用对数线性模型来计算小学、初中阶段的流动、留守经历类型对农民工子女进入大学、沦为罪犯的发生比的影响。

（二）向上流动的发生比

根据对数线性模型分析中反应变量定义的 Logistic 模型及其推导出的发生比公式（郭志刚，1999：234），本研究分两步计算流动与留守经历对农民工子女向上流动发生比的影响。表 3 - 4 中的估计参数、标准差、Z 值及显著水平（单项参数检验）是流动与留守经历类型在上大学这一反应变量上的 Logistic 统计结果，而EXP 值及相对于参照类型发生比差是笔者根据对数发生比计算公式进一步推导计算的结果。统计检验结果表明，双亲外出留守型无论是出现在小学还是初中对上大学的概率均呈显著影响，而其他三类没有通过显著性检验，或许是样本误差所致。

表 3 - 4　流动与留守经历类型在上大学的发生比的 Logistic 统计结果

	社会化过程类型	估计参数	标准差	Z 值	显著水平	EXP 值	相对于参照类型发生比差（%）
是否上大学与小学经历交互效应	双亲外出流动型	- 0.304	0.213	- 1.428	0.153	0.544	- 45.56
	单亲外出流动型	- 0.229	0.329	- 0.694	0.488	0.633	- 36.75
	双亲外出留守型	- 0.913	0.127	- 7.171	0.000	0.161	- 83.89
	单亲外出留守型	- 0.116	0.124	- 0.934	0.350	0.793	- 20.71
是否上大学与初中经历交互效应	双亲外出流动型	- 0.498	0.204	- 2.449	0.014	0.369	- 63.06
	单亲外出流动型	- 0.221	0.292	- 0.757	0.449	0.643	- 35.73
	双亲外出留守型	- 0.772	0.126	- 6.102	0.000	0.214	- 78.65
	单亲外出留守型	- 0.141	0.126	- 1.116	0.265	0.754	- 24.57

就样本统计结果中显示的发生比数据而言，可以得出两点结

论：一是双亲外出的留守儿童在进入大学的概率上显著低于参照群体，而且单项参数估计检验非常显著；二是双亲外出流动型、单亲外出流动型、单亲外出留守型等三类经历者在进入大学的概率上也低于参照群体，但只有初中阶段双亲外出流动型这一类型的单项参数估计的检验较为显著（sig. < 0.05），另外两类和小学阶段双亲外出流动型均未通过显著性检验。同时，样本数据显示，虽然农民工子女无论是流动还是留守均低于父母不外出型的参照类型，但单亲外出留守型儿童进入大学的概率与参照类型的差距最小。因此，研究假设一的验证结果是，流动儿童比双亲外出留守儿童向上流动的概率要高，但比单亲外出留守儿童向上流动的概率要低，但单项参数检验并不显著。因此，从总体上可以归纳为除双亲外出留守经历对农民工子女进入大学的概率有显著影响外，双亲外出流动型、单亲外出流动型、单亲外出留守型与父母没有外出的农民子女在进入大学的发生比上差异不是特别显著。

（三）进入大学层次的概率

根据研究设计中对大学层次的分类方法（国家录取批次中的四个类别），将大学层次的第四个类型（职业技术院校和专科）作为统计的参照类型，分析农民工子女流动或留守经历类型与其进入大学层次（一本、二本、三本）之间交互效应项的发生比。统计结果如表3－5和表3－6所示。

表3－5　小学经历与上大学层次的 Logistic 统计结果

小学经历与大学层次 交互效应项	估计 参数	标准差	Z 值	显著 水平	EXP 值	相对于参照 类型发生 比差（%）
双亲外出的流动儿童＊一本	－ 0.432	0.271	－ 1.595	0.111	0.421	－ 57.85
单亲外出的流动儿童＊一本	－ 0.255	0.423	－ 0.603	0.546	0.600	－ 39.95
双亲外出的留守儿童＊一本	－ 1.055	0.188	－ 5.605	0.000	0.121	－ 87.88
单亲外出的留守儿童＊一本	0.136	0.175	0.780	0.435	1.313	31.26

小学经历与大学层次 交互效应项	估计 参数	标准差	Z 值	显著 水平	EXP 值	相对于参照 类型发生 比差（%）
双亲外出的流动儿童 * 二本	- 0.678	0.384	- 1.767	0.077	0.258	- 74.23
单亲外出的流动儿童 * 二本	- 0.357	0.565	- 0.632	0.527	0.490	- 51.03
双亲外出的留守儿童 * 二本	- 0.105	0.214	- 0.492	0.623	0.811	- 18.94
单亲外出的留守儿童 * 二本	0.402	0.210	1.918	0.055	2.234	123.45
双亲外出的流动儿童 * 三本	- 0.999	0.441	- 2.262	0.024	0.136	- 86.44
单亲外出的流动儿童 * 三本	- 0.702	0.651	- 1.078	0.281	0.246	- 75.44
双亲外出的留守儿童 * 三本	- 1.436	0.305	4.703	0.000	0.057	- 94.34
单亲外出的留守儿童 * 三本	0.049	0.226	0.215	0.830	1.103	10.30

表 3 - 6　初中经历与上大学层次的 Logistic 统计结果

初中经历与大学层次 交互效应项	估计 参数	标准差	Z 值	显著 水平	EXP 值	相对于参照 类型发生 比差（%）
双亲外出的流动儿童 * 一本	- 0.874	0.262	- 3.333	0.001	0.174	- 82.59
单亲外出的流动儿童 * 一本	0.363	0.448	0.811	0.417	2.067	106.68
双亲外出的留守儿童 * 一本	- 0.994	0.183	- 5.426	0.000	0.137	- 86.30
单亲外出的留守儿童 * 一本	0.199	0.181	1.100	0.271	1.489	48.88
双亲外出的流动儿童 * 二本	- 0.828	0.354	- 2.336	0.019	0.191	- 80.91
单亲外出的流动儿童 * 二本	0.163	0.554	0.294	0.769	1.385	38.54
双亲外出的留守儿童 * 二本	- 0.124	0.209	- 0.594	0.553	0.780	- 21.96
单亲外出的留守儿童 * 二本	0.352	0.216	1.626	0.104	2.022	102.18
双亲外出的流动儿童 * 三本	- 1.692	0.526	- 3.219	0.001	0.034	- 96.61
单亲外出的流动儿童 * 三本	0.087	0.598	0.145	0.884	1.190	19.01
双亲外出的留守儿童 * 三本	- 1.083	0.276	- 3.927	0.000	0.115	- 88.54
单亲外出的留守儿童 * 三本	0.189	0.234	0.807	0.420	1.459	45.94

从估计参数来看，小学时单亲外出的经历对留守儿童上大学（一本、二本、三本院校）均呈现正向影响（估计参数为正值），并且对其进入一本和二本的正向影响更高；而其他三类农民工子女教育形式则均是负向影响（估计参数为负值）。这表明单亲外出

的留守儿童进入更高层次、更好的大学的概率更高。但单项参数
检验结果表明，只有小学阶段双亲外出的留守儿童进入一本、三
本院校，以及双亲外出流动儿童进入三本院校差异显著。

　　表 3－6 数据结果表明，单亲外出的留守儿童进入一至三本院
校的概率更高，但检验不显著；初中经历双亲外出对流动儿童进
入一本、二本、三本院校的概率，对留守儿童进入一本、三本院
校的概率均为显著影响。双亲外出的流动儿童并不比单亲外出留
守儿童进入高层次大学的概率更高，而且双亲外出的流动儿童进
入二本院校的概率也不高于双亲外出的留守儿童，且单项估计参
数检验水平显著。总体上看，单亲外出留守经历是农民工子女进
入高层次院校发生比更高的"理想类型"。流动儿童进入高层次院
校的概率更低是个值得进一步探讨的问题，本研究将在讨论部分
予以补充解释。

（四）犯罪的概率

　　小学、初中的流动与留守经历对犯罪概率影响的统计结果从
表 3－7 中可以看出，双亲外出留守经历对犯罪概率的影响最为显
著：小学阶段双亲外出留守经历的农民工子女在犯罪的发生比上
比参照类型高出 6.2 倍，初中阶段双亲外出留守经历的农民工子女
在犯罪发生比上比参照类型高出 3.6 倍。这表明双亲外出留守的情
形不论是出现在小学阶段还是出现在初中阶段，对农民工子女沦
为罪犯都有着显著的影响。研究假设二由此得到肯定。

表 3－7　流动与留守经历类型在是否犯罪上的 Logistic 统计结果

	社会化过程类型	估计参数	标准差	Z 值	显著水平	EXP 值	相对于参照类型发生比差（%）
小学经历与犯罪交互效应	双亲外出流动型	0.316	0.269	1.172	0.241	1.881	88.14
	单亲外出流动型	0.131	0.435	0.302	0.763	1.300	29.95
	双亲外出留守型	0.986	0.154	6.408	0.000	7.185	618.50
	单亲外出留守型	0.193	0.159	1.213	0.225	1.471	47.11

	社会化过程类型	估计参数	标准差	Z值	显著水平	EXP值	相对于参照类型发生比差（%）
初中经历与犯罪交互效应	双亲外出流动型	0.359	0.255	1.405	0.160	2.050	105.03
	单亲外出流动型	0.185	0.367	0.504	0.614	1.448	44.77
	双亲外出留守型	0.764	0.153	5.002	0.000	4.609	360.89
	单亲外出留守型	0.083	0.161	0.514	0.607	1.181	18.06

同时样本数据也表明，双亲外出流动型、单亲外出流动型、单亲外出留守型均比父母没有外出的参照类型农民工子女沦为罪犯的比例要高，只是数据差异检验不显著。流动农民工犯罪的增长在官方数据中已有明确的统计结果：上海市1983年流动人口的犯罪人数占刑事犯罪人数的比例仅为 6.84%，而到 2007 年，这一比例上升到 75.92%；浙江省 1983 年流动人口的犯罪人数占刑事犯罪人数的比例为 12.26%，到 2005 年上升到 65.38%（张清郎，2010：70）。

第四节　分化的逻辑——社会化过程变量的分析

如果将农民工子女在义务教育阶段所经历的教育形式作为原因，将上大学或是犯罪或是子承父业作为社会分化的结果，那么，不妨将亲子关系、父母期望水平、母亲管教方式、小学时的成绩等作为社会化过程的中介变量进一步分析。数据统计结果发现，各类型农民工子女在这些中介因素的量表得分均值上均呈现显著差异。这表明，选择不同教育形式的农民工子女在亲子关系、教育方式与成效等方面具有明显的分化。具体如表 3-8 所示。

表 3 - 8　社会化过程的项目比较

	双亲外出流动型	单亲外出流动型	双亲外出留守型	单亲外出留守型	父母均不外出（参照）	F 值	显著水平
亲子交往总得分（10 项题目）	33.49	32.76	30.61	32.58	33.68	12.106	0.000
父亲希望你考大学的愿望高不高?	4.12	4.08	4.00	4.24	4.31	7.803	0.000
母亲希望你考大学的愿望高不高?	4.27	4.11	4.04	4.28	4.35	8.596	0.000
父亲管教你的方式严不严?	3.25	3.53	3.33	3.23	3.33	1.971	0.096
母亲管教你的方式严不严?	3.78	3.49	3.36	3.27	3.34	3.400	0.009
你小学时的成绩状况	3.90	3.56	3.80	4.03	4.07	5.893	0.000
你初中一年级的成绩状况	3.79	3.58	3.59	3.93	3.88	5.859	0.000

　　社会化过程中亲子关系、家庭互动、亲情感受等社会化过程因素的因子分析检验结果显示，KMO 值为 0.928，Bartlett's 球体检验卡方为 16216.339，自由度为 210，显著水平为 0.000，这说明因子分析的条件非常适合。所得因子抽取结果显示，如果采用特征值大于 1 为标准可以得到三个因子，但第三个因子负载不明显，而第一个、第二个因子分别承载正面、负面的社会化过程项目，因此本研究选择指定因子个数的办法进行因子分析，并根据所承载的问题项目把因子一命名为正向因子，因子二命名为负向因子。所得结果如表 3 - 9 所示。

表 3 - 9　社会化过程各变量的因子负载矩阵

	正向因子	负向因子
不管父母多么忙碌，总想多留一些时间陪我	0.640	- 0.056
父母能以愉快的心情与我相处	0.743	- 0.106
父母与我谈话时经常正面引导而不是批评	0.735	- 0.099
父母觉得我能过得快乐比学习成绩好更重要	0.686	- 0.081
父母觉得我犯错误虽然不应该但是属于正常	0.634	- 0.012
我说话时父母能耐心听完	0.714	- 0.062
父母能够与我经常亲密地接触（如拉手、拥抱）	0.646	- 0.076

续表

	正向因子	负向因子
父母一直认为我是一个好孩子	0.674	− 0.079
父母与我谈话时能够了解我内心的感受	0.758	− 0.129
我愿意主动告诉父母我在学校发生的事情和内心感受	0.680	− 0.152
我很满意父母与我的交往状况	0.764	− 0.188
我经常感觉压力很大	0.049	0.616
我对自己究竟是什么样的人感觉很困惑	− 0.035	0.730
我感觉自控能力很差（控制不住自己）	− 0.063	0.633
我感觉自己小学阶段的学习习惯有问题	− 0.093	0.443
我感觉父母的教育方式不对	− 0.465	0.394
我感觉父母的关系不是太融洽	− 0.477	0.433
我感觉自己与父母之间有代沟	− 0.437	0.446
我情绪经常波动	− 0.130	0.707
我经常感到无助	− 0.162	0.760
我的交往圈比较小	− 0.089	0.608

　　把两个因子的因子得分作为变量保存在数据库中并分析农民工子女所经历的教育类型在两个因子得分上的差异发现，无论是小学经历还是初中经历，农民工子女的流动与留守状态在正、负向因子得分上的差异均非常显著。小学阶段总体特征是，双亲外出的流动儿童正向因子得分最高、负向因子得分最低，双亲外出的留守儿童正向因子得分最低、负向因子得分最高；初中阶段经历也呈现这一特征（见表3－10）。

表3－10　农民工子女经历类型在因子得分上的差异比较

	小学经历的因子得分差异		初中经历的因子得分差异	
	正向因子	负向因子	正向因子	负向因子
双亲外出流动型	0.2164350	− 0.1349218	0.1062139	− 0.0482135
单亲外出流动型	0.0920903	− 0.0305116	− 0.0339827	− 0.0240288
双亲外出留守型	− 0.2235374	0.1590278	− 0.1996821	0.1173037
单亲外出留守型	− 0.0426712	0.0223734	− 0.0060983	0.0192104

续表

	小学经历的因子得分差异		初中经历的因子得分差异	
	正向因子	负向因子	正向因子	负向因子
父母均不外出（参照）	0.1177696	-0.0825937	0.1121608	-0.0768333
F 值	10.435	4.900	7.740	2.959
显著水平	0.000	0.001	0.000	0.019

　　农民工子女在小学、初中阶段的正、负向因子得分差异与其进入大学发生比、犯罪发生比之间的契合表明这些社会化过程因素作为中介变量直接导致社会分化结果的差异。进一步进行 Logistic 回归分析发现，正向因子对农民工子女向上流动即考入大学有 1.4 倍的影响，而负向因子对农民工子女沦为罪犯则有 2.8 倍的影响。具体如图 3-2 所示。

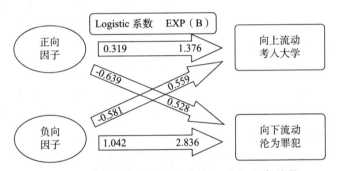

图 3-2　分化方向对因子得分的 Logistic 回归结果

　　综合上述数据分析结果可以发现，最突出的问题是：双亲外出的留守儿童向上流动的概率最低，沦为罪犯的概率最高；在正向因子上得分最低，负向因子得分最高。这一突出问题是如何形成的，又该如何理解？依据长期在农村从事调查的感性认识，笔者认为农民工外出打工作为一种就业形式已经成为中西部农村劳动力的主要选择，随之形成一种普遍流行的打工文化，年轻人打工是正常的，不打工好像不正常，越来越多的人对孩子的期望是将来能够打工挣钱。就双亲外出的留守儿童来讲，主要存在三个方面的问题。

　　首先，父母均外出打工改变了上学阶段儿童的生活管理方式。

作为父母的农民工，外出挣钱肯定比在家里收入高，这是他们外出打工的基本依据，也是他们选择夫妻共同外出打工的根源，但夫妻均外出导致孩子长期见不到父母，特别是小学阶段孩子的自主性非常差，基本的生活习惯、学习习惯还没有培养好。在生活习惯方面，农民工往往会一次性把相对比较长时间段的生活费全部交给老人，然后老人再一个星期或半个月一次拿给孩子零花钱。孩子拿到零花钱刚开始往往会比较节约，但过一段时间大多数孩子会管不住自己的消费欲望，可以说孩子还不太懂得自我约束、节制，特别是男孩子往往"变坏"，倾向于购买各种零食，还有上网吧、购买电子玩具等娱乐消费。这些不良消费习惯形成以后使本来就缺乏父母指导的学习方式、习惯更快地瓦解，最终导致成绩差、厌学、逃学、辍学。双亲外出打工的家庭存在严重的教育环境不良，进而导致儿童的人格不良、行为不良和学业不良（范方、桑标，2005），此倾向不但使孩子上不了大学，还会导致孩子产生消费观念、习惯的偏差，进一步导致行为偏差，甚至最终走上犯罪的道路。

其次，父母均外出打工改变了亲子互动应有的节奏。成绩变差并导致辍学与亲子互动方式发生改变有关。打工的父母挣钱以后，在回家过年的时候一下子买来很多好东西，辛苦挣钱的农民工最朴实的亲情表达就是给孩子买东西，而且东西要拣好的买。农民自己感觉作为家长外出打工挣到了比待在农村更多的钱，"钱多了就想大方"，一年出手最阔绰的就是打工回家时给孩子买东西。同时，村庄中还形成了一种风气，大家都感觉给孩子买的东西多少、东西好坏是自己挣钱多少的象征，也就是自己经济能力和社会地位的象征。比如，父母给孩子买的衣服越多、越好，说明自己越能挣钱，这种表象潜在表达农民工的经济、社会地位——具体化的经济地位表达语言如"能挣钱""有能耐""爹妈发财了儿子有享福"。"有钱的"就有地位，"连说话的嗓音都会提高"；那些没钱的人如果连给孩子过年的像样的新衣服都买不起，在村里人面前会感觉很没有面子。这种经济地位与社会地位的比较不但在作为父母的农民工之间是这样，孩子也会深深地体会到，很多孩子在接到父母买的新衣服、玩具（主要包括枪、模具、电动遥控汽车或飞机等）、化妆品后，也会拿出来炫耀性地比一比，看谁的玩具更好。玩具好的孩子不但自己玩得高兴，父母也会笑得比较灿烂，这种灿烂的笑容释放了一年积累的辛苦、辛酸，可以说父母自认为收获了打工带来的成就感。而这种互动方式最大的问题在于其不是一种常态、连续的互动，日常生活缺乏父母的监管，孩子长时间的情感饥渴在过年的几天里如洪水般地释放一下，而后又继续进入父母缺席的状态。这对孩子的成长过程来说，直接导致对其社会化积极正向的因子越来越少，负向因子越来越多。从父母的角度讲，过年购买过多的东西既有炫耀、象征的意味，还有补偿子女的心理，觉得平时亏欠孩子了，过年猛补一下。但事实上这种补偿施加给孩子的影响更多是负面的，使子女无论是消费观念，还是学习习惯、生活习惯都倾向于偏离正常的节奏和规律。农民工随着经济条件的宽松，对子女教育的监管也相应宽松；父母教育和监管不到位，导致同辈群体、电视、网络等非家庭因素的影响力得以增强。而这些社会化力量中负向因素很容易起作用，孩子容易模仿，正向因素如对雷锋精神的宣传却往往难以奏效。"父母分离时间越长，留守儿童的心理健康水平越低，各种心理问题越突出。"（王东宇、王丽芬，2005）

最后，父母的教育观念出现问题。不少外出打工者作为父母，在考虑孩子的教育问题时有"读书无用论"的倾向，认为没有文化也没什么，"那么多人都不读书，还不是照样过"。大多数村民会根据孩子的学习成绩来确定孩子的未来，成绩不好就认为是自己的孩子不好，不会想到是父母的责任或者认为父母已经尽力了，"那学不好只能怪他自己"。加上近些年大学毕业生找工作难度增加，尤其是找到一份好工作越来越难，媒体的大幅报道和一些具体的案例均让越来越多的农民认为即使上了大学也找不到好工作，还不如早点打工挣钱。这种短期行为选择模式在不少农民工当中相当流行。正是农民工过于务实、短视的经济理性，导致其对子女教育的长远考虑不周，致使双亲外出的留守儿童社会化过程中的负向因子逐渐积累。

第四章 留守经历与农二代大学生的心理健康

调查数据表明农二代大学生有无留守经历的不同人群的心理健康水平有显著差异，尤其是曾作为双亲外出的留守儿童的大学生的心理健康问题突出。结构方程模型显示农二代大学生的留守经历导致较差的亲子关系进而产生较低的家庭归属感，亲子关系与家庭归属感的下降共同导致较高的心理健康危机。同时数据表明小学阶段的留守经历比初中阶段的留守经历对农二代大学生的心理健康影响更大。所以，流动人口制度必须预防留守儿童尤其是双亲外出打工的留守儿童的出现；具体操作政策既可以促进人口流动的家庭化、移民化，也可以促进城乡协调发展进而鼓励回流。

第一节 农民工流动代价——留守儿童的后遗症

心理学、教育学等相关学科基于大学生相关的心理学量表（SCL-90、EPQ等）调查结果显示，有留守经历的大学生明显比一般大学生的主观幸福感更低，心理韧性更差，而幸福感与心理韧性等特性又影响心理症状和自杀风险，所以，有留守经历大学生的心理症状检出率也更高，其显著相关的变量有儿童期留守时间的长短、家庭支持的强弱、应对问题的方式之积极与消极等。他们的人际敏感度、精神质项目的得分明显高于无留守经历的大学生，性格的内向或外向程度得分则更低于一般大学生，进而需要改善有留守经历的大学生人群的社会支持网（王玉花，2008；

温义媛、曾建国，2010；杨雪玲，2013；杨琴，2014）。同时，心理咨询等质性研究文献也表明，有留守经历的大学生在自我评价上更为消极，人际交往存在退缩行为、不安全依恋，并且这种心理特征会受到父母联系频率、开始留守的年龄阶段等相关因素的影响。特别是面对异性交往会出现压抑心理，在情绪体验方面比较消极，处理恋爱和情感等问题的能力较弱，但大多有留守经历的大学生具有较高的智商和意志力，（张莉华，2006；李晓敏，2010）。

综上所述，学者们对于留守经历对留守儿童及其成长为大学生之后的学业成绩、心理与情感发育、安全问题、亲子关系等方面的影响做了较为全面的研究，但存在以下问题。首先，现有研究文献在留守儿童的类型与范围上都比较笼统，区别单亲外出与双亲外出的文献较少。其次，在"留守"这一关键自变量上，只关注留守时间的长短，没有对"小学阶段留守"与"初中阶段留守"进行比较与区分。最后，研究内容主要侧重留守儿童在义务教育阶段或高中阶段的比较，而就留守经历对成年后的影响进行研究的文献相对较少，尤其值得注意的是，现有留守经历对大学生的影响的研究都是从心理学或者心理咨询老师的日常工作中总结出来的，缺乏社会学的结构性反思，如对人口流动制度的反省。基于此，本研究拟探讨父母外出不同类型的留守经历、小学与初中阶段的留守经历对农二代大学生的健康发展带来的影响，并从人口流动制度的视角提出相应的建议。

本研究的总体思路是假设农二代大学生当中有留守经历的人群与没有留守经历的人群之间具有心理健康水平差异，心理健康差异的过程分析采用结构方程模型。

1. 研究的基本概念与量表

借鉴心理学当中"大学生心理健康量表""亲子关系量表""家庭幸福感量表"等的指标设计，结合农民工子女的特点，选择与设计出有关家庭安全感、交往安全感、自我心理安全感等方面20个的描述项目，组成一个量表，并经过两个班级共92人的试测，各测量题目的分辨力系数均在1.0以上。但由于结构方程模型的简化需要，最终只使用其中的 3 个潜变量即 15 个项目进行分析（见表 4 – 1）。

表 4 – 1　模型潜变量设计与观测指标的对应

潜变量	观测变量（答案设计采用 Likert 5 分量度）
亲子关系	不管父母多么忙碌，总想多留一些时间陪我（c 1） 父母能以愉快的心情与我相处（c 2） 父母与我谈话时经常正面引导而不是批评（c 3） 我说话时父母能耐心听完（c 4） 父母能够与我经常亲密地接触（如拉手、拥抱）（c 5）
家庭归属感	我回家就很开心（d 1） 我感觉父母的关系很融洽（d 2） 我跟父母的亲情高于对祖父母的感情（d 3） 我感觉家人对我的培养得比较好（d 4） 我愿意主动告诉父母我在学校发生的事情和内心感受（d 5）
心理问题	我经常感觉压力很大（f 1） 我比较敏感，情绪经常波动（f 2） 我经常感到无助（f 3） 我感觉自控能力很差（控制不住自己）（f 4） 我睡眠质量不高（f 5）

2. 调查样本的获取：采用多段抽样

第一步，以分层原则抽取学校。在国家录取的四个批次中按照批次进行抽样，每个批次按照判断抽样的方法（判断的依据是符合抽样的层次需求，项目主持人可以联系到熟人执行相应的调查，使实际执行具有操作可行性）分别抽取 3 个学校，共应抽取 12 所学校，但其中一个调查最后未成功执行。实际执行的 11 所高校分别是安徽工程大学机电学院、安徽师范大学、长沙环境保护职业技术学院、成都航空职业技术学院、成都理工大学、杭州电子科技大学、湖南农业大学、南京大学、西南交通大学、中南大学、中央民族大学。

第二步，根据专业性质抽取专业。每年学校抽取文科、理科各一个专业，共计两个专业。

第三步，根据方便原则在每个专业内抽取年级和班级。每个学校每个专业抽取 4 个年级，每个年级抽取一个班。专科学校如果年级不足 4 个，则要相应增加低年级的班级数，保证每个学校有 4 个班级。具体年级和班级的抽取是该校负责本次调查抽样的老师依方便原则进行，如老师本人正在上课的班级，或负责管理的班级，或有熟人认识便于展开调查的班级。总样本中共 88 个班级。

第四步，在班级中按照户籍类型只抽取农村户籍的学生进行问卷调查。调查结果共获得样本 1487 个。

3. 缺失值处理与数据质量

自变量凡是有缺失项的采用删除法，即在一条记录中，只要小学、初中两个阶段的留守经历分别统计时，在一个阶段的留守经历计算中有关"父亲外出情况、母亲外出情况、自己当时是在家或是流动的情况"的答案中存在一项缺失，则删除该记录。在每个潜变量的 5 个观测项目中，若缺失两项以上的即删除该个案记录，仅缺失一项的个案保留，缺失值采用"线性插值"法进行缺失值替代。最终得到 906 条数据，后面的分析是基于这部分数据来进行。

通过可靠性统计，Cronbach's Alpha 系数为 0.702，标准化的 Cronbach's Alpha 系数为 0.686。

4. 研究假设

基于前述有关留守儿童的研究结论，提出如下总假设：农二代大学生在义务教育阶段的留守经历对其成年后的心理健康具有显著影响。具体以农二代大学生当中父母均没有外出务工的大学生样本为参照群体，分析留守经历对其心理健康的影响。具体假设有四点。

（1）农二代大学生在小学和初中阶段的流动与留守经历不同的各人群之间在心理健康水平上存在显著差异。

（2）农二代大学生的流动经历对其心理健康有负面影响。

（3）农二代大学生的留守经历对其心理健康有负面影响。

（4）农二代大学生流动或留守经历改变了其家庭生活中的亲子关系与家庭归属感，二者共同作为中介变量影响其成年后的心理健康。

第二节 留守经历的负面影响

1. 农二代大学生的留守经历

调查样本共涉及四个录取批次的在校大学生906人，其中一批次录取的在校大学生为475人，占总样本的52.4%；二批次为141人，占15.6%；三批次为175人，占19.3%；四批次为115人，占12.7%。

样本中男性为541人，占59.7%；女性为365人，占40.3%。调查对象经历类型的分布情况如表4-2所示。

表4-2 调查对象在义务教育阶段的经历类型

	小学阶段		初中阶段	
	频数	频率（%）	频数	频率（%）
流动儿童	70	7.7	77	8.5
双亲外出的留守儿童	172	19.0	207	22.8
单亲外出的留守儿童	291	32.1	274	30.2
父母未外出的农村儿童（参照）	373	41.2	348	38.4

2. 农二代大学生心理健康差异

根据观察变量中的15个项目进行因子分析求出"心理健康"因子。其因子分析采用Kaiser - Meyer - Olkin测量样本适当性为0.866，Bartlett的球形检定卡方为3928.510，自由度为105，显著度为0.000。以特征值大于1的标准获得3个因子，其特征值分别为4.658、2.128、1.345；其能够解释的方差分别为30.45%、14.19%、8.97%，合计解释53.61%。具体因子载荷矩阵如表4-3所示。

表4-3 主成分分析法得出的因子载荷矩阵

	因子		
	1	2	3
c2	0.802		

续表

	因子		
	1	2	3
c3	0.774		
c4	0.736		
c1	0.667		
c5	0.661		
d5		0.726	
d2		0.718	
d3		0.712	
d4		0.691	
d1		0.670	
f4			0.786
f2			0.733
f3			0.732
f5			0.564
f1			0.426

　　根据因子分析的载荷矩阵，c 项测量的 5 个项目均承载在因子 1 上，因此，将因子 1 命名为"亲子关系"因子；d 项测量的 5 项目均承载在因子 2 上，故将因子 2 命名为"家庭归属感"；f 项的 5 个项目均承载在因子 3 上，故将因子 3 命名为"心理问题"。将三个因子的"回归法"因子得分作为新变量，通过均值比较可分别得出小学阶段、初中阶段不同经历类型的农二代大学生在三个因子上的差异，具体结果如表 4 - 4 和表 4 - 5 所示。

表 4 - 4　不同小学经历的农二代大学生在三项因子
上得分的均值比较

小学阶段的类型	亲子关系	家庭归属	心理问题
流动儿童	0.3043563	0.8002763	- 0.3769346
双亲外出的留守儿童	- 0.5232555	- 0.3240850	0.3355311
单亲外出的留守儿童	0.0900266	- 0.1236300	0.0159946

续表

小学阶段的类型	亲子关系	家庭归属	心理问题
父母未外出的农村儿童（参照）	0.1185272	0.0958223	- 0.0986307
F 值	21.120	24.735	11.027
显著度	0.000	0.000	0.000

表 4 - 5　不同初中经历的农二代大学生在三项因子上得分的均值比较

初中阶段的类型	亲子关系	家庭归属	心理问题
流动儿童	0.2366943	0.6693336	- 0.4561857
双亲外出的留守儿童	- 0.4245328	- 0.2300576	0.3017828
单亲外出的留守儿童	0.0760694	- 0.1058987	- 0.0564236
父母未外出的农村儿童（参照）	0.1464554	0.0970601	- 0.0896899
F 值	17.104	13.986	11.371
显著度	0.000	0.000	0.000

　　根据数据分析可以发现，双亲外出的留守经历无论是出现在学前阶段、小学阶段还是初中阶段，其农二代大学生的亲子关系、家庭归属感均会明显低于其他三类大学生；而心理问题的表现程度却明显高于其他类型大学生。同时，流动儿童在亲子关系、家庭归属感方面，均表现出最优水平。这表明相对于单亲留守，农二代、父母未外出的农二代，都不及跟随父母外出的流动儿童社会化效果好，且后者心理问题的出现水平是最低的。流动儿童应当成为农民工外出打工时对子女教育方式选择的理想类型。也就是说，如果父母外出打工，首先是不能出现双亲外出让子女留守的情况；其次是相对于单亲外出的留守类型来说，将子女携带外出一起流动是社会化效果最好的类型。由此，假设1得到证实。

　　同时，数据显示单亲外出的留守经历与父母没有外出的非留守经历的两类大学生是亲子关系、家庭归属感、心理问题出现水平最接近的两种类型。这表明这两类大学生在各因子上均差异较小。如果说有双亲外出的留守经历的农民工子女社会化效果最差、心理问题出现水平最突出，流动儿童社会化效果最好、心理问题表现水平最低，那么，有单亲外出的留守经历的大学生与父母没有外出的非留守经历的大学生均处于中间水平。如果与农二代犯罪概率等（刘成斌，2013）社会化后果联系起来看，双亲外出的留守经历是农民工子女教育类型中风险最大的一种，而子女随同父母一起流动则是风险最小的一种。

第三节　留守经历对农二代大学生心理健康的影响路径

根据农二代不同经历类型人群在心理健康方面的差异，可以进一步分析这种差异的形成过程与相关变量的路径结构。采用结构方程模型得出图 4 − 1 和图 4 − 2 当中小学留守经历、初中留守经历对农二代大学生心理影响的结构方程图，两个结构方程模型的拟合指数分别如表 4 − 6 和表 4 − 7 所示，表明结构方程模型拟合较好。

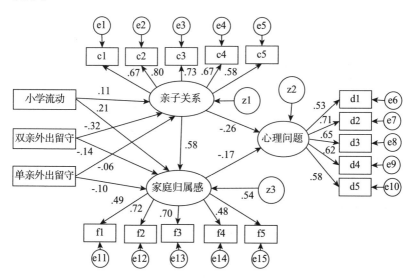

图 4 −1　小学阶段留守经历对大学生心理健康的影响结构方程

表4-6　小学阶段留守经历对农二代大学生心理健康
影响路径的拟合指数计算结果

拟合指数	卡方值 （自由度）	CFI	NFI	IFI	RMSEA	AIC	BCC	EVCI
结果	711.6（129）	0.865	0.840	0.865	0.071	795.613	797.415	0.879

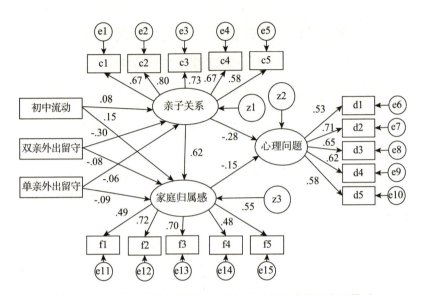

图4-2　初中阶段留守经历与大学生心理健康的结构方程模型

表4-7　初中阶段留守经历对农二代大学生心理健康
影响路径的拟合指数计算结果

拟合指数	卡方值 （自由度）	CFI	NFI	IFI	RMSEA	AIC	BCC	ECVI
结果	680.2（129）	0.869	0.844	0.870	0.069	764.228	766.030	0.844

根据图4-1和图4-2的结构方程模型，我们可以得出如下结论。

第一，留守经历对农二代大学生的心理健康水平有显著影响。结构方程模型显示，留守经历尤其是双亲外出的留守经历是农村儿童早期社会化的一个负面事件。而这种负面事件直接改变亲子关系质量，也直接改变了农民工子女的家庭归属感。同时从小学阶段与初中阶段留守经历的因果关系模型均可以看出，农二代大学生的心理健康水平受亲子关系与家庭归属感的双重影响：留守经历首先弱化了亲子关系质量，同步也削弱了农二代大学生的家庭归属感；而亲子关系的变化则显著影响到农二代大学生的家庭归属感水平（路径系数达到 0.62）。亲子关系与家庭归属感共同削弱农二代大学生的心理健康，导致心理问题的出现。因此，本研究的假设 3、假设 4 得到证实，这与早期无父母照顾可以成为成年后精神疾病的直接发病原因的心理学研究结论一致（Minzenberg M. J., Poole J. H. and Vinogradov S., 2006；Bradley R., Jenei J. and Westen D., 2005）。

第二，流动经历对农二代大学生的心理健康具有正向影响。假设 2 得到证伪。图 4 - 1 和图 4 - 2 的模型均显示，农二代大学生的流动经历给其心理健康带来正向影响，这与以往有关农民工子女深陷教育分割危害的分析中"最明显的当然是进城的流动儿童，他们所受到的社会排斥，最直接的就是义务教育期间的不公平待遇"（谭深，2011）的观点相反。笔者认为，流动儿童虽然可能面临文化震荡或冲突，比如受到一些城市人的歧视和排斥，但总体上由于家庭这个第一社会化场域的完整性，流动儿童与父母的亲子关系相比参照群体还有所强化、提高和完善（路径系数为正），进而形成更为良性的家庭归属感。亲子关系和家庭归属感共同预防和减少了心理问题的形成，使其心理健康水平更高。

第三，小学阶段留守经历的影响比初中阶段留守经历的影响要大。这一点表明青少年在小学阶段遭遇重大转变性事件的经历对其成年后的影响更为显著，即小学阶段是青少年的社会化发展关键期（Coleman，1988；Dornbusch，1989）。留守儿童处于青少年成长阶段，却被迫承担他们正常的社会化过程中本应避免出现的"亲子关系缺席或重塑"这一问题。这与有关国际移民的文献中在控制家庭结构、家庭资本等变量分性别统计模型发现的"青少年时期的移民经历对成年后的朋友数量、亲戚网络、社区融合等方面具有显著影响"的结论吻合（Myers，1999）。因此，农二代青少年时期尤其小学阶段的亲子关系必须是彼此对称的、相互依存的（Grotevant and Cooper，1986），而不应该出现分割或脱离、缺席。因此，认为 3 岁到小学阶段留守儿童"逐渐可以离开成人的照顾，而祖辈体力尚可"，进而描述留守儿童父母集中外出的现象是正确的，却不理解初中阶段"刚步入多事的青春期，独立性和反抗心理正在形成，而祖辈的精力和体力都在下降，这个年龄的孩子'不听话''管不了'"（谭深，2011）与小学阶段经历的关系，虽然"父母不得不重新做安排"有点亡羊补牢的感觉，但是否能够挽回留守儿童可能还是一个值得进一步调查和研究的课题。

第五章 农民工再生性犯罪的社会逻辑

本研究经调查发现法院在审理农民工犯罪案件过程中，由于执行严打和从重从快等标准而导致其形成了重惩罚、轻改造、重收监、轻回归社会的刑事审判观念，相对忽视教育与社会回归，由此把一部分犯罪情节较轻且偶犯的农民工收监；被收监的这部分农民工又面临犯罪经历、犯罪技能、社会观念等方面交叉感染，从而导致罪恶感消失、愧疚意识瓦解并且强化了犯罪技能等，形成狱群同化，出狱后往往再次走向犯罪；提倡对偶犯农民工进行社区矫正处罚又存在居住不稳定、社区难接受、社会支持不足等障碍：这些因素共同导致农民工再犯罪率升高。基于社会管理和源头治理的理念，应当在偶犯中推广社区矫正处罚，着重从农民工的经济条件等因素出发落实"企业+社区"的社区矫正模式。

第一节 农民工犯罪问题的现状与理论回顾

根据在 2009～2014 年全国人民代表大会上所作的《最高人民法院工作报告》，2008～2013 年一审刑事案件数分别为 76.8 万件、76.7 万件、78.0 万件、84.0 万件、98.6 万件、95.4 万件，判处罪犯人数分别为 100.7 万人、99.7 万人、100.6 万人、105.1 万人、117.3 万人、115.8 万人。如果再向前追溯，1988～2007 年的 20 年，中国犯罪率平均每年增长 10%以上，毛被害率与毛加害率分别增长了 3.8 和 3.2 倍（白建军，2010）。尤其是 2009 年以来的形势变化更让人忧虑：一是犯罪总体规模大幅度增长；二是杀人、抢劫、强奸等严重暴力犯罪案件出现了较大幅度的上升（李林，2010：177—179）；三是犯罪人群的低龄化趋势越来越明显，而低龄犯罪人群

又以农二代为主体：厦门思明区的统计发现，2012 年 1 月 ~ 2013
年 8 月涉案的 25 岁以下青少年罪犯中有 94% 是外来农民工（吴亚
东，2013）。青年农民工犯罪高发有许多前期的累积性因素，比如
作为农二代，在未成年时期如果父母均外出打工而成为留守儿童，
则其犯罪的风险会大大增加（刘成斌，2013）；"破窗理论"（Broken
Windows Theory）表明社会秩序的破坏会进一步促使犯罪的多发高
发（李本森，2010）。这些都表明当下犯罪问题的严重程度，尤其
是青年农民工群体的犯罪高发已经成为一个显著的社会问题。

同时，全国性社会调查结果表明，在前些年收入水平较低、
劳动强度较高的情况下农民工仍然保持着较为积极的社会态度，
近两年却呈现就业和生活压力加大，社会安全感、公平感、满意
度和未来预期都有所降低的特征（李培林、李炜，2010）。基于类
似的农民工生存状况，现有研究文献以及相关部门往往关注农民
工犯罪的规模及其初次犯罪的影响变量，但农民工初犯的社会危
害往往并不高，累犯的犯罪严重程度往往更高。从犯罪发生率上
看，中国犯罪人口的再犯罪率自 1990 年代以来处于波动上升的状
态。1990 ~ 1996 年，再犯罪率增加 2.64 个百分点；2000 年以后，
再犯罪率持续走高，一些沿海发达省市的重新犯罪率长期在 8% 的
控制线徘徊，个别地区甚至达到两位数（丛梅，2012）。从主观意
识上看，累犯的主观恶意更为强烈，甚至具有反侦察意识。故本
研究的重点不是关注模糊的总体犯罪或初次的"原生犯罪"，而是
着重探讨导致农民工"再生性犯罪"，即第二次及以上犯罪的
问题。

农民工犯罪问题在刑法学、犯罪学、社会学、管理学、心理
学等学科中都有涉及，现有的文献主要是关注以下几点。

一是关于农民工犯罪动机与类型、年龄、组织形式等方面的
研究。农民工犯罪类型以侵财为主，尤其是盗窃与抢劫为最多；
其次是强奸、故意伤害（打架斗殴）。犯罪年龄构成以青年居多，
这表明未成年人犯罪即低龄化趋势也相当突出。有的研究认为，
不能成功自立、自我管理的青少年越来越多，首先是青少年本身
的自控能力有限；其次是外面的诱惑越来越多，尤其是网络游戏

与同辈群体的影响最为显著；最后是学校的管理及其对问题青少年的矫正能力也越来越弱。在农民工犯罪组织方式的研究上，已有文献重点关注其是不是团伙犯罪，是周密计划或是临时起意等（万筱平，2003；姜玉，2009）。只有个别文献涉及监狱人群的交叉感染，如上海市北新泾监狱1994～1999年刑满释放人员三年内重新犯罪率平均为3%，其中最低为1.7%，最高为3.6%；而同期上海全市的刑释人员重新犯罪率是5.7%，最低为5.2%（朱群等，2003；江伟人，2004）。

二是关于农民工犯罪的深层社会关联研究。如对农民工的家庭结构、就业困境，还有农民工在城市中遇到的歧视、传媒的误导、文化冲突等进行分析；按照观点可以划分为素质论、经济贫困论、文化冲突论、心理失衡论等理论（江立华，2002；周丽红、欧华军，2008；杨宝宏，2007；王军、王钰，2010）。这些研究主要关注农民工罪犯的"原生犯罪"变量，农民工再生性犯罪的变量却很少受到人们关注。但在犯罪社会学的经典研究中，有针对所有人群的再犯、累犯的类型及比例的分析（菲利，2004：110）。

三是关于中国刑法量刑操作标准与体系的研究。主要是基于对中国刑罚惩罚程度与处罚理念的反思（孙长永，2005；陈兴良，1998；白建军，2010；周光权，2013），认为中国的刑罚过于强调依法律条文进行"罪有应得"的操作，而相对忽视改造犯人的目的与回归社会的可能性。而且在量刑标准上，现在的刑法条文都是注重以法律条文的文本规定来执行量刑操作，而缺乏统一的刑罚轻重的量化标准体系，也缺乏犯罪轻重程度的量化标准体系（白建军，2003），这两者都亟待完善。

四是关于社区矫正的研究。从2003年国家颁布《关于开展社区矫正试点工作的通知》开始至2005年为初步探索阶段，在上海、江苏等地试点推行社区矫正。2006年到2011年为扩展阶段，逐步向全国各地推广，其中2009年颁布《关于在全国试行社区矫正工作的意见》。2011年《中华人民共和国刑法修正案（八）》和2012年《社区矫正实施办法》正式颁布，社区矫正进入正式实施阶段。《中华人民共和国社区矫正法》的立法工作也正在进行当中。学界对社区矫正的研究焦点包括：社区矫正或是社区刑罚的争辩，是不是应该强调社区矫正过程中的刑罚处遇（葛炳瑶，2009：377）；社区矫正具体包括哪些刑罚类型——缓刑、假释、管制、剥夺政治权利等；社区矫正工作人员队伍与矫正对象存在的问题等（陈文航，2011；刑文杰，2007）。

通过上述文献可以看出，学界现有的对农民工犯罪的探讨以初次犯罪的分布特征与原因归纳为主，针对相关法律也只是进行普遍意义上的犯罪学、刑罚学分析而缺乏对农民工犯罪特点的法律理念研究；在社区矫正环节，现有研究大多关注社会工作方法如何进行，城市居民尤其是青少年接受社区矫正的过程与效果等，缺乏对犯罪的农民工实行社区矫正问题的研究。本研究在现有文献的基础上，重点关注法院审理、监狱改造、社区矫正三个环节的合力有可能导致农民工再犯罪率增高的问题。

第二节　农民工再生性犯罪的研究思路

由于调查对象的特殊性，本研究采取以问卷调查为主，以访谈为补充的研究方法。问卷于 2011 年 3～4 月进行。前期的问卷设计工作是从 2010 年 7 月开始，先在 WC 法院、J 看守所进行访谈，在 YWCC 街道的司法所、监狱管理人员中进行了开放性访谈，再在文献查阅的基础上修订问卷，尤其是量表的修订经历了较长时间。2010 年 10 月在 J 看守所进行试调查。2011 年 3～4 月在 ZW 监狱选取 4 个监区，抽取年龄在 35 岁以下的男性在押犯人为调查对象，由 ZW 监狱按照监狱宿舍分布，先后分批集中现场填写，阅读有困难或填写问卷有困难的由调查员现场访问填写。其中针对盗窃罪罪犯，除填写调查问卷外，还采用判断抽样的方法访谈 30人。本研究的概念操作与变量设计如下。

一是人口学变量。基本包括年龄、受教育程度、户籍所在地、户籍类型（身份）、犯罪前家庭经济条件、父母职业等。

二是个人犯罪变量。主要包括犯罪类型与原因、犯罪时间、收监刑期、是否初犯、犯罪动机等。

除上述两类变量外，鉴于研究主题的需要，本研究重点关注农民工再生性犯罪变量的三个环节：入狱前的审判环节，收监关押环节，出狱后的改造环节（或者不应当入狱而直接狱外改造环节）即回归矫正环节。此三个环节的内容分别围绕审判理念、交叉感染、社区矫正三个核心概念展开。

审判理念是针对法院审判过程而言的，是指其在审判犯罪的农民工过程中量刑的主要思想导向，具体是以罪有应得的惩罚理念为主或是以"治病救人"的改造理念为主。当然，这一问题调查的最理想办法是调查法官并由法官填写审判态度及理念的相关问题，但由于调查可行性存在障碍，本研究采用映射技术来解决，即通过调查农民工遭遇的法官的态度和行为来体现法官的审判理念。具体问题包含如下 10 点："审判人员听我讲解事情的经过时很有耐心""审判人员对我的犯罪动机把握符合事实"；"审判人员对我的审判过程非常认真，不草率"；"审判人员对我没有任何歧视"；"审判人员对我犯罪给我的将来及家人带来的影响表现出关心"；"法官考虑到我的犯罪年龄有从轻处罚的倾向"；"审判人员在审判过程中谈论了我未来如何改造好回归社会的问题"；"法官对我的审判主要是以'处罚'为目的（赋值时反向计分）"；"法官对我的审判主要是以'挽救我'为目的"；"按照刑法对应的量刑标准，我的审判结果非常公平"。用 10 个项目询问调查对象感受并提供 5 个选项，即"①完全不符 ②不太符合 ③基本符合 ④比较符合 ⑤非常符合"，单个项目实行 5 分制赋值，10 个项目合计得到的总分代表总体公平感指数。

除 10 个映射法官审判态度和行为的项目外，还调查了犯罪的农民工可能运用的相关救济手段，以分析这些手段是否干预到法官的审判，如正式手段——是否请律师，非正式手段——是否托人打点等变量。从理论上讲，审判前托人打点作为一种外在的非正式手段，如果对法官的审判行为构成影响，会促使审判人员更倾向于改造论；审判聘请律师进行辩护的正式手段发生作用，也会促使审判人员更倾向于改造论。

交叉感染是借鉴病人在医院相互感染来形容罪犯在监狱内

相互交流犯罪手段、技能、体验的现象。交叉感染直接导致从入狱前的"一面手"变为"多面手"：原来只是盗窃，可能经过交叉感染学习抢劫等暴力犯罪，甚至性犯罪、高智力犯罪等（姚红梅，2012）。这种相互传染与学习促使这些罪犯成为狱友，为出狱后重新犯罪、团伙犯罪埋下了重大隐患。此过程被称为狱群同化。调查问卷中对同化的测量操作化为10个有关认罪、愧疚、负罪等状态的项目。这些项目组成一个量表以形成同化指数，具体包括："失眠，睡不着觉"；"心里感觉对不起家人"；"情绪不稳定"；"感觉生活没意思"；"觉得自己的声誉不好"；"很担心自己的未来"；"非常惦记家里的亲人"；"非常在意狱警对自己的看法"；"非常在意亲人或朋友是否来探望"；"内心常常涌起愧疚"。10个项目的答案选项设置为"①完全不符 ②不太符合 ③基本符合 ④比较符合 ⑤非常符合"，越是符合上述10个选项的情况，说明犯罪导致的情绪反应越强烈，狱群同化程度越低；反之，则同化指数越高，表明狱群同化程度越高。

社区矫正是针对犯罪情节较轻，适用缓刑、假释、剥夺政治权利、管制等初次犯罪的可以判处监外执行的刑罚，由县司法部门主管，乡镇街道司法所负责，社区与社会工作人员等相互配合的一种有利于罪犯改造与回归社会的刑罚方式。

第三节　法院的审判理念

刑罚制度史表明，人类社会的刑罚处置观念大概可划分为以下几个阶段：第一阶段是在最远古时代的报仇观，对犯罪人"以牙还牙"，以其人之道还治其人之身；第二阶段是古典刑罚阶段，重视统一刑罚，制定统一的处罚标准与量刑类型；第三阶段是近代刑罚阶段，是以报应论为主，强调当事人的罪有应得，但以监狱收押为主；第四阶段是现代文明阶段，强调以目的论（以犯罪人的改造及其最终社会回归为宗旨）替代报应论，形成以社区矫正为主的刑罚。

通过均值比较的分析发现，四类自变量在以下六个项目上呈现显著差异："审判人员听我讲解事情的经过时很有耐心"；"审判人员对我的犯罪动机把握符合事实"；"审判人员对我的审判过程非常认真，不草率"；"审判人员对我没有任何歧视"；"审判人员对我的将来及对家人的影响表现出关心"；"法官考虑到我的犯罪年龄有从轻处罚的倾向"（见表5-1）。这种统计分布差异虽然不是对法官审判理念本身的直接测量，但农民工与非农民工群体之间的群体间差异作为一种大数定律还是间接映射了法官审判态度的差异：在人本主义精神或倾向方面，在面对城市居民时高于农民工，在面对本地人时高于外地人，在面对聘请律师的群体时高于未聘请律师者，在面对托人进行打点的群体时高于没有找关系打点者。

表5-1　农民工对法院审判情况评价的均值比较

	城乡身份		是否本地人		是否找了律师		审判前是否托人找关系进行打点	
	农民工	城市居民	否	是	否	是	否	是
审判人员听我讲解事情的经过时很有耐心	2.9	4.5	2.8	3.6	2.9	3.2	2.4	3.4
审判人员对我的犯罪动机把握符合事实	3.5	4.0	3.3	4.1	3.4	3.8	2.9	4.0
审判人员对我的审判过程非常认真，不草率	2.8	4.7	2.7	3.6	2.8	3.3	2.5	3.3
审判人员对我没有任何歧视	3.0	4.5	3.0	3.5	3.0	3.4	2.9	3.4
审判人员对我的将来及对家人的影响表现出关心	3.1	4.5	3.1	3.6	3.1	3.5	3.0	3.5
法官考虑到我的犯罪年龄有从轻处罚的倾向	3.0	4.1	3.0	3.3	3.0	3.3	2.9	3.3
审判人员在审判过程中谈到我未来如何改造好回归社会	2.9	4.1	3.0	3.2	3.0	3.1	2.9	3.1
法官对我的审判主要是以"处罚"为目的（赋值时反向）	3.9	3.4	3.8	3.9	3.9	3.7	3.9	3.7

	城乡身份		是否本地人		是否找了律师		审判前是否托人找关系进行打点	
	农民工	城市居民	否	是	否	是	否	是
法官对我的审判主要是以"挽救我"为目的	<u>1.7</u>	<u>1.8</u>	1.6	2.1	<u>1.7</u>	<u>1.8</u>	<u>1.6</u>	<u>1.8</u>
按照刑法对应的量刑标准,我的审判结果非常公平	4.3	3.7	<u>4.2</u>	<u>4.4</u>	<u>4.2</u>	<u>4.4</u>	<u>4.2</u>	<u>4.3</u>
法院审判总体吻合指数	29.6	38.6	29.0	33.5	29.3	32.2	27.3	32.5

注:带下划线部分表示差异不显著,其他表明差异显著。

审判人员是否在审判过程中谈到罪犯本人将来如何改造好回归社会的问题方面,在是否存在农民工与城市居民之间的身份差异最显著,在是否本地人、是否聘请律师均差异不显著。在法官审判理念是否以处罚为导向的感受中,除城乡身份外,在其他三种变量上均不存在显著差异,都是倾向于选择项的第4级"比较符合",而让犯罪人员感受到以挽救为目标的测量结果却均倾向于1级"完全不符合"与2级"不太符合"层次。这些数据表明两点:一是农民工的身份成为一种潜在的结构力量影响审判人员的人本主义倾向,以至于在"按照刑法对应的量刑标准,我的审判结果非常公平"的评价上也存在显著差异;二是法院审判人员在对犯罪人员的审判中审判理念是以"处罚"导向为主,且刚性强度普遍较高——聘请律师的正式手段与"托人找关系打点"的非正式手段等对审判人的耐心程度、认真程度等方面均有改善或提升作用,但这些正式与非正式手段对审判人员的量刑结果是无效的,即"按照刑法对应的量刑标准,我的审判结果非常公平"在是否采用正式与非正式手段的不同人群身上并无显著差异。

正式与非正式手段的无效充分表明了法院作为社会秩序的守护神,是国家的正规司法机构,具有高度的"违法必究、执法必严"的组织刚性①,此刚性对于维护法律尊严、社会公正的重要性

---

① 组织刚性是借用组织社会学的专业术语,是指社会组织受外在压力而向内收缩性改变的可能性。向内收缩改变的可能性越小,组织刚性越强。

和必须性不言而喻。也正是法院的组织刚性通过司法人员的刚正不阿表现出来，不论是那些托了关系的还是没有托关系的、不论那些找了律师的还是没找律师的、不论是本地人还是外地人抑或是农民工，对法律审判结果的公正性评价都超过了 4 级（比较公平），处在比较公平与非常公平之间。

表 5-2 在表明法院处罚的组织刚性达到普遍化的法治公平的同时，也说明两个问题：一是身份差异意味着身份作为一种结构变量可能对法官审判过程中的人本主义倾向及结果公平存在显著影响，从而可能构成一种因果关系；二是法官的审判在符合量刑标准而显示公平的刚性前提下，审判人员的一些审判行为还是受到地缘关系、是否托人打点、是否聘请律师等变量的影响，但因果关系是否成立还不能从上述描述性分布得出结论。

针对此两个问题的验证需要，不妨把年龄、城乡身份、是否本地人、打工年数、上学年数、父母是否离婚、父母是否有去世的、刑期总月数、是否在审判时聘请律师进行辩护、是否托人打点等变量作为自变量建立回归方程模型，采用逐步回归的方法。进入回归模型的变量如表 5-2，其他均影响不显著因而没有进入回归模型。

表 5-2　法院审判公平感受指数的逐步回归方程 （N = 285）

模型		非标准化系数		标准系数	t	Sig.
		B	标准误			
1	（常量）	20.804	1.188		17.517	0.000
	身份	8.765	1.050	0.488	8.349	0.000
2	（常量）	19.519	1.064		18.352	0.000
	身份	7.508	0.943	0.418	7.966	0.000
	你家人是否在审判前托人打点	4.431	0.560	0.415	7.916	0.000
3	（常量）	19.763	1.017		19.438	0.000
	身份	7.082	0.904	0.394	7.831	0.000
	你家人是否在审判前托人打点	3.334	0.582	0.313	5.728	0.000
	是否本地人	2.957	0.623	0.259	4.750	0.000

模型		非标准化系数		标准系数	t	Sig.
		B	标准误			
4	（常量）	19.053	1.016		18.750	0.000
	身份	7.156	0.884	0.398	8.092	0.000
	你家人是否在审判前托人打点	3.581	0.574	0.336	6.242	0.000
	是否本地人	2.279	0.641	0.199	3.554	0.000
	你家人是否给你找了律师进行辩护	1.848	0.551	0.171	3.355	0.001

注：四个回归模型的 R^2 分别为 23.8%、40.6%、46.1%、48.7%。

由回归统计模型可以看出，①身份差异可以解释23.8%的总方差，是最重要的影响变量。这表明作为社会结构力量体现的身份差异不但在就业技能、收入水平、住房困难等客观方面有所表现，还在"罪案高发环境"（薛在兴，2005）方面有所表现。前者是物质资源方面的社会排斥，后者是社会文化层面的社会排斥（钱志鸿、黄大志，2004）。文化层面的社会排斥最终形成一种刻板印象与标签符号，在审判过程中有一定影响。②是否托人打点的影响超过了找律师进行辩护的影响，表明法院审判人员受非正式关系的影响更强，也就是找关系比找律师更有效，在回归模型中的解释力达到了16.6%。③是否本地人这一地缘关系的影响也超过了找律师的影响。综合来讲，无论是城乡身份还是地缘关系，都是农民工无法改变的社会结构因素，即使在托关系打点方面，农民工的操作难度也可以想象，这是农民工弱势群体"符号"的体现与强化。此三个方面合计起来表明农民工身份在被审判过程中成为一种"实体性暗示"，加上农民工大多没有请律师的钱甚至想法，以及"农民工犯罪多发高发"的社会舆论，共同形成一种"司法潜见"（白建军，2013）。

综合表5-1和表5-2的分析，我们可以得出两点结论。一是法院的总体审判在吻合量刑标准上是"比较公平"以上的水平，这是法治刚性的充分体现，也是对我国推进法治建设成就的充分肯定。二是从审判过程中的法官行为到以量刑标准为参照的公平感，都显示出"身份"这一结构力量的影响——无论身份是否称得上是社会排斥的标签或是社会歧视的符号。

这两点结论结合起来会导致如下问题：法院在审判过程中把那些侵财型偶犯农民工也收进监狱。本研究把同时符合以下几条的犯罪对象统计为"侵财型偶犯"：一是初犯；二是危害性与抢劫相对较小的盗窃罪（抢劫虽然也是侵财，但具有暴力性质，故排除）；三是犯罪前无预谋，犯罪属于临时起意；四是刑期小于或等于盗窃罪量表标准中"盗窃数额较大"① 层次的三年以下犯罪（因为缓刑的前提条件是三年刑期及以下）。符合这四个条件的犯罪农民工筛选出 61 名，占样本的 21.0%。

从现代刑罚的文明理念，即改造、教育、回归等人本主义思想出发，农民工罪犯中 21.0% 的偶犯应该判处缓刑或假释等社区矫正处罚，以较为开放的、成本也更加低廉的方式促使他们回归社会，也可以更好地体现目的论和改造论的教育刑罚。但现实是他们同样被收监。

笔者通过查询 WC 法院相关公开信息发现，法院在审判案件方面主要有两点值得探讨的问题。

一是把所有盗窃罪与抢劫、杀人、涉黑及毒品犯罪共同列入"严打"的对象。J 市中院规定："宽严相济是指对于一些盗窃、抢劫、杀人、涉黑以及毒品犯罪等要重点打击，而关于婚姻案件、未成年犯罪从宽把握。"②

----

① 本研究的问卷调查时间是 2011 年 3~4 月，根据《浙江省公安厅关于贯彻执行新的盗窃罪数额认定标准有关事项的通知》（浙公通字〔2006〕72 号），如果属于入户盗窃或携带凶器盗窃，以及对银行、政府首脑机关等重点部位或救灾救济物品、城市公共设施等重点物品实施盗窃的，不论数额多少，公安机关应一律立为刑事案件；对于扒窃案件、盗窃电动自行车案件，刑事立案的标准仍以 600 元为起点。其他普通盗窃立为刑事案件的数额较大标准仍然是"以个人盗窃公私财物五百元至两千元为起点"。而现行盗窃量刑标准"以个人盗窃公私财物一千元至三千元为起点"从 2013 年 4 月 3 日起开始实施。

② 摘自 J 市 2011 年 10 月 31 日《全市法院刑事审判工作庭长例会》上市中院院长 FXD 的讲话稿。

二是民事案件讲究"定纷止争、案结事了"，但刑事案件讲究从严、从重、从快的"三从"原则，原因是"三从"原则"既是维护社会稳定的需要，也是出于维护法律的尊严"（摘自 WC 法院院长讲话稿）。其中，盗窃罪达到数额较大及以上量刑标准的，贯彻刑事案件的"三从"原则。法院对法官等全体司法人员的管理贯彻管案、管事、管人的"三管"政策，其中管案就是要提高办案效率，具体的效率通过"三从"原则来实现。

从 J 法院院长的思路定位来看，与国家本来的严打政策有错位现象，严打政策的本义是要突出两"严"：一个是打击重点是严重刑事犯罪活动；二是对犯罪活动的打击要严厉。两"严"的操作体现在两个方面：就处罚实体方面——从重，在处罚程序方面——从快。前者是司法范畴，后者是立法范畴，二者共同构成"严打"的操作依据。但普通盗窃是否可以纳入"严重刑事犯罪活动"需要商榷。"严打"概念最早于 1980 年 2 月 1 日由时任中央政治局委员彭真提出。1983 年 8 月 25 日，中共中央发出《关于严厉打击刑事犯罪活动的决定》；1983 年 9 月 2 日，全国人大常委会通过《关于严惩严重危害社会治安的犯罪分子的决定》，严打政策正式出台。此后 30 年多次开展局部性或全国性严打，其中全国性严打主要有四次：1983～1987 年的大规模严打运动为第一次，1996～1997 年的全国性专项严打为第二次，2001～2002 年的严打整治为第三次，2010 年的严打整治行动为第四次。其间，还有"网上追逃""网上打拐""打黑除恶""打击经济犯罪""侦破命案"等一系列局部性、专项性运动。整体上讲，严打确保了我国在经济快速发展时期的社会治安持续稳定，取得了应有的成效。但 2006 年 10 月《中共中央关于构建社会主义和谐社会若干重大问题的决定》已经提出宽严相济的刑事司法政策，这标志着我国针对犯罪活动罪刑法定、打击与改造相结合、刑法谦抑①原则等新导向的确立。

从中央确立严打政策及其变迁可以总结两点：一是在严打政

---

① 刑法谦抑是指立法者应当力求以最小的支出——少用或者不用刑罚而用其他替代措施获取最大的社会效益——有效地预防和控制犯罪。

策的执行过程中存在"一刀切"现象，严打政策的本意应该是打击严重刑事犯罪，轻刑的偶犯应该不在严打范围之列，但在实践执行过程中变成对全部犯罪"一刀切"；二是国家在意识到严打政策的不足之后，于2006年已经提出宽严相济的政策，但基层司法机关仍然具有严打一切犯罪的惯性思维。2010～2011年笔者调查期间，Z省和J市的公安部门和司法系统仍然在进行严打，其严打的上级依据是2010年6月13日公安部召开全国公安机关电视电话会议布置的"2010严打整治行动"，要求全国范围开展为期7个月的严打运动。时任公安部副部长ZXF强调的严打仍然是针对严重的"个人极端暴力犯罪、涉枪涉爆犯罪、黑恶势力犯罪"及"群众反映强烈和深恶痛绝的电信诈骗犯罪、拐卖儿童妇女犯罪、'两抢一盗'犯罪和'黄赌毒'犯罪"，但未包括普通的公众场合的盗窃罪，而且要求"进一步强化源头预防措施，加大社会矛盾化解力度"，"努力把矛盾化解在基层、解决在萌芽状态"。但J市公安与司法机关的操作实践中，把达到刑事标准的盗窃犯罪同样列入严打范围，而且把打击农民工犯罪列为主要任务之一。

针对农民工盗窃罪审判问题，WC法院ZXF法官的解释如下。

根据相关法律规定，农民工涉及盗窃罪的基本都不适用从轻、从宽原则。根据《最高人民法院关于审理盗窃案件具体应用法律若干问题的解释》，主要是以下几种情况可以从轻、从宽。一个是第一条的第四项"偷拿自己家的财物或者近亲属的财物，一般可不按犯罪处理"，还有一个是第六条第二项："1. 已满十六周岁不满十八周岁的未成年人作案的；2. 全部退赃、退赔的；3. 主动投案的；4. 被胁迫参加盗窃活动，没有分赃或者获赃较少的；5. 其他情节轻微、危害不大的"。前面四条都是客观的，但农民工盗窃的情形除第一条外，几乎没符合、适用的。关于情节轻重与危害大小，主要看他盗窃过几次，在哪里盗窃，比如在医院盗窃就要从严从重。具体案情要具体审判，但都是有法律依据的。总体上讲，犯盗窃罪的农民工大多没有收入来源，而又游手好闲、好吃懒做。而且公安部门抓住、有证据的可能只是一部分，实际犯罪情况往往更多、情节更严重，所以列入严打范围。①

严打和"三从"原则得以贯彻的结果是"凡是够得上刑事立案标准的一律收监"，而且具体司法人员在积极执行严打和"三从"时还会加上"从简"。由此，农民工犯罪人群中 21.0% 的偶犯也被收监就不难理解了。

《中华人民共和国监狱法》第八条规定，"监狱的人民警察经费、罪犯改造经费、罪犯生活费、狱政设施经费及其他专项经费，列入国家预算"。偶犯农民工也被收监，既增加了国家财政成本②，也使监狱更加拥挤：1988~2004 年我国的监禁率年均增长 1.5%，随着监禁率上升而来的突出问题就是监狱超押，2000 年超押率为 20.0%，2001 年超押率为 28.8%，2003 年超押率为 30.2%（吴宗宪，2003：589）。我国在押犯截至 2011 年为 164 万人，而 2004 年时在押人数是 140 万，即 2004~2012 年平均每年增加 3 万在监狱关押的罪犯。

根据笔者于 2014 年 1 月对 J 看守所的回访，最近两年来 J 看守所犯罪人员审判结果分布如下：2012 年与 2013 年缓刑释放人数分别为 57 人、24 人；假释人数分别为 4 人、4 人；监视居住分别为 13 人、8 人；暂予监外执行的分别为 3 人、1 人。两个年度社区矫正总人数分别为 77 人、37 人；而投送监狱的总人数分别为 761 人、1151 人。社区矫正人数分别占犯罪总人数 838 人、1188 人的 9.19%、3.11%。③

可以看出，在"三从"等原则指导下，综合对农民工身份的刻板印象与其地位弱势——可以运用的正式与非正式救济手段相比城市犯罪人群更少，共同导致农民工偶犯仍被收监。这表明法院对农民工偶犯的审判仍然坚持"报复刑罚"理念，即重报应、

---

① 2010 年 7 月 12 日对 WC 法院 ZXF 的访谈。

② 我国监狱关押一名罪犯每年的经济成本在 1 万~1.5 万元。相比之下，轻刑犯若能适用管制、缓刑、假释，则成本可以降至非常低的水平。

③ 应当说明，2013 年是严打的一年，基于维护社会稳定的大环境，Z 省进行了严打。无论是犯罪总人数还是收监人数都与此有关，所以 2013 年的数据与 2012 年相比有较大的跳跃。

轻目标；重惩罚、轻改造；重收监、轻回归社会，此理念有意或无意导致刚性过度的结果。报复刑罚的优点在于坚持报应意味着法律正义，主张"罪有应得"，有罪必罚，罚必当罪，但"只追求正义的恢复和人类报复情感的满足，很少考虑到刑罚再犯预防的必要性"（王宏玉，2006），特别是把这初犯、偶犯①（何显兵、刘永强，2004）的轻刑盗窃犯与抢劫等财产性犯罪一起严打而收进监狱，违背了刑法谦抑原则（陈兴良，1992），不但加剧了监狱拥挤，还可能引起监狱内的交叉感染（孙长永，2005）与再生性犯罪的增多。

第四节　监狱群体的"交叉感染"

侵财型偶犯的社会危害程度较轻首先表现在犯罪农民工大多是个人单独行动而非团伙作案，通过"你是否在作案前邀老乡或其他人员一起做这个案子"的数据统计发现：侵财型偶犯农民工动员老乡或其他人员一起团伙作案的只有10人，占此类样本61人的17.2%；除偶犯外的侵财型犯罪还有95人，其中团伙作案的有27人，比例达28.4%。抢劫罪共有28人，团伙作案的有15人，比例达53.6%。如果把非侵财型偶犯的所有其他类型视为一个总体，其团伙犯罪的比例为43.2%。

团伙作案的犯罪严重程度与社会危害程度均远高于个人单独作案。天津经济技术开发区法院的总结表明"外来未成年人犯罪大多单独作案、临时起意，而天津籍未成年人犯罪多有预谋，团伙作案，并且相互壮胆，故意伤害案件比例较高"（张晓敏，2007）。尤其对其他容易受犯罪情景影响的青少年来说，更具有危害性，少年团伙犯罪往往是从最初的轻微越轨再到偶然违法、轻微犯罪最后发展到严重犯罪（王大国，2002）。

---

① 社区矫正的适用对象是缓刑、假释、管制、监外执行和剥夺政治权利的犯罪者。我国刑法规定，缓刑的前提是被判处三年以下有期徒刑，累犯不适用缓刑也不适用假释，管制是轻微刑罚。

从笔者调查的经验来讲，侵财型偶犯农民工并不具有强烈的恶意，大多是生活上遇到经济困难而在异地他乡又不能及时寻求帮助才去盗窃。由于偶发性，他们事前并不具有太多的盗窃技能，但收进监狱之后，这一类的偶犯无论是被动地接受别人的拉拢还是主动地向狱友学习，他们都遇到了监狱内群体同化的问题。

群体同化首先表现在认罪心理上。笔者在问卷调查的结构性访谈中发现，那些青年农民工本来在初次犯罪收监之前有相当强烈的恐惧感，但进入监狱之后，看到"那么多人犯罪比自己严重得多"，他们心里就"坦然"了。有一位 18 岁的盗窃犯在被问及进入监狱的过程感受时，这样讲述他从看守所到监狱的经历：

> 看守所就是"门诊部"，监狱就是"住院部"，我在看守所的时候还非常害怕，不知道自己会被判多重，就像不知道自己病情有多重一样，整天担心自己的将来，也害怕家人受牵连。但是到了监狱以后，我问每一个人，几乎他们犯罪都比我严重，我是"住院"的病人中病情最轻的，我还有什么好害怕、好担心的哩！[①]

笔者以此问题请教监狱管理人员时，监狱管理人员 JXX 认为：

> 看守所确实是"门诊部"，如果犯罪情节不严重，法院审判下来，他们基本就该释放了；刑期比较长的，才会转到监狱。刑期长就意味着犯罪情节严重，好比病重必须住院治疗一样，所以监狱叫"住院部"。不但是那些情节较轻的初犯，就是"生大病"的重刑犯，本来他比较害怕、愧疚，但一进到监狱里，才发现"你也是癌症，他也是癌症……大家都是癌症"，那我的癌症跟你们一样，大家都是平等、同类。所以，他们刚入监狱时可能很恐惧，内心很不安，等看到那么多人"都一样""又不是我一个"，心态慢慢就平和了。尤其

---

① 2011 年 3 月 16 日对 JDB 的访谈。

是他们不相互歧视，大家每天都要在一起生活，那么心里头慢慢也就没有什么想法了。[①]

不但犯罪的罪恶感、愧疚感由于认罪心理的变化而逐渐消失，他们还经历着负能量的逐渐积累，即"交叉感染"（见表 5 - 3）。交叉感染可能导致"出院"后"犯病"更严重——犯罪手段更高级，社会危害更严重，组织性计划性更强，更可能走向团伙犯罪。

表 5 - 3　交叉感染在不同类型罪犯间的均值比较

	刑期分组（月）					之前是否进过监狱		身份	
	12以下	13 ~ 24	25 ~ 48	49 ~ 60	61以上	否	是	农民工	城市居民
看见交叉感染场景次数	6.9	6.0	19.3	17.9	19.7	13.5	18.7	14.0	17.4
参与交叉感染次数	0.5	0.4	2.0	2.3	3.2	1.3	3.6	1.7	1.8

注：观看交叉感染场景的原叙述是"你在服刑期间，看到过多少次狱友相互交流、切磋偷盗技艺的情况"；参与交叉感染次数原叙述是"你自己参与过交流与练习多少次"。

统计结果表明，刑期越短的人看见交叉感染的次数越少，刑期分组当中两年以下的两类人群的平均看见次数只有 6 ~ 7 次，远远低于刑期较长的后三组的 18 ~ 20 次，平均只相当于后者的 34.0%（6.45/18.97）；前两类短刑期人群参与交叉感染的次数平均只相当于后面三类人群的 18.0%（0.45/2.5）；初犯与再犯两类群体的差异同样明显，尤其是前者参与交叉感染的次数只是后者的 36.1%；无论是农民工，还是城市居民，城乡身份的差异在参与交叉感染的次数上并不显著，城市居民并不比农民工具有更强的抵抗力、免疫力。

同时，笔者在调查中发现的狱群同化的影响不只从"门诊部"到"住院部"的麻木心态，还存在与"相对剥夺"相反的"相对优越感"：一些犯罪者自己本来犯罪数额比别人的犯罪数额大，但

[①] 2011 年 3 月 24 日对 JXX 的访谈。

到监狱内"交叉"发现，比他盗窃数额低的人也判了相同的刑期，"心里得意了"；这种"占了便宜"的犯罪心理肯定不是正能量。

麻木心理、相对优越感强化了犯罪技术、经验的学习意识，一些罪犯在接受调查的过程中总结道：他们被抓进监狱的原因是自己的偷盗技术不过关，进入监狱后与几个"高人"交流发现，偷盗还有很多"高超"的技艺。于是感叹"当初的技术不行，如果那时我学到了这些'高端技术'，就不会被抓住了"，他们认为在监狱里的任务就是与各种"高手"交流、学习、提高，要又快又准，而且下次要避免留下作案痕迹。

交叉感染的结果是监狱群体的进一步同化，交叉感染越多，群体同化程度越高。同化状况的比较结果如表 5-4 所示。当然，同化程度越高，再犯罪的情节会越严重。

表 5-4　狱群同化各指标及总指数的均值比较

	刑期分组（月）					之前是否进过监狱		身份	
	12以下	13~24	25~48	49~60	61以上	否	是	农民工	城市居民
失眠，睡不着觉	3.9	4.0	2.8	2.8	2.2	3.3	2.0	3.1	3.1
心里感觉对不起家人	3.4	3.5	2.8	2.3	2.3	3.0	2.1	2.8	2.8
情绪不稳定	3.4	3.5	3.4	3.3	1.9	3.3	1.6	3.0	3.1
感觉生活没意思	4.2	4.1	2.9	2.5	1.9	3.4	1.4	3.1	2.8
觉得自己的声誉不好	4.2	4.6	3.0	2.8	2.7	3.7	2.4	3.5	3.3
很担心自己的未来	3.5	3.7	3.0	2.9	2.3	3.2	2.7	3.1	2.8
非常惦记家里的亲人	4.2	4.4	2.8	2.9	2.5	3.4	2.5	3.3	3.2
非常在意狱警对自己的看法	3.6	3.5	2.9	3.2	2.2	3.0	3.2	3.0	2.9
非常在意亲人朋友是否探望	4.5	4.4	3.0	3.1	2.2	3.4	3.2	3.3	3.4
内心常常涌起愧疚	4.2	4.3	3.1	2.5	2.5	3.7	1.3	3.4	3.3
犯罪情绪反应指数	39.1	40.1	29.7	28.6	22.7	33.6	22.3	31.7	31.1
同化总指数	20.9	19.9	30.3	31.4	37.3	26.4	37.7	28.3	28.9

通过表 5-4 的统计数据发现，因交叉感染导致的狱群同化现象普遍存在，并呈现刑期越长，同化程度越高的规律。同时，数据显示累犯的同化指数明显高于初犯。如果说那些恶意强度较高、犯罪情节严重、社会危害程度较高的累犯、惯犯是"罪有应得"，但把犯罪农民工当中 21.0% 的偶发性盗窃犯也收进监狱，无疑扩大了交叉感染的人群规模，尤其是增加了一部分本来相对容易改造好的偶犯农民工的再犯风险——因受交叉感染而再生性犯罪的可能。交叉感染对农民工再生性犯罪的具体影响如表 5-5 所示。

表 5-5　农民工再生性犯罪的 Logistic 回归分析

控制变量	模型 1		模型 2	
	回归系数 B	EXP（B）	回归系数 B	EXP（B）
年龄	0.187** (0.003)	1.206	0.248** (0.002)	1.281
外出打工年数	0.078 (0.166)	1.081	0.066 (0.351)	1.068
婚姻状况				
初婚有配偶	-0.742 (0.179)	0.476	-0.244 (0.684)	0.783
再婚有配偶	-0.804 (0.503)	0.447	-1.163 (0.376)	0.313
丧偶	0.726 (0.389)	2.067	0.434 (0.701)	1.544
离婚	1.018 (0.501)	2.767	0.025 (0.987)	1.026
上学年数	-0.023 (0.210)	0.978	-0.096 (0.199)	0.908
交叉感染变量				
看见交叉感染次数			0.022 (0.236)	1.023
参与交叉感染次数			0.215** (0.004)	1.240
-2LL	236.878		156.994	
拟 R2	0.140		0.283	
样本量	286		252	

注：再犯为 1。

除年龄这一自然因素外，外出打工年数、受教育上学年数、婚姻状况等自致性社会因素并不对农民工的再生性犯罪构成明显影响。与这些控制变量相比较，本研究关注的交叉感染在统计模型中显示：犯罪农民工看见交叉感染场景数每增加一次，再次犯罪的概率就增加2.3%，但统计检验不显著；参与交叉感染活动次数每增加一次，再次发生犯罪的概率就增加24.0%，且统计检验显著。侵财型偶犯与其他犯罪群体的交叉感染情况比较如表5-6所示。

表5-6　侵财型偶犯与其他犯罪群体的交叉感染情况比较

		看见交叉感染场景数	参与交叉感染次数
侵财型偶犯	均值	7.9344	0.4098
	N	61	61
	标准差	9.66069	1.03886
其他罪犯类型	均值	15.9737	2.0270
	N	228	222
	标准差	11.65734	2.58943

第五节　社区矫正的制度排斥

农民工犯罪当中的盗窃罪最为常见，本研究中在押犯人样本的49.5%都是盗窃犯。根据WC法院提供的数据，最近两年盗窃罪都占审理案件总数的三成以上：该法院2012年审理盗窃案480件，占总案件数1438件的33.4%；2013年盗窃案577件，占总案件数1730件的33.4%。这些盗窃犯的犯罪"数额一般不太大，而且盗窃罪修改后，入室盗窃、扒窃等没有了数额限制，导致大量小数额的盗窃犯罪"（WC法院ZLD）。根据本研究的样本分析，犯盗窃罪的农民工当中21%的偶犯是初次犯罪当中的轻刑犯罪，这21%的偶犯其犯罪动机主要是因生活所迫而临时起意，他们并不在主观上具备多少犯罪恶意，社会危害相比其他罪犯更小。鉴于交叉感染的风险控制，更基于以改造为目标的处罚理念，我们应当用法律机构与社会组织"拉"住这些年轻的农民工罪犯，以使他们更好地回归社会；但现实由于"严打"和"从重、从快、从严"的理念，这些初犯都被司法机关"不得已"审判为收监。

收监后的偶犯之所以会变成累犯，原因除交叉感染外，还有"标签效应"带来的污名化，即社会排斥问题。

有的犯人在出狱之后也很"无奈"，一方面是适应不了外面早已变化的世界，特别是五年以上刑期的犯人，出狱后发现世界变化很大；另一方面是社会对犯人的接纳度太低。用人单位一般不接收，邻里一般也会"看不起"，这种不友好的眼光让犯人觉得既然低人一等，当然就不如待在监狱里的"平等"生活。说实话，即使犯人与警官在一起，犯人也感觉不到"歧视"；但回到社会之后，歧视可以说无处不在，甚至包括自己的亲人都会在生气的时候斥责犯人的"过去"。①

在押累犯 HFX（男，31 岁，抢劫罪，以前曾因盗窃入狱过一年半）的心理体验与 BHJ 警官的话不谋而合："我们这些哥们儿，大家都在监狱里待过，谁也不会说谁。相互关照，多好！"②

这表明监狱内的一部分罪犯由于缺少社会正常人群的交往与关怀，心理越来越灰暗，尤其是对于心智甚至身体都还没有发育成熟的青少年来说，长期的狱群生活会使他们难以再适应社会的正常生态，而是认同、习惯于狱群生活。这是狱群同化的内化。

狱群同化与污名效应内化导致的结果是他们的社会观念完全扭曲：

> 当今社会是一个权力与金钱通吃的社会，你只要有了钱或权，不论你是不是农村的，那都不要紧，照样能吃香的、喝辣的。没钱，那就真的是社会渣滓了。权力这辈子是甭向往了，钱是可以想办法去弄的。你看那些大老板，那才叫神气。

① 2011 年 4 月 5 日对监狱警官 BHJ 的访谈。
② 2011 年 3 月 16 日对 HFX 的访谈。

　　打工太辛苦了，关键是不自由，天天被别人管着，那叫
啥日子呀！引用自由诗"生命诚可贵，爱情价更高，若为自
由故，两者皆可抛"，我觉得人生的意义就在于自由又来钱，
偷钱、帮人要账、帮人打架都可以来钱，又快又自由。①

　　根据监狱警官 BHJ 介绍，成功回归社会的犯人也很多，但大
多数成功回归者也都过着"隐瞒"的生活。这表明犯人回归社会
是一个非常复杂、系统的社会工程。对于那些累犯、惯犯，本研
究无力深入，但对犯罪情节不严重的初犯、偶犯，拟以社区矫正
为导向，做一些深入的探讨。

　　量刑改革并不容易。通过与法官、监狱警官的交流，笔者发
现"作出一种量刑决定，往往是量刑法官最复杂和最困难的一项
任务"，② 因为量刑既要反映犯罪程度的轻重，以法律的公平正义
惩治犯罪者的罪过，又要兼顾审判对其他人群的威慑效果，以期
预防犯罪。既要对已经发生的案件进行"结果处置"，给案件的受
害人一个交代，以体现法律的公正与刚性，又要体现改造罪犯的
宗旨，还要兼顾对所有公民的法治教化，以促进所有公民更好地
遵守法律。

　　社区矫正作为一种非监禁或半监禁的刑罚与服务相结合的社
会化刑罚方式，承认社区与犯罪者之间积极联系的重要性，更强
调对罪犯及社区的恢复策略，提供监督与治疗干预，以减少重新
犯罪，鼓励非司法性的社会力量及民众参与安全社区的建设。英
国刑罚制度咨询委员会（Advisory Council on the Penal System）于
1970 年发表了题为"非监禁刑与准监禁刑"（Non – Custodial and
Semi – Custodial Penalty）的报告，此后西方文明国家非监禁刑罚的
发展得到快速推广。2000 年，美国的社区矫正比例在 70.0% 以上，
而同一年中国缓刑的适用率仅为 15.85% ，假释的适用率仅为

---

① 2011 年 3 月 16 日对 HFX 的访谈。

② 参见 Edward J. Latessa & Harry Allen, Corrections in the community, 3ʳᵈ ed. Ci-
neinnati, OH: Anderson Publishing Co. , 2003），P. 23. 转引自吴忠宪《社区矫
正比较研究》，中国人民大学出版社，2011，第 80 页。

1.63%（李素琴，2012）。自从 2003 年开始试点以来，中国在社区矫正的开展方面取得了实质性的进步：在首批试点的江苏省，截至 2013 年 9 月累计接收社区服刑人员 21.94 万人，按期解矫 17.27 万人，在册 4.67 万人，矫正对象重新犯罪率始终控制在 1% 以内；浙江省自从 2004 年 5 月开始试点以来，累计接收社区矫正人员 17.1 万人，依法解除矫正 12.8 万人，现在册 4.4 万人，社区矫正对象年再犯罪率为 0.1%[①]。

但是，对本研究主体犯罪农民工而言，实施社区矫正的刑罚处置，执行《社区矫正实施办法》的时候还存在以下难题。

难点一，农民工作为流动人口，其在流入地进行社区矫正的困难首先在于居住场所。农民工家乡的居住地与犯罪所在地的矫正机构相距太远；在看守所释放犯罪情节较轻、法律上适合社区矫正的农民工之前，按照法律规定询问居住地及家乡所在地（《社区矫正实施办法》第五条[②]规定是落实居住地而不是户籍所在地），犯罪农民工告知的居住地往往是被逮捕前租房居住的社区地址，等到犯罪农民工被释放时，房东早已把房子转租，而且也不再愿意租给这些罪犯。

难点二，《社区矫正实施办法》第三条[③]规定中说明社区矫正的责任主体包括区县级司法机关、司法所、居委会、单位、就读

---

① 参见《法制日报》2014 年 1 月 4 日第 5 版《浙江社区矫正 9 年改造 12.8 万人》，《法制日报》2014 年 1 月 6 日第 1 版《十年试点，社区矫正"江苏经验"渐成》。

② 《社区矫正实施办法》第五条规定，对于适用社区矫正的罪犯，人民法院、公安机关、监狱应当核实其居住地，在向其宣判时或者在其离开监所之前，书面告知其到居住地县级司法行政机关报到的时间期限以及逾期报到的后果，并通知居住地县级司法行政机关；在判决、裁定生效起三个工作日内，送达判决书、裁定书、决定书、执行通知书、假释证明书副本等法律文书，同时抄送其居住地县级人民检察院和公安机关。县级司法行政机关收到法律文书后，应当在三个工作日内送达回执。

③ 《社区矫正实施办法》第三条规定，县级司法行政机关社区矫正机构对社区矫正人员进行监督管理和教育帮助。司法所承担社区矫正日常工作。有关部门、村（居）民委员会、社区矫正人员所在单位、就读学校、家庭成员或者监护人、保证人等协助社区矫正机构进行社区矫正。

学校及家庭等，但问题是农民工作为流动人口，无论是司法机关还是社区居委会，既考虑到现行的财政经费体制，也考虑到再犯罪率的考核绩效（国家规定再犯罪率不能超过 1.5%），还有本社区的人员配备不足，故往往不愿意接收农民工在本地矫正。

难点三，犯罪农民工流入地的社区居民也考虑到公共安全抵制农民工在本社区进行矫正，流入地司法机关与社区机构负责人认为，"我们不能为了解决流动农民工的犯罪问题，引起本地居民的稳定问题"。

难点四，犯罪农民工相比于城市居民，进行社区矫正时的家庭关系与社会支持网络更弱，当然，"强关系"的缺席也让犯罪者面对的亲情压力与面子压力更小。

综合以上几点，虽然是初犯、偶犯，但由于"人户分离"等结构性力量，在审判环节落实"放置社会不至于危害社会"宗旨的客观条件不具备，即犯罪农民工不具备在流入地监护、帮教的硬性条件及社会关系支撑。J 看守所所长 FJY 认为：

> 本地人犯罪的，出狱后社区肯接收，一是因为本地人，社区不接收也得接收；二是因为本地人犯罪的大多属于偶犯，比如泄愤、打架，一时冲动的，基本上不是经济型犯罪。这样的话，偶犯的犯罪原因往往是突发事件，而不是本人或家庭的经济原因，事件过去后，再走上犯罪的可能性不大，社区往往也会本着"人非圣贤，孰能无过"的态度接收、帮助，由社区干部做一些思想教育工作，并帮忙落实工作。我们也会对这些人隔一段时间做一下回访或者遇见时就询问一下，与相关部门保持联系。主要是本地人家庭经济条件都比较好，经济上不成问题，也就不会再去惹事。矫正一段时间，慢慢地就融入社会了。农民工那就没办法弄。[①]

据 FJY 说，J 看守所 2011 年释放的罪行较轻的人员为 400 人

---

① 2010 年 10 月 12 日对 J 看守所所长 FJY 的访谈。

左右，但以外地人为主：

> 这些外地农民工，不去报到的大约有 60%。报到的人当中，社区不愿意接收而"劝退"的占报到者当中的一半左右，即总量的 20%。在社区愿意接收的人当中，占看守所释放的农民工总量的 20%。这是大体情况。社区矫正机构汇报的与公安部门考核的，也只是报到的那个 20% 的人群。这些人大多是比较老实的那种，犯罪都是偶犯、一时冲动犯罪，确实重新犯罪的很少，无论是汇报或是真的考核，那"达标"都不是问题。①

所以，即使审判结果为社区矫正，由于农民工身份和制度排斥，其 80% 无法真正实施社区矫正，这些人被"劝退"回家乡，或者直接"放"到社会上流浪了。回到家乡的那些人往往在被家庭接受上也有问题，甚至是夫妻直接离婚，而离婚对再犯罪的影响在表 5-5 中显示比参照群体高出 46.9%；还有农村熟人社会当中的"面子"问题使他们要承受不小的舆论压力，加上家庭经济条件与生计压力，这些人又很快外出打工。无论是返乡再外出，还是直接放到社会上，都没有真正执行社区矫正，矫正过程中出现"法院只管判、考察无人管"的情况，缓刑成了免刑，假释成了真释放，管制变成脱管、漏管（冯卫国，2003：144）。依 FJY 的介绍，这些人的重新犯罪率要高一些，是农民工再犯罪的主要人群。

农民工来自相对较穷的地方，他们文化水平低，缺乏专业技术，偶尔做了一点不法之事或者被一些不法分子煽动做了违法的事情，尝到甜头了，就容易重复犯罪。农民工犯罪，特别是重复犯罪主要是由社会体制造成的，具体表现为两个方面：一是农民工被歧视，特别是犯过罪的农民工不能被社会、家庭、单位等很好地接纳，承受巨大的心理压力；二是社会帮教系统没有很好地

---

① 2010 年 10 月 12 日对 J 看守所所长 FJY 的访谈。

起到作用，农民工特别是有了前科的人需要得到政府部门的支持，比如民政部门、街道、村委会帮助这些农民工重新获得关心、就业等，以恢复到正常人的生活状态。①

　　但笔者在此无法用统计数字证实农民工在社区矫正环节的数据分布与影响结果，对这些人群的追踪调查是笔者力所不逮的。但八成左右的犯罪农民工在执行社区矫正时存在体制排斥与其再生性犯罪率较高存在直接的相关性是容易理解的问题，如果能够通过体制内的改造环节而切断这种循环无疑会使交叉感染与再生性犯罪显著减少。

---

① 2010 年 10 月 12 日对 J 看守所所长 FJY 的访谈。

中篇　因回流而终结

第六章　谁在回流

——农民工回流的逻辑与结构

回流农民工的类型按照个人意愿分为主动回流与被动回流，按照回流时间的长短可以划分为暂时回流与永久性回流。本研究中村干部判断本村的回流人口数则是以回流半年以上为标准。从时间节点上看，本研究的回流不包括事务性原因造成的短暂的返乡行为，而是在回流时不准备继续在外务工的行为。

2008 年美国次贷危机导致的经济危机波及中国大量的制造业、服务业、建筑业，城镇农民工成批量地回流。这一现象引起中国政府及社会各界高度关注。

2009 年，城镇"民工荒"问题被广泛报道，2012 年民工荒、招工难的报道可谓俯拾皆是。但除 1995～1998 年、2008 年客观经济形势或就业政策导致的大规模回流属于被动性回流外，其他年份的大多数回流属于什么性质？回流的是哪些人？他们回流是主动的还是被动的？年龄层次及其他人口学特征是怎么样的？规模有多大？这是本章要回答的问题。

第一节　回流动机

外出动机是判断农民工回流原因的重要参考。从外出的动机来看，"工作主要是为了挣钱、谋生"以 56.06% 的比例排在第一位，表明"寻求生存"依然是农民工外出的主要动机（见表 6-1）。在中国农民工外出打工的动机研究方面，已有文献大多借用推拉理论来对照中国城乡二元结构背景下的农民工从农村流动到城市的各种"推拉"力量。比如，农村人多地少、农作物收益受自然条件干扰大、医疗卫生条件差、教育资源少，再加上政策不均衡和制度不合理等因素，综合导致农村人口生产效率低下、劳动力贬值，进而推动农村劳动力外出流动以"寻求生存"（黄平，1997）。除了更高的收入外，城市现代气息、文明、文化魅力等因素均拉动农民工流向城市。这种推拉分析不但在西方国家成立，在中国的人口流动中也得到了验证（高国力，1995；杜鹰，1997；李实，1997；蔡昉，2001）。

表6-1　农民工外出打工的主观动机分布（N＝580）

动机	频数	频率（%）
工作主要是为了挣钱、谋生	458	56.06
为了给子女创造更好的条件	258	31.58
见世面、增长见识	131	16.03
学技术、本领	99	12.12
别人都出去打工了	90	11.02
在家闲得慌	47	5.75
扩大交际圈	19	2.33
其他	7	0.86

第二位因素"为了给子女创造更好的条件"则表明农民工为了家庭整体的需要而外出的"家庭本位"仍然是中国农民流动的特点，这与西方个人本位、个人效用最大化决策的打工动机形成对比。

"回流"概念是借鉴物理学专业术语而来。其本来含义是指理化实验装置中液体分流中的一种现象，为了保持反应器中液体的连续性，蒸气必须在挥发的过程中分流一部分返回到反应器中，这样才能防止反应物挥发太快而中断反应。可以看出，"回流"在理化科学中的本义是指"回流与蒸气流上升同样重要"，是保证精馏过程连续稳定的必要条件。人口学借用"回流"概念来指代人口从原居地流出后，一部分流动人口再返回原迁出地的行为。近些年来，出国人员的回流，即海归现象明显，但本研究的回流是指外出农民工当中的一部分返回到原迁出地。

　　回流农民工的类型按照个人意愿分为主动回流与被动回流。按照回流时间的长短可以划分为暂时回流与永久性回流。本研究中采纳探索性调查阶段大多数村干部的判断意见：以回流半年以上为标准界定回流农民工。所以，从时间节点上看，本研究的回流不包括因事务性原因短暂的返乡行为。从劳动力的就业意愿看，农民工在回流时不准备继续在外务工。

　　在回流人口中，年龄偏大、就业能力不强的人属于被动回流，受工伤等也是被动回流。但回乡创业、厌倦城市、为了子女教育等回流算是主动回流。具体又可以划分为规模经济创业主动回流、生存型（追求子女、家庭综合效益或生活方式自由、情感等）回流。

　　因此，本研究建构的农民工回流的理想类型包括三种：主动回流发展型、主动回流生存型、被动回流生存型。其中，是否主动返乡是判断主动或被动的标志变量，是否从事创业（创业规划、创业贷款、创业实体运作）是判断生存型与发展型的标志变量。

　　主动回流发展型是以创业返乡为主，具体又可以分为农民企业家创业、农业规模种植或养殖创业。比如，办工厂、技术服务公司，还有小部分创业是以服务业为主，办幼儿园等。主动回流生存型是以个体户为主，由于农民工积累了一定的资金、厌倦了城市生活的压力，他们选择返乡过相对自主、轻松一点儿的生活。被动回流生存型是指农民工因在城市就业困难（年龄、疾病等）而不得不返乡，又不具备创业的资本、技术、能力等。此类农民工大多选择回家务农，偶尔也会在本地做些小工，生活条件低下，属于困难性边缘群体。根据调查所得的农民工返乡原因选择见表6-2。

表6-2　农民工返乡原因选择

选项	第一原因选择（N=368）		三项原因限选汇总（N=318）	
	频数	频率（%）	频数	频率（%）
要回来自己创业	79	21.5	99	31.13
为了子女教育	50	13.6	126	39.62

选项	第一原因选择 （N = 368）		三项原因限选汇总 （N = 318）	
	频数	频率（%）	频数	频率（%）
为了夫妻生活在一起或为了照顾爱人	48	13	94	29.56
年龄大了，劳动能力下降	44	12	71	22.33
在城里找不到工作	27	7.3	33	10.38
自己生了病（不是由工作引起的疾病）	23	6.3	28	8.81
为了生孩子	23	6.3	44	13.84
忍受不了（厌倦）城里的生活状态	18	4.9	39	12.26
为了孝敬父母	17	4.6	127	39.94
出于家庭生产经营的需要	15	4	88	27.67
身体得了职业病，要回来养病	11	3	16	5.03
其他	13	3.5	39	12.26

从表6-2的调查数据可以看出以下几点。

第一，在返乡的农民工当中，"为了孝敬父母"、"为了子女教育"和"为了夫妻生活在一起"等家庭性原因再次表明中国农民工务工的"家庭本位"特征。这显然与西方国家为了个人更好的发展而迁移的规律有所不同，西方劳动力流动主要是追求个人效用最大化（Todaro，1969），而中国农民工外出打工更多地出于家庭发展的需要，或为了提高家庭收入，或是分散家庭风险（杜鹰，1997）。回流也是为了提升家庭发展质量、降低家庭风险，这更符合斯塔克所提出的家庭决策理论（Stark，1982）或凯莫博提出的家庭生计策略理论（Chambers & Conway，1992）。

第二，"为了孝敬父母"与"为了子女教育"两项均是纵向的家庭关系，是排在最前列的两个选择结果，而"为了夫妻生活在一起"的横向家庭关系则排在纵向原因之后，这里或许有两种解读：第一种是在返乡农民工的家庭观念当中，纵向的家庭关系在重要性上超过了横向的家庭关系，也就是返乡的农民工当中亲子关系仍然比夫妻关系更重要；第二种是农民工夫妻生活在一起可以通过共同外出打工来解决，但老人和孩子一起外出的难度要大得多，农民工在不能将老人、孩子带着一起外出打工时，为了亲子关系的需要不得不回流。这种基于家庭生活需求，兼顾家乡农业劳动方式对劳动力的需求而造成的回流往往不一定是经济成本核算意义上的推拉力模型（Wang & Fan，2006）。

第三，创业成为回流的主因之一。选择"要回来自己创业"的人占到返乡农民工的31.13%。这表明农民工就业依赖性、被动性减少，同时，农民工外出流动的价值取向也有明显变化，农民工为了发展而回流的不在少数。这表明中国社会在经历了改革30年的经验之后，农民工群体也开始出现较大比例的发展性回流。以挣钱、谋生为主要动机的中国农民工在流动到城市后生活条件有所改善，但并未达到预期，或者是随着新农村建设，农村有更多、更好的发展机会时，往往形成农村的拉力更大的局面，这在发展中国家也有过类似的经验（Murphy，2002；Christiansen & Kidd，1983）。

根据前述思路和内容，本研究采用参照回流原因的第一选择进行意愿分类，具体操作如下：把"在城里找不到工作；身体得了职业病，要回来养病；自己生了病（不是由工作引起的疾病）；年龄大了，劳动能力下降"四类归并为"被动回流型"；把"要回来自己创业"划分为主动回流发展型；把"忍受不了（厌倦）城里的生活状态、为了夫妻生活在一起或为了照顾爱人、为了生孩子、为了子女教育、出于家庭生产经营的需要、为了孝敬父母"六类归并为"主动回流生活型"（见表6-3）。

表6-3　农民工回流主体类型（N=956）

	频数	占抽样农村人口的百分比（%）	占农民工样本的百分比（%）	占回流样本的百分比（%）
被动回流型	106	11.09	15.73	28.80
主动回流发展型	81	8.47	12.02	22.01
主动回流生活型	181	18.93	26.85	49.18
未回流农民工	306	32.01	45.40	
未外出农民	282	29.50		

从表 6 – 2 与表 6 – 3 的统计结果可以得出以下几点。

首先，农民工回流的比例占农村总体劳动力人口（包含未外出农民）的 38.49%，占曾经外出农民工和尚未回流农民工之和总样本的 54.6%。这表明农民工回流的规模已经相当庞大。如果依据目前农村实际拥有的劳动力人口来计算，2010 年我国农村 16 ~ 59 岁的劳动力有 5.12 亿人，那么，回流的农民工大概有 1.9 亿人。

其次，主动回流占据回流农民工的主体类型。在回流的农民工当中，主动回流的比例远远高于被动回流的比例，这说明主动回流是农民工回流的主体类型。被动回流只占总体回流的 28.8%，不到三成。

最后，以创业为目标的主动回流发展型在回流的农民工群体中成为一支重要力量。农民工样本中有 12.02% 属于主动回流发展型，占农村劳动力总体的 8.47%。农民工创业不但解决了自己的就业问题，一般还可以拉动或带动家庭成员及其他人员就业；同时还会促进家庭老人照顾与子女教育发展，可以减少或避免子女辍学等家庭风险。因此，这是一个正在日益增长的值得关注的社会现象。

第二节　回流主体特征

一　回流农民工的性别结构

在 1980 年代与 1990 年代，中国农村外出劳动力均存在性别上的差异。在以体力劳动为主的建筑业，肯定是以男性农民工为主体；在保姆和娱乐服务等行业，多是以女性农民工为主体。回流的农民工无论是被动还是主动，都会因为输出时的性别不同而呈现不同。被动回流型农民工的男女比例分别为 59.4%、40.6%；主动回流发展型农民工的男女比例分别为 75.3%、24.7%；主动回流生活型农民工的男女比例分别为 44.8%、55.2%（见图 6 – 1）。这表明在被动回流的农民工当中，男性多于女性；在主动回流发展型农民工当

中，男性比例远高于女性；在主动回流生活型农民工中，女性比例
高于男性。

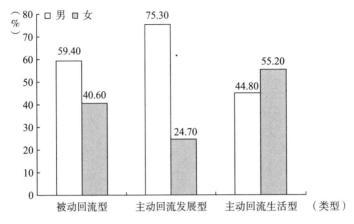

图 6 - 1 回流农民工的性别分布

从性别分布来看，在回流农民工当中，被动回流者男性比例
较高可能存在两种原因：一是回流人群的同期人口中外出时的性
别比就是男性高于女性，这从我国改革开放早期的农民工外出数
据中可以得到验证；二是农民工在面临找不到工作、生病等问题
的严重程度方面，男性高于女性。

在主动回流发展型人群中，男性的比例明显高于女性，这表
明在我国农民工创业人群中，男性的事业优势仍然比较明显。

就主动回流生活型人群而言，女性比例高于男性，这表明了
女性更多地承担照顾家庭的角色。

二 回流农民工的年龄结构

从样本调查时（2010 年）的年龄层次来看，图 6 - 2 的数据表
明被动回流型农民工主要是 35 岁以上的大龄甚至是高龄农民工，
而主动回流发展型的农民工则有 53.10% 的样本为 35 岁以下，主动
回流生活型农民工则以 35 岁以上的人群为主（58.00%）。表 6 - 4
关于其返乡年龄的分析显示，被动回流型农民工返乡时的年龄均
值置信区间处于 38.79 ~ 42.35，而主动回流发展型农民工返乡时
的年龄均值置信区间为 28.06 ~ 31.89，主动回流生活型农民工返

乡时的年龄均值置信区间为 30.42～33.13。这表明无论是发展型还是生活型，两种主动回流农民工的回流年龄基本在"三十而立"前后的两三年内。未回流农民工如果超过了 33 岁，基本就失去了成为主动回流农民工的可能，而逐步成为被动回流农民工。

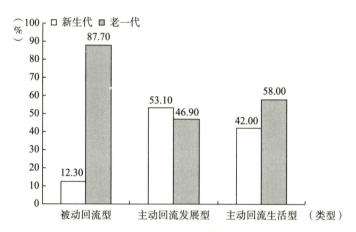

图 6-2 回流农民工的年龄代际分布（以 35 岁为界）

表 6-4 不同回流主体在返乡时年龄的均值比较

类型	N	均值	标准差	标准误	均值的 95% 置信区间	
					下限	上限
被动回流型	100	40.57	8.99	0.90	38.79	42.35
主动回流发展型	83	29.98	8.78	0.96	28.06	31.89
主动回流生活型	177	31.77	9.13	0.69	30.42	33.13
	$F = 23.206$ sig. < 0.001					

三 打工年限

表 6-5 的统计数据表明，外出打工的农民工在回流时间节点上存在"七年之痒"现象：在回流人群中，打工者如果是打工到第 7 个年头，往往会选择返乡创业。置信度为 95% 的置信区间的统计表明返乡创业选择的最佳期是打工的第 6 至第 9 个年头；而选择主动回归农村生活方式的回流者是在其打工的第 7 至第 9 个年头

返乡。采用 LSD 检验方法对四类人群的打工年数进行两两比较的
检验结果表明，除主动回流发展型与主动回流生活型两者之间差
异不显著外，其他两两之间差异显著，这表明两类主动回流人群
的打工期限基本吻合。

表 6 – 5 不同回流主体的打工年数均值比较

类型	N	均值	标准差	标准误	均值 95% 置信区间	
					下限	上限
被动回流型	99	11.6566	8.35337	0.83955	9.9905	13.3226
主动回流发展型	83	7.1687	5.9486	0.65294	5.8698	8.4676
主动回流生活型	176	7.9375	6.73851	0.50793	6.935	8.94
未回流	291	10.055	7.55466	0.44286	9.1834	10.9266

$F = 8.901$ sig. < 0.001

不同类型的回流农民工其子女正在上中小学的情况存在差异。
表 6 – 6 的数据表明主动回流生活型农民工的子女正在上中小学的
均值最高，其次是主动回流发展型农民工的子女正在上中小学的
较多。LSD 检验表明，主动回流生活型农民工的子女处于义务教
育阶段的个数与其他三类有明显差异，其他三类之间并不存在显
著差异。这表明农民工整体上更倾向于由于孩子正在接受中小学
教育而主动回流。

表 6 – 6 处于义务教育阶段的孩子个数

类型	N	均值	标准差	标准误	均值 95% 置信区间	
					下限	上限
被动回流型	106	0.42	0.62	0.06	0.31	0.54
主动回流发展型	83	0.51	0.57	0.06	0.38	0.63
主动回流生活型	180	0.76	0.75	0.06	0.64	0.87
未回流	306	0.47	0.62	0.04	0.40	0.54
总数	675	0.54	0.66	0.03	0.49	0.59

四 歧视经历

图 6 - 3 中关于农民工在城市经历的歧视遭遇统计结果表明，被动回流型农民工经历的最多，结合前述数据存在两种可能。一是被动回流型农民工大多是第一代农民工，其经济地位与生活条件相对于城市人差距更大、更明显，容易受到歧视，而他们的尊严意识又明显低于其他三类农民工：调查中关于"你是否强调自己的生活有尊严"的回答中，被动回流农民工回答"是"的比例只有 57.5%；而主动回流发展型、主动回流生活型、未回流三类农民工回答"是"的比例分别为 86.7%、89.0%、84.6%。二是被动回流型农民工因打工时间长而遭遇歧视的"机会"更多。图 6 - 3 的数据还表明虽然主动回流生活型在打工时间上与主动回流发展型接近，但其经历的歧视次数是后者的近两倍，也是未回流农民工遭遇歧视次数的两倍多。

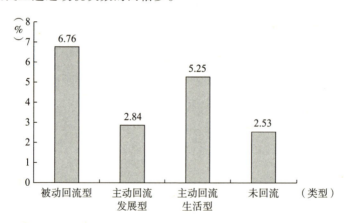

图 6 - 3 农民工遭受歧视经历的次数

五 经济水平

表 6 - 7 的数据显示，主动回流发展型农民工的经济条件最好，无论是个人年收入还是家庭年收入的平均水平都是最高的，其次是主动回流生活型农民工的平均收入较高，被动回流农民工的个人年收入与家庭年收入均值都是最低的。这表明被动回流型农民

工既在年龄结构上偏老，在劳动能力上较弱，又在收入水平上偏低。在承包责任田的数量上，被动回流型、主动回流发展型、主动回流生活型三类农民工家庭人均土地分别为 0.82 亩、0.66 亩、0.95 亩，主动回流发展型农民工的人均土地最少。

表 6 - 7　不同类型农民工的收入水平比较

类型		N	均值	标准差	标准误	均值 95% 置信区间	
						下限	上限
2010 年全年个人收入	被动回流型	102	12961.84	11749.38	1163.36	10654.05	15269.64
	主动回流发展型	79	23158.48	67753.70	7622.89	7982.48	38334.48
	主动回流生活型	178	18828.47	48980.55	3671.25	11583.42	26073.52
	未回流	298	13178.70	11826.23	685.07	11830.49	14526.92
	总数	657	15875.72	35931.86	1401.84	13123.10	18628.35
2010 年全年家庭收入	被动回流型	102	25983.05	15650.72	1549.65	22908.96	29057.14
	主动回流发展型	79	79587.03	168658.78	18975.60	41809.52	117364.53
	主动回流生活型	178	47071.18	122451.37	9178.12	28958.56	65183.80
	未回流	298	32946.76	29565.56	1712.69	29576.22	36317.30
	总数	657	41300.53	90084.49	3514.53	34399.45	48201.62

第三节　总体回流规模的推算

根据相关研究，我国农民工回流水平大概占到农民工总体的23%（韩俊、崔传义，2007）。

从纵向的演变来看，农民工回流规模在不同时期有着较大的差异。民工大潮形成之后，1990 年代中期曾出现过一次回流高峰，2008 年经济危机爆发后又出现过一次回流高峰，其他年份大多是外出流动者逐年增加，回流的比例总体上比较低。

1990 年代中期的回流高峰主要是当时的城市就业压力迫使政府和城市主管部门采取"腾笼换鸟"政策（清退外来农民工，优先安排本地下岗职工就业），促进本地人就业，而导致大量农民工回流。宏观层面的经济形势不容乐观，城市大量工人下岗，改革政策推动下的城镇地方政府为了首先确保城镇下岗工人稳定就业，采用个别学者提出的"腾笼换鸟"政策。"但就各地反馈过来的信息看，这种政策的效果不理想：多数下岗者对政府提供的位子不感兴趣，宁可在家待着也不愿屈就；而那些用工企业则设法避开政府有关部门的监管，私下使用农民工。"（赵泉，2000）到1999年，这种"腾笼换鸟"导致的规模性回流开始明显减少。

在托达罗模型中，农民向城市大量迁移必须以获得较高的预期收益为前提，否则，在城市预期收益不高，而农业生产及综合收益逐步升高的情况下，会出现大量农民工回流现象（刘铮，2006）。

根据韩俊和崔传义对百县返乡农民工调查的结果，返乡农民工占外出农民工的23%，占农村劳动力总数的10%，而其中返乡创业者则占返乡农民工的16%（韩俊、崔传义，2007）。

表6-8估算结果表明，主动回流生活型农民工的规模最大，被动回流型的农民工规模也比较大，主动回流发展型农民工绝对规模最小，但由于回流属性，其对农村的影响可能远远大于其他两类农民工。

表6-8　各类回流农民工的规模估算

回流类型	回流时打工年数（年）	年龄中心点（岁）	对应年龄段（岁）	对应年龄段的农民工规模（人）	平均回流率（%）	回流农民工的规模（人）
被动回流型	10.9898	40.57	30~50	14098888	27.3	3848996
主动回流发展型	7.5823	29.98	23~36	11699971	22.0	2573994
主动回流生活型	7.9375	31.77	24~40	13861873	50.6	7014108

注：先估算全国农民工回流的总规模（依据农村劳动力总量），再分类计算比例。

根据第六次人口普查数据，2010年全国登记的户口登记地在外乡镇街道的人口总计是260937942人，其中乡村人口总量为34973139人。如果把发生流动的3497.3万乡村人口视为严格的农民工主体，那么，本研究可以根据相应的年龄段进行推算得出如下结果：被动回流型农民工大约为384.9万人，主动回流发展型农民工大约为 257.4 万人，主动回流生活型农民工大约为 701.4 万人。就规模而言，主动和被动回流的农民工总规模大约为 1343.7 万人。这些不同类型的人群其生产与生活情况将在后面几章中分别描述和分析。本研究问卷调查的时间是 2010 年底至 2011 年初，此数据与国家人口计生委流动人口服务管理司调查所得到的"全国返乡农民工 1361.8 万人"结论非常接近（国家人口计生委流动人口服务管理司，2009），这表明全国 2010 年回流农民工总规模应当为 1300 余万人。

第四节　形成性指标与回流的发生比率
——Logistic 回归分析

形成性指标与反映性指标是一组相对的"社会指标"概念。形成性指标是指某问题形成或发生的条件、原因，往往在统计中被视作"自变量"；而反映性指标是指某问题发生之后所产生的后果、影响，往往在统计中被视作"因变量"。针对本研究的主题，形成指标是指回流形成的条件与原因，反映性指标是指回流的结果与影响，而回流是研究社会的切入点事件。

考虑到统计模型的需要，在进行 Logistic 回归之前，本研究对自变量进行了相应的虚拟、指数汇总等处理。比如，在文化程度的处理中，是以"小学"为参照，分别将初中、中专与高中、大专及以上操作成虚拟变量；婚姻是以"未婚"为参照，将已婚、离婚、丧偶分别操作成虚拟变量。

本研究在模型设计上分为五种。

模型 1　只考虑性别、年龄和文化程度三个变量，这是因为性别和年龄是先赋因素，文化程度是农民工在外出打工前形成的变量。

模型 2　主要考虑家庭结构因素，具体包括婚姻状况、家庭供养系数（家庭人口数除以劳动力人数）、家庭住房人均面积、调查的前一年家庭消费人均开支额度、孩子个数、义务教育年龄段的孩子数。

模型 3　主要考虑专业技术能力对农民工回流的影响，即在控制变量不变的情况下，看"获得专业技术资格"这一因素对农民工回流的影响。

模型4　主要考虑农民工在城镇购买或加入社会保险情况对其回流的影响。具体自变量为"在打工地享有的社会保险类型数"。

模型5　主要考虑农民工的社会观念对其回流与否的影响。具体自变量包括个人生活状态的尊严感判断层次、个人在城镇所受待遇的公平感判断层次、对打工引起家庭经济变化的功能评价、子女教育观念（是由"农民即使对子女教育很重视，孩子也不一定能考上大学；农村人即使考上大学，也难找到好工作；农村孩子即使上了大学找到工作，也不一定比打工挣钱多；农村孩子学习不如城市的孩子好；农村孩子比城市孩子笨；农村父母没有城市父母重视子女教育；农村孩子生活习惯不如城市孩子好；农民即使有条件，孩子成功的机会仍然小于城市；早点打工挣钱会更多；在父母的影响方面农村孩子不如城市孩子"共十项李克特量表的总和构成的指数）、农村社会距离感（是由"我喜欢家乡农村的安静环境、我喜欢家乡人与人之间的亲近、我喜欢家乡熟悉的生活环境、我已经不习惯家乡比较单调的生活方式、我对靠农业生活完全不抱信心、我对农业劳作技术基本不了解、我非常不愿意回到农村生活、我不希望子女在农村接受教育、农村人有良好的品质、农村人有人情味的生活氛围吸引我"十项构成的指数）。

农民工回流与否的 Logistic 回归模型如表 6 - 9、表 6 - 10 所示。

表6-9　农民工回流与否的 Logistic 回归模型（回流为1）（一）

	模型1		模型2		模型3	
	回归 B 系数	EXP（B）	回归 B 系数	EXP（B）	回归 B 系数	EXP（B）
控制变量						
性别	-0.210 (0.191)	0.8102	-0.161 (0.412)	0.851	-0.211 (0.195)	0.8094

续表

	模型 1		模型 2		模型 3	
	回归 B 系数	EXP（B）	回归 B 系数	EXP（B）	回归 B 系数	EXP（B）
年龄	0. 031 *** （0. 000）	1. 0319	0. 040 ** （0. 004）	1. 040	0. 030 *** （0. 000）	1. 0305
文化程度 初中	0. 091 （0. 657）	1. 0951	- 0. 123 （0. 593）	0. 885	0. 097 （0. 640）	1. 1018
文化程度 高中	0. 193 （0. 446）	1. 2126	0. 209 （0. 484）	1. 232	0. 249 （0. 335）	1. 2824
文化程度 大专及以上	- 0. 568 （0. 120）	0. 5664	- 1. 220 * （0. 02）	0. 295	- 0. 346 （0. 361）	0. 7076
家庭结构						
婚姻类型： 已婚			- 20. 512 （1. 000）	0. 000		
婚姻类型： 离婚			- 20. 819 （1. 000）	0. 000		
婚姻类型： 丧偶			- 21. 915 （1. 000）	0. 000		
家庭供养 系数			- 0. 038 （0. 749）	0. 963		
家庭住房 人均面积			0. 000 （0. 943）	1. 000		
前一年消费 人均开支额			0. 000 （0. 163）	1. 000		
孩子个数			- 0. 084 （0. 580）	0. 920		
义务教育阶 段孩子数			0. 044 （0. 781）	1. 045		
专业技 术能力						
是否获得专业 技术资格 （获得为 1）					- 0. 2462 * （0. 031）	0. 7818
- 2LL 值	927. 651		659. 818		906. 634	
拟 R²	0. 044		0. 068		0. 048	
样本规模	690		509		678	

表 6 – 10　农民工回流与否的 Logistic 回归模型（回流为 1）（二）

	模型 4		模型 5	
	回归 B 系数	EXP（B）	回归 B 系数	EXP（B）
控制变量				
性别	– 0. 194 （0. 231）	0. 824	– 0. 238 （0. 221）	0. 788
年龄	0. 030 *** （0. 000）	1. 030	0. 026 * （0. 011）	1. 026
文化程度初中	0. 101 （0. 624）	1. 106	– 0. 127 （0. 067）	0. 881
文化程度高中	0. 237 （0. 352）	1. 268	0. 269 （0. 391）	1. 308
文化程度大专及以上	– 0. 463 （0. 214）	0. 629	– 0. 229 （0. 601）	0. 795
社会保险加入				
在打工地享有的社会保险类型数	– 0. 091 （0. 126）	0. 913		
社会观念				
尊严感层次			0. 078 （0. 727）	1. 081
公平感层次			– 0. 187 （0. 088）	0. 829
对打工引起家庭经济变化的评价			0. 103 *** （0. 000）	1. 109
子女教育观念			0. 011 （0. 362）	1. 011
农村社会距离感			– 0. 075 ** （0. 002）	0. 928
– 2LL 值	922. 297		660. 740	
拟 R^2	0. 048		0. 139	
样本规模	690		528	

　　第一，统计结果表明年龄一直都是一个显著的影响因素。这与本章前面描述性的内容是一致的，即农民工外出打工有生命周期，年龄作为时间变量是影响其回流的不可抗的因素。不管是否

存在 7 年或 10 年的打工周期，其年龄每增加一年，回流的概率就增加 2% ~ 4%。

第二，文化程度作为一项人力资本因素对农民工回流并不产生显著影响。这表明农民工作为一个整体性社会人群，其受教育程度是一个群体共性，而内部差异较小。教育的人力资本功能并不足以导致其回流或继续在外打工的选择分歧。

第三，婚姻状况不影响农民工回流。已有研究文献认为婚姻是促使农民工回流的原因之一；但也有研究认为，结婚后的农民工由于养家的成本增加，基于增加收入的考虑，夫妻双方或一方更有可能外出务工。所以，婚姻对回流的影响有两种相反的观点。但本研究表明婚姻并不对其回流构成实质性影响。

第四，家庭经济水平及其家庭抚养结构等特征不影响农民工回流。家庭供养系数（家庭人口数除以劳动力人数）、家庭住房人均面积、调查的前一年家庭消费人均开支额等变量在模型 2 中均没有通过显著性检验，表明其对农民工回流不构成实质性影响。

第五，家庭孩子个数与义务教育年龄段的孩子数不影响农民工回流。这表明中国农村形成大量留守儿童是一个虽然无奈但又必然的结果，因为他们的父母作为农民工不因为子女数量多少或上学与否而选择回流。不论其背后的思维逻辑与权衡机制是怎么样的，大量农民工子女成为留守儿童是一个必然的结果。这也进一步证明了第二章中所分析的农村青少年辍学问题的"家长缺席"来源于其认知观念。模型 5 表明农民工的子女教育观念同样不对农民工回流构成影响。

第六，专业技术能力是减小农民工回流概率的因素。模型 3 表明获得专业技术的农民工比那些没有获得专业技术资格者回流概率减小 21.82%（100% – 78.18%）。这说明专业技术培养对挽留农民工在城市工作的重要性，也是农民工延长打工生命周期的重要依据。

第七，农民工享有保险情况并不影响农民工回流。模型 4 证明农民工享有社会保险的类型数在回归模型中具有显著影响。

第八，农民工对打工的经济功能评价与回流存在因果关系。

农民工对打工经济功能的评价是由 1～5 级评判构成的，1 代表变化非常明显，5 代表完全不明显。模型 5 表明农民工对打工经济功能评价越消极，越倾向于回流。

第九，农民工的农村社会距离感影响其回流。农民工的农村社会距离感由"家乡的安静、人与人之间的亲近、熟悉的生活环境、生活方式、农村生活信心、农业劳作技术了解、农村人的品质、农村人有人情味"等项目构成。模型 5 表明农村生活方式与社会关系的距离越小，越倾向回流；距离越大，回流的概率越小。

第十，农民工的尊严感与公平感并不对其回流构成影响。蔡昉的调查表明，济南的农民工对于"打算在济南停留多久"的问题，回答"只要能挣钱，越久越好"的占 49.4%，39.8% 的人回答"视情况而定"，5.5% 的人回答"挣一笔钱就回家"，5.3% 的人"只是季节性打工"（蔡昉，2007：165）。这表明农民工主要还是寻求生存，在马斯洛的需求层次意义上，农民工还谈不上更高层次的需求。

综上所述，农民工回流是一个比较复杂的决策行为，与人们的日常感受和评判可能存在较大的误差。农村人口在较短时间内快速流动到城镇并不是中国独有的现象，韩国 1960 年代开始的人口政策和工业化政策导致农村大量的年轻人外迁进入城市，一方面造成农村的劳动力短缺、农村经济发展相对缺乏人力资源支持；另一方面也造成农村的婚姻资源出现"男性挤压"。农村老年人独居的比例明显高于城市，城市有 9.1%，而农村达到了 15.5%；与配偶两个人生活在一起的城乡老年人比例分别是 29.2%、48.7%；与子女生活在一起的老年人比例在城乡分别是 61.7%、35.8%（参见 Kim, I. K. and E. H. Choe. 1992，转引自宋健、金益基，2009：35—36 页）。

本研究的结论表明，农民工返乡数量决定了农民工回流的规模并不足以对农村社会稳定形成质的冲击，也就是说，回流的规模并不像一些专家所想象的那么大。同时，应该看到中央及各级地方政府为回流农民工就业所做的大量工作，这些工作（基础工程建设尤其是与农村相关的道路等）既直接拉动了回流农民工在本地的就业，也通过城市基础设施建设增加城市就业而减少了农民工回流的量，达到了控制农民工回流规模的目的。虽然在 2009 年春节前后有 2000 万人左右规模的农民工回流，但很快通过在本地就业或再外出打工而消解了回流的压力。虽然有一部分由于年龄较大、劳动能力下降或生病等原因无法或不方便再就业的回流农民工，但其人数总体上占回流农民工的 20% 以内，占农村总人口的 5% 以内。由于劳动力的代际更替、家庭成员之间的互助互补等原因，这些不再就业的回流农民工基本上可以依靠子女供养或个人积蓄生活，无法再就业又没有子女赡养完全沦为贫民的回流农民工每个村平均不到 2 户（因为没有子女，也就是不到 4 个人），对于这些贫困户，民政工作和新农村建设过程中补助政策等又能够相对妥当地解决。这样看来，回流农民工没有影响农村的稳定，主要可以归因于中央及时的政策拉动效应、回流农民工的再次就业、家庭代际更替。

第五节　农民工回流率与新农村建设的结构性分析

从农民工打工年龄一章中关于农村打工现象的普遍性及第一章对已有研究文献的内容梳理可以看出，当下农村劳动力外流已经是十分普遍的现象，因此，大多数农村劳动力外出比例可能都比较高；但也会存在一些外出率较低的村庄，比如本地村庄发展比较好，或者是西部的农村相对更为传统，农民固守乡土的观念比较浓厚等。由此，我们可以把农村劳动力的外出比例作为对农村划分的一个指标。

根据"谁在回流"一章的内容分析，我们也可以发现，不同外出者是否回流取决于很多因素，比如家庭层面的考虑，或是经济收入的目标，抑或是年龄大了被迫回流等。那么，个体在家庭决策或个人行动意义上回流的选择在村庄结构层面形成了村庄劳动力的回流率，回流率的高低既会直接对农村的生产与发展造成经济与社会各个层面的影响，又会形成一种影响农民工选择回流的环境、氛围。因此，本研究将外出比例与回流比例两个指标作为村庄劳动力转移与回流分类的依据。

　　具体统计方法采用聚类分析。从理论上讲，依据两年指标维度进行划分的话，应该是出现外出高、回流高，外出高、回流低，外出低、回流低，以及外出低、回流高四种分类，但低外出比例的村庄其高回流只能是相对于外出人数而言，相对于村庄总人口的话，低外出人数无论如何都是低水平，不可能出现回流人数占全村人口的比例高于外出比例的情况。所以，低外出型的村庄只能是一类：低外出型。由此，本研究得到三种具体类型（见表6-11）。

表6-11　以村庄外出率与回流率划分的村庄类型

		回流比例	
		高	低
外出比例	高	高外出、高回流	高外出、低回流
	低	低外出	

　　笔者依此采用聚类分析中的系统分类法，指定分为三类，度量标准采用欧氏距离（Euclidean）。就三类村庄的数量与分布结构来看，65个样本村中低外出的村庄有8个，高外出、低回流的村庄有38个，高外出、高回流的村庄有19个。由此可以得出以下三点。

　　第一，高外出的村庄多，低外出的村庄少。聚类结果证实了农村普遍受到国家工业化、城镇化与现代化发展的影响因而大量劳动力外流，外出比例较高的村庄占样本村的87.69%，低外出的固守乡土型村庄已经很少，只占总样本的12.31%（8/65）。绝大多数农村已经卷入中国工业化、城镇化的大潮。

　　第二，高外出、低回流的村庄是目前农村的主流类型。这里的主流是所占比例大，此类型村庄占样本村的58.46%（38/65）。这表明农村受到工业化与城镇化影响而发生劳动力大量外出现象时，多数农村并没有得到应有的发展，如果农村发展得足够好，农民工回流数量应该也多。

　　第三，外出多，回流也多的农村大约占三成。如果从就业的灵活性与劳动力的自由流动角度讲，新农村建设也需要大量的劳动力作为发展要素，高外出的村庄肯定会遇到劳动力缺乏或不足的问题，尤其是新型农业的发展更需要一定数量的年轻人留在农村，这就需要一定比例的外出劳动力回流。数据表明，高外出、高回流的村庄占样本村的 29.32%。

依照聚类结果，对每类村庄的劳动力外出与回流的比例分析显示，劳动力高外出、低回流的村庄目前在外务工人数占本村劳动力的平均比例为 49.61%，占总人口的平均比例为 34.29%，而回流比例平均水平只有 18.77%。聚类结果中每一类的标准差都比较小，这表明聚类结果中每一类的内部同质性都比较高。劳动力高外出、高回流村庄平均外出的劳动力比例为 43.28%，外出人口占本村总人口的比例平均为 29.93%；但外出劳动力的回流比例达到 72.49%。劳动力低外出村庄平均外出人口比例只有 14.82%，外出劳动力回流的比例也达到 47.55%（见表 6-12）。

表 6-12 三类村庄的外出率、回流率比较

依外出与回流情况的三分类		目前在外务工比例（除以总人口）	劳动力外出比例（除以劳动力总数）	从未外出务工的人数比例	外出劳动力的回流比例
高外出、低回流	均值（%）	34.29	49.61	16.44	18.77
	N	38	38	38	38
	标准差（%）	14.80	21.78	15.37	10.20
高外出、高回流	均值（%）	29.93	43.28	13.03	72.49
	N	19	19	19	19
	标准差（%）	12.83	18.85	13.99	12.98
低外出	均值（%）	14.82	36.77	29.42	47.55
	N	8	8	8	8
	标准差（%）	9.39	26.15	21.43	7.15
总计	均值（%）	30.62	46.18	17.04	38.01
	N	65	65	65	65
	标准差（%）	14.90	21.67	16.31	26.40

结合从未外出的农户比例，我们可以发现，低外出村庄从未外出农户的比例最高，所以，如果我们把劳动力流动视为村庄经济参与社会化的程度指标的话，我们不妨把低外出村庄称为"传统型村庄"。高外出、高回流村庄中从未外出过的农户比例最低，说明其劳动力流动性强，劳动力外出与回流均比较多，我们不妨将其视为"现代型村庄"。而高外出、低回流的村庄由于人口外流而缺乏回流，导致村庄劳动力结构空心化，进而村庄也会出现空心化，我们不妨视其为"空心化村庄"。村庄分类与回流意愿分布见表6-13。

表6-13　村庄分类与回流意愿分布

依外出与回流情况的三分类		被动回流型	主动回流发展型	主动回流生活型	总计
高外出、低回流	频数	61	38	112	211
	频率（%）	28.9	18.0	53.1	100.0
高外出、高回流	频数	9	9	27	45
	频率（%）	20.0	20.0	60.0	100.0
低外出	频数	30	27	27	84
	频率（%）	35.7	32.1	32.1	99.9
总计	频数	100	74	166	340
	频率（%）	29.4	21.8	48.8	100.0

$\chi^2 = 14.818$　df = 4　sig. < 0.01

回流意愿表明，低外出村庄被动回流比例与主动回流创业的比例均高于另外两类村庄。这说明传统型的低外出村庄除了发展程度较低外，由于村庄人口外出的少，在村庄生活的人口较多，返乡创业服务本地人口的回流者也更多。高外出、高回流村庄中"主动回流生活型"比例最高。

第七章　回流与新农村家庭建设

根据上篇的内容可以发现，农民工子女辍学、子女社会分化等外出代价都与家庭密切相关，除了纵向的家庭成本外，农民工外出还会对横向的家庭关系比如婚姻稳定性造成影响。可以说，家庭是外出打工代价的分析单位，因为单从农民工个人行动的成本与收益来看，往往是符合经济理性的权衡与选择原则，即利大于弊。但如果从子女教育与发展等相关家庭成员的综合成本、发展机遇、未来风险等角度看，农民工外出打工往往会导致弊大于利的后果，尤其是从长远来看，农民工会丧失整个家庭通过教育等途径而实现向上社会流动的"翻身"机会，还可能面临婚姻危机、子女犯罪等下行风险。因此，农民工回流的第一功能是减小家庭风险，保证家庭结构的完整与功能完善。

第一节　回流农民工的家庭结构

就当下中国农村家庭结构与规模的演变趋势而言，一种观点主张中国农村与城市正逐步走向家庭的核心化、小型化，但也有观点认为，农村家庭依然以直系家庭为主。

本研究的调查数据表明，低外出村庄的家庭核心化趋势更明显，直系家庭的比例均占 1/3 以上；但高外出比例的村庄三代及三代以上居住在一起的直系家庭或复合家庭比例更高，具体如表 7-1 所示。

表 7 - 1　三类村庄的家庭类型分布

村庄类型		两代及以下	三代及以上	总计
高外出、低回流	频数	295	221	516
	频率（%）	57.2	42.8	100.0
高外出、高回流	频数	49	36	85
	频率（%）	57.6	42.4	100.0
低外出	频数	159	93	252
	频率（%）	63.1	36.9	100.0
总计	频数	503	350	853
	频率（%）	59.0	41.0	100.0

$\chi^2 = 2.524$　$df = 2$　sig. $= 0.283$

从家庭人口数来看，一至两人的家庭比例是高外出、高回流的村庄比较小，三口之家、四口之家及五口以上家庭的比例在三类村庄中都非常接近。总体上看，三类村庄之间不存在显著差异，具体如表 7 - 2 和表 7 - 3 所示。

表 7 - 2　三类村庄的家庭人口规模分布

村庄类型		1~2人	3人	4人	5~6人	7人及以上	总计
高外出、低回流	频数	18	110	176	180	34	518
	频率（%）	3.5	21.2	34.0	34.7	6.6	100.0
高外出、高回流	频数	1	16	32	32	4	85
	频率（%）	1.2	18.8	37.6	37.6	4.7	100.0
低外出	频数	12	48	93	83	17	253
	频率（%）	4.7	19.0	36.8	32.8	6.7	100.0
总计	频数	31	174	301	295	55	856
	频率（%）	3.6	20.3	35.2	34.5	6.4	100.0

$\chi^2 = 4.290$　$df = 8$　sig. $= 0.830$

表 7 - 3　本类村庄家庭人口规模的均值比较

村庄类型	均值	N	标准差	中值	极大值	极小值
高外出、低回流	4.43	518	1.408	4.00	14	1
高外出、高回流	4.46	85	1.314	4.00	10	2
低外出	4.42	253	1.441	4.00	11	1
总计	4.43	856	1.407	4.00	14	1
F = 0.026　sig. = 0.975						

从住房类型来看，三类村庄存在显著差异：在楼房的居住率方面，低外出村庄的楼房比例明显低于高外出村庄，高外出的村庄当中，高外出、低回流村庄又明显低于高外出、高回流村庄。这表明高外出、高回流村庄的居住质量最高，这从土坯房、木结构房屋的比例上也可以反映出来：低外出村庄中木结构房屋与土坯房的合计比例达到 32.3%，而土坯房在高外出、高回流村庄中已经消失了，木结构房屋在高外出、高回流村庄中的比例也只有12.7%，土坯房在高外出、低回流村庄中还占有 4.3% 的比例（见表 7 - 4）。

表 7 - 4　三类村庄住房类型分布

村庄类型		楼房	砖瓦平房	土坯房	木结构房	草房棚屋	没有房子	总计
高外出、低回流	频数	222	164	20	47	3	8	464
	频率（%）	47.8	35.3	4.3	10.1	0.6	1.7	100.0
高外出、高回流	频数	45	23	0	10	0	1	79
	频率（%）	57.0	29.1	0.0	12.7	0.0	1.3	100.0
低外出	频数	79	75	6	68	1	0	229
	频率（%）	34.5	32.8	2.6	29.7	0.4	0.0	100.0
总计	频数	346	262	26	125	4	9	772
	频率（%）	44.8	33.9	3.4	16.2	0.5	1.2	100.0
$\chi^2 = 55.592$　df = 10　sig. = 0.000								

从人均居住面积和户均居住面积来看，低外出村庄的人均居住水平和户均居住水平都是最低的，高外出、低回流的人均居住面积略低于高外出、高回流村庄的人均居住面积。三类村庄的标准差都比较接近（见表7-5），这表明三类村庄内部在住房方面的贫富分化程度基本接近，但低外出村庄在住房方面的内部贫富分化程度最高。

表 7-5　三类村庄户均住房面积与人均住房面积比较

依外出与回流情况的三分类		人均住房面积	户均住房面积
高外出、低回流	均值	37.5154	154.437
	N	500	502
	标准差	27.14056	101.9692
高外出、高回流	均值	39.6325	153.928
	N	83	83
	标准差	27.96968	91.4509
低外出	均值	29.7373	129.381
	N	239	239
	标准差	29.28697	132.1615
总计	均值	35.4676	147.118
	N	822	824
	标准差	28.07768	111.0977
检验结果		F = 7.332 sig. = 0.001	F = 4.326 sig. = 0.014

调查问卷中设计有询问村干部有关本村人在县城和镇上购买住房的户数，然后根据户数计算其占本村总户数的比例，得出的比较结果如表7-6所示。

表 7-6　三类村庄在县城和乡镇购买住房的户数比例

依外出与回流情况的三分类	本村在县城买房子的人数（人）	本村在县城买房子户的比例（%）	在镇上买房子的户数（户）	在镇上买房子的户数比例（%）
高外出、低回流	35.43	5.89	29.08	3.66

续表

依外出与回流情况的三分类	本村在县城买房子的人数（人）	本村在县城买房子户的比例（%）	在镇上买房子的户数（户）	在镇上买房子的户数比例（%）
高外出、高回流	11.68	6.76	10.11	7.54
低外出	36.00	3.03	33.12	1.77
总计	28.45	5.15	23.95	3.58

　　农民在村庄以外购买住房的比例表明，高外出、高回流的村庄在县城和乡镇购买住房的比例均最高，高外出、低回流的村庄比例次之，低外出村庄比例最低。

　　总体分布结构表明：低外出村庄的住房质量较差；高外出、低回流村庄居中；高外出、高回流村庄的住房质量最高，"农民上楼"的比例最高，人均居住面积也最高。

第二节　横向家庭关系

　　横向家庭关系是与纵向的亲子关系、血缘关系相对的夫妻关系、婚姻关系。其中，在现有研究文献中，农民工外出打工对农村横向家庭关系变迁的影响主要是三个方面：一是长期两地分居或农民工流动过程中家庭婚姻观念的变化导致离婚增多；二是农村人口与城镇人口的城乡通婚；三是人口流动带来的跨地区通婚。

　　从笔者调查的普遍情况来看，农村由于外出打工确实导致一部分家庭出现一些本可避免的问题，特别是有关夫妻关系和留守儿童的问题与农民工外出有着直接的关联。农村社会处于传统的共同体文化中，家庭是一个集生产、生活、教育、娱乐等多元社会功能于一体的社会单元。本来农民工在家务农的时候也都比较紧张，夫妻大多由于劳动繁忙而处于"重事务、轻感情"的关系状态。加上农村可供娱乐的设施和场所比较少，农民劳动之余更多地依赖看电视、聚众喝酒甚至是赌博打牌来消磨时光，对夫妻关系的重视并彼此促进感情的活动在农民眼里似乎是多余的，他们彼此形成的默契使他们觉得根本不需要沟通。在遇到事情和问题的时候，他们更倾向于通过吵架甚至打架的方式来解决，这种简单粗暴的沟通在农村比较常见。但这对夫妻两地分居来说是个隐患，农民工外出打工更是加剧了这种夫妻关系的非情感性特征，所以"农民工临时夫妻"的新闻时有报道。但也有调查发现大多数农民工会针对分居和分离采取一些积极的手段，克服时空限制，加强彼此交流，促进夫妻关系的稳定，维护家庭的完整（罗小锋，2011）。

关于农村离婚情况的调查，本研究还通过对村干部的提问来进行。因打工导致的离婚数及比例如表7-7所示。

表7-7　因打工导致的本村离婚数及比例

依外出与回流情况的三分类	外出务工导致离婚的户数（户）	离婚数占总户数比例（%）
高外出、低回流	4.34	0.88
高外出、高回流	3.79	0.82
低外出	1.88	0.32
总计	3.88	0.79

调查数据表明，不同类型的村庄存在的"因外出打工而导致"的平均离婚率差异比较明显，高外出的两类村庄离婚率都在0.8%以上，低外出的村庄离婚率只有0.32%。由此，高频率的人口流动应该是导致离婚率上升的一个重要因素。笔者在农村的调查过程中还发现，农村的婚姻观念在"开放"过程中有些混乱，特别是当前一些网络在农村普及，黄色录像带、言情小说在青年农民工甚至中年农民工人群当中流行，故事中或真实或虚拟的婚外情、三角恋、小姐等内容，过度渲染一些离奇的心理体验与扭曲的情感关系，对农民本来纯朴的婚姻与性观念产生强大的冲击，使一些价值观和意志不坚定的人对正确的爱情观、家庭观产生动摇，婚姻关系中发生家庭暴力和情感危机的现象比较普遍。

农村人口在外出打工的过程中导致的婚姻圈的扩展与变迁如表7-8所示。

表7-8　村民在外出务工中找对象与跨区县婚姻的情况

依外出与回流情况的三分类	在务工时找对象者（人）	找的对象是外县人者（人）	在务工时找对象者占本村劳动力比例（%）	找的对象是外县人的比例（%）
高外出、低回流	41.70	19.16	3.93	1.93
高外出、高回流	93.21	46.21	8.06	4.38
低外出	42.88	21.25	3.63	1.73
总计	57.14	27.45	5.12	2.63

从调查数据可以看出，三类村庄中发生"在务工时找对象者"的比例是高外出、高回流村庄最高，低外出与高外出、低回流村庄比例相对较低；而跨区县婚姻也是高外出、高回流村庄比例最高，低外出与高外出、低回流村庄的比例较低。这表明外出与回流"双高"的情况更能促进流动中的联姻并且使婚姻圈扩大。

农村人口与城市人口的"跨户籍类型"通婚情况如表7-9所示。

表7-9　城乡通婚数

依外出与回流情况的三分类	与城里人结婚的男性数（人）	与城里人结婚的女性数（人）	与城里人通婚男性占劳动力比例（%）	与城里人通婚女性占劳动力比例（%）
高外出、低回流	5.06	12.19	0.61	1.26
高外出、高回流	5.95	16.05	0.51	1.38
低外出	2.88	5.71	0.25	0.34
总计	5.05	12.63	0.54	1.19

调查数据表明，与城里人结婚的男性数普遍少于女性数，即农村女性与城市男性联姻的概率大于农村男性与城市女性联姻的概率。就三类村庄的比较来看，高外出的两类村庄均呈现较高的城乡通婚比例，而低外出的村庄呈现较低的通婚比例。

由于表7-9中所呈现的农村女性外流的比例高于男性，所以对农村来说，剩余人口的性别比会升高，由此直接对农村人口的婚配情况产生影响，即婚姻挤压。村主任回答的本村剩男剩女的情况如表 7 - 10 所示。

表 7 - 10　婚姻挤压

依外出与回流 情况的三分类	找不到对象的 男性数（35 岁 以上）（人）	找不到对象的 女性数（35 岁 以上）（人）	剩男占本村 劳动力的 比例（%）	剩女占本村 劳动力的 比例（%）
高外出、低回流	12. 58	2. 85	1. 07	0. 28
高外出、高回流	9. 26	1. 47	0. 84	0. 11
低外出	20. 63	1. 00	1. 63	0. 10
总计	12. 60	2. 17	1. 07	0. 20

调查数据表明，婚姻市场中剩余的男性明显高于女性，在三类村庄中均如此。而且，在低外出村庄中，这种婚姻挤压更为严重，该村庄中的剩余男性比例是高外出、高回流村庄比例的近两倍。

第三节　纵向家庭关系

纵向家庭关系主要包括养老与子女抚养，子女抚养又包括生育、养育，养育的重点是子女教育。子女教育方面在回流农民工当中普遍存在教育转移的现象，这一点后面另立一章专门讨论。此处重点谈养老方面的问题。首先对三类村庄的相关指标进行宏观层面的比较分析（见表 7 - 11）。

表 7 - 11　三类村庄子女教育与养老的比较

依外出与回流 情况的三分类	初中未毕业 辍学人数 （人）	只有老人照 顾孩子户数 （户）	只有老人带 孩子的比例 （%）	5 年内 大学生 人数（人）	2010 年子女 教育支出 （元）
高外出、低回流	28. 42	39. 94	5. 26	30. 50	6486. 6968
高外出、高回流	11. 11	36. 44	3. 65	39. 16	4957. 0074
低外出	23. 25	20. 03	2. 41	23. 63	4092. 3613
总计	22. 72	36. 36	4. 43	32. 18	5744. 8694

高外出、低回流的村庄辍学现象最严重，高外出、高回流的村庄辍学现象最轻微。

低外出村庄老人照顾孩子的情况相对于高外出的两类村庄要少得多，只有老人带孩子而没有年轻父母在家的情况在高外出、低回流村庄中的比例最高。从整体上看，农村养老问题与以前相比变得更为严重。《工人日报》曾经报道过一个民间养老院收养94位老人的故事，其中"既有别的养老院不愿接收的孤残老人，也有子女在外打工的空巢老人"（李丰，2012）。农村三代以上人口共同居住的联合家庭逐渐减少，家庭养老文化方面传统孝道在不少村庄已经明显衰落，甚至出现虽然有子女但子女不孝顺导致老无所依、老无所养的现象。虽然国家有一部分农村养老金发放，但一月数十元不足以解决老人全部的生活问题。所以，养老问题正成为农村的一个新问题。

5年内大学生人数是高外出、高回流村庄最多，低外出村庄最少。这表明高外出、低回流村庄的外出打工者对农村教育可能存在两种并存的功能：一是家庭成员中有人外出打工，可以给正在求学的孩子更多的经济支持，在教育方面的投入力度更大，2010年的子女教育投入也证明了这一点；二是外出打工的多，导致村庄青少年随众外出而辍学的也多。

笔者在调查中发现，高外出、低回流村庄的初中生甚至小学生住校的比例非常高，住校具体包括封闭式管理的民办学校、公办学校的住校。这两类的区别在于，封闭式管理的民办学校是学生必须住校，而公办学校的住宿是学校提供学生寝室，学生个人可以自愿选择走读或住校。笔者在调查中发现，那些高外出、低回流村庄中，农民工子女进本地民办封闭式管理学校的比例更高。比如，河南省TK县WJ乡QJ村有近1/3的初中生都进了县城的华夏中学，而华夏中学之所以生源比较多，也是因为其创办者看中了农村父母双方外出打工的家庭比较多，孩子的爷爷奶奶一般没有能力管理孩子的学习问题，在业余生活上爷爷奶奶也往往是心有余而力不足。于是华夏中学主打的广告宣传是"我们老师帮您照顾孩子、管理孩子"，不但管理孩子的学习，还照顾孩子的生活，全面把握孩子的身心健康。由于很多网吧及不良少年的存在，加上很多家长确实对孩子的自制能力不放心，出于对孩子的学习与生活甚至安全等方面的考虑，不少家长选择把孩子送进这种民办学校。这种学校的费用往往是比较高的，但民办学校的管理者给出的解释是"我们提供的教育质量（与公办学校）不一样，我们提供的管理服务也不一样"。

那又如何理解高外出、低回流村庄中更多的辍学现象呢？笔者在调查中发现，中学校长及教育主管部门对公办学校学生规模缩减的理解中除了上述的民办学校抢了一些生源外，大多反映此问题主要与计划生育和农民的读书无用观念有关。计划生育本文不作深入讨论，生育孩子数的减少确实直接影响到学校的招生规模。读书无用的解释逻辑是：现在读书不像以前那样有用了，农民的孩子从起跑线开始就已经输掉了，再读书也不可能改变命运，还不如早点出去打工，挣点钱更实在。

"读书无用论"总体上讲在农村普遍存在，但在高外出、低回流村庄中最严重，其次是低外出村庄，在高外出、高回流村庄中重视教育的更多。具体到读书无用观念的形成，笔者根据河南省TK县WJ乡的调查分析，主要与农民工子女及其家长的心理预期、价值效用体验有关。

读书是一种典型的与成就相关的行为，适宜用期望价值理论来解释。笔者根据河南省TK县WJ乡的调查分析，结合期望价值理论从成功可能性预期和相对价值两大方面来具体分析农村读书无用观念的形成。

1. 成功预期

后续研究者对早期Atkinson的理论进行了许多修正和拓展，最有名的就是Eccles和Feather等人的研究。Eccles等人将班杜拉的效能预期融入了现代期望价值理论中，区分了两种预期：一是结果预期，即个体对特定的活动能否带来特定结果的预期；二是效能预期，即个体对能否完成任务、任务能够完成得多好的预期。具体到农村青少年读书的问题，结果预期是指对考取大学后能否带来理想结果（一般指找到好工作）的估计；效能预期是指对农村青少年考取大学成功可能性的估计。而预期的形成主要基于个体对周围环境的判断，从调查结果来看，现有社会环境的多方面催化了农村人读书无用观念的形成。

（1）成功结果预期：即使考上大学也无法带来理想结果。调查中发现，农村大多数辍学青少年及其家长、老师对辍学逻辑的理解最先谈的不是"考大学的过程"，而是先谈"考上大学后的结果"。这与笔者的理解似乎相悖：从逻辑顺序上讲，农村青少年应该首先考虑自己是否能够考上大学（效能预期），其次才谈得上考上大学之后的结果如何（结果预期）。但从调查结果来看，这种"倒序"回答又符合一定的思维逻辑。

一方面，在积极的结果预期下，即使效能预期较低，学生们仍然有奋斗的动力。从一位中学教师对近 10 年来基础教育阶段学校学习氛围变化的描述中可得到证实：

> 2000 年之前的时候，很多学生虽然考不上县重点高中，也不去技校、中专，但他们在上小学、初中的时候真的是"好好学"：他们知道将来上大学的希望很小但都抱有理想甚至幻想——将来考大学是一条黄金道路，也是跳出农门最好的一条道路。所以，整体学习氛围很好，绝大多数普通学生在这种积极上进的氛围中虽然不一定将来真的考上大学，但他们学习了一部分"比较扎实"的知识，比如初中生已经对历史有基本的了解，对物理、化学的基本的常识性知识都能够掌握。更重要的是，通过学习他们明白了一些"道理"甚至是"哲理"，在校园中获得了书本以外的习得与感悟。但现在的初中生不是，普通班的孩子们满脑子里都是上网吧、玩游戏，甚至打架斗殴，不但失去了学习知识的动力，也失去了对人生理想的追求，甚至是对"正当"与"不正当"都失去了辨别力。

积极的结果预期像一盏明灯引领着农村青少年及其家长更多地投入教育活动中，相反在结果预期较低的情况下，效能预期再高也是徒劳，即"就算我有能力考上大学，但如果大学无法给我带来理想结果的话也没用"。

另一方面，这也说明社会现实对农村人结果预期的冲击强烈，从调查中发现大学扩招和市场竞争所带来的大学生就业形势的严峻让农村人对农村大学生未来就业的期望逐渐变成"奢望"或"无望"。以下三个例子极好地证明了农村人消极结果预期形成的过程。

首先，农村用人单位的活教材表明大学生"无处去"。CY 中学是一个初中，由 90 年代的每个年级 6~7 个班缩减成现在的每个年级 4 个班，老师规模由 2000 年的 92 个变成现在的 68 个——只让老教师退休不引进新教师。农民 WDC 的评价是：

> 你看这学校这么多年都没有进过新老师，读大学有什么用？那些能够用大学生的单位都不招人，你读大学还不是照样要出去打工？难道回来种地需要你去读大学吗？

其次，大学生就业负面新闻使农村青少年及其家长感到大学生就业的渺茫。大学生村干部谈农民的读书无用观念的形成过程：

> 我父母是农民，我现在工作也在农村，天天跟农民打交道，应该说我对农民是有较深的感触，也能够与他们达成默契。
>
> 我在动员我们村的农民让孩子好好上学的过程中，至少有七八个农民跟我讨论过"北大毕业生卖肉"的故事，这说明什么，大学生就业难，这一点对年轻人包括其父母影响太大了。上大学花钱是一方面，上了大学还找不到工作，不如早点去打工挣钱，农民讲究的是实在，他们其实很理性的。（大学生村干部 WM）

> 现在这一代小学生、初中生的父母都是 30 岁左右，他们一般都外出打工见过世面，即使待在家里，就信息接触面来

讲一般也比较宽，他们的教育观念没有上一代人那么传统，也没有那么坚定。比如，他们对当前大学生历年的就业情况都比较关注，本来可能是关注社会的一种习惯——看电视和上网的习惯，关注各种新闻和信息，关注社会发展前沿动态等；但大学生就业难在他们心中形成了较大的冲击，还有几个孩子的家长就一些大学生因找不到工作而自杀的消息找我讨论过，从他们的反应来看，大学生就业难对他们形成的影响相当大，在很大程度上影响到他们对自己孩子教育的态度与期望。（大学生村干部 LFL）

最后，大学生村干部"现身说法"证明农村孩子读书的出路难。大学生村干部 WM 自己也是感叹读书不再有用，否则自己也就不会当村干部了，自己内心并不情愿当村干部，而是就业压力造就的：

> 原来读书为的是"黄金屋""颜如玉"，现在事实证明那都是"水中月""镜中花"，女孩子读书好不如嫁得好，男孩子读书好不如挣钱多，"只要有钱就会拥有一切"似乎成为普遍认可的真理。

调查结果表明，无论是学校师资引进情况的客观事实，还是宏观的社会舆论氛围，以及大学生村干部——代表大学生形象与出路的真实"教训"，似乎形成了一条"活生生"的证据链：即使成为大学生，将来获得理想结果、找到好工作的可能性也较低，这样一种消极结果效能的形成推动了农民读书无用观念的形成。在调查过程中，辍学青少年本人和家长大多不愿意多说，甚至也不清楚自己的思维过程，往往是用"将来考上也不中，没地方要""上哪儿找工作去？"之类的一两句话结束我们的访谈。一方面，他们的表达能力确实有一定的不足；另一方面，他们对上大学话题的排斥是笔者清晰感受到的，这表明"上大学是向上流动"的杠杆与渠道这一期望对辍学的青少年及其家长来说是"脱离实际"的——那只是理论上的镶嵌。此为农村青少年辍学思维的第一重"脱嵌"。

（2）成功效能预期：考大学无望。消极结果预期固然是农村人在谈读书无用逻辑时，谈得最多也是影响最大的；但农村的教育现实又极大地影响着农村青少年及其家长的效能预期，即对孩子能否上大学的预期。在教师素质普遍低下、学习氛围欠缺、父母不参与孩子的教育过程的情况下，孩子的学习成绩难以提升，很多孩子和家长自然看不到读书的希望，由此也就出现了"既然读书无用，那么就随便混一下，认识几个字，会写自己的名字就算是上学了"的现象。消极效能预期的形成对于读书无用观念的形成起到了促进作用。

首先，农村好教师的流失导致教育质量的低下。

> 一方面是上大学没有用，另一方面是我们这儿条件太差，考大学根本是不可能的事儿。你看咱中学吧，好的老师都走完了，剩下的那些不是有关系的，就是混社会的，跟社会的小混混没有什么两样，就是有个"老师"的名号。所以，咱中学基本没有好老师，在这样的学校怎么可能学好，学生不成混子才怪。当然了，也有少数好学生，学习特别用功，完全靠苦学。大多数孩子都没人管，想咋弄咋弄，看小说的、玩手机的、出来上网的、打架的，都没人管。（CY中学教师SYL）

师资力量是农村中学的"软肋"。从90年代至今，教学成绩突出的乡村中学老师大多跑到了县城，县城好一点的师资大多转移到了市里甚至省城。在这种梯度转移的师资流动中，乡村初中成为最低端的师资输出站，但没有输入新鲜血液，因为财政拨款不到位，再加上乡村中学的规模衰减，2000年之后教师只转出、退休但不引进是这个乡镇唯一一所中学的师资实况。在此种情况下，高教育质量也就成为一种奢望。

其次，学习氛围的欠缺使农村辍学青少年及其家长认为"读书无望"。

我也知道，这些普通班的孩子基本上学不到什么东西，他们平时都没有认真听过课。老师也为难啊，有的负责一点的老师去教这样的班，都气病了：一个班的孩子至少有五六十个，有十来个能闹腾的，你一般老师就收拾不了。所以，普通班的老师也是没办法管，管不过来。你就说上网吧，谁能天天跟着那些学生，放学了他们去哪儿谁也不知道，老师只能认为他回家了，实际上他去网吧玩到半夜也说不定，现在有些孩子满脑子都是上网吧、玩游戏，甚至打架斗殴，早已失去了学习知识的动力。(CY 中学教师 SYL)

最后，父母不当的教养方式导致学校对农村青少年教育的难度加大。

现在这小孩父母没在家的多，即使在家他父母有的也不管，或者是管不了。咱作为老师，只能劝，劝一回两回，人家没说嘛，"三劝不醒，不如一锥"，他家长还不管哩，何况咱老师耶。有的是老师管得太严了，有家长来找事的，说你咋对孩子不好哩；有的是孩子回家"学"坏话了——学说老师坏话，不说自己的毛病；有的是家长"护短"。还有孩子直接打老师哩，真没办法。情况跟你们大学完全不一样，你们那儿的学生都是选拔出来的好学生、优秀生。(CY 中学教师 SYL)

以上调查结果表明，无论是师资的梯度转移之后教育质量的下降，还是整体学习氛围的欠缺，抑或是家校的不良互动，直接的后果就是农村青少年及其家长认为"考大学无望"，学习成绩难以提升，在学校混日子又学不到东西还不如早日出来。

农村青少年及其家长通过对上述社会现实的判断，形成了消极的效能预期（考大学无望）和消极的结果预期（考大学无用），在认为读书既"无望"又"无用"时，就不会做出"读书"这一行为选择。

2. 价值体验

Feather 在阿特金森传统的期望价值理论基础上，对其中的价值概念进行了拓展，认为价值是一种引导个体做一些他们认为应该做的事情的动机，个人的价值认识影响任务目标的吸引力以及获得这些目标的动机。Eccles 等人认为任务价值包含四个方面，分别为成就性价值、内在价值、实用性价值或有用性、成本。成就性价值（Attainment Value）是指成功完成特定任务对个体的重要性。内在价值（Intrinsic Value）是指个体从某项活动中获得的乐趣或对这一活动的主观兴趣。实用性价值或有用性（Utility Value or Useulness of Task）是指这项任务能够满足个人未来发展的程度。而成本（Cost）则包括完成这项任务的机会成本、付出的努力和情感成本。事实上，成就性价值和实用性价值存在重叠之处，任务对个体来说是否重要很大程度上取决于该任务能否满足个体未来的发展，能满足个体未来发展的任务对个体来说自然重要，因此接下来，笔者将实用性价值纳入成就性价值中一并分析。

（1）成就性价值。农村人读书除了传统的"跳农门"以外，其实如果个体能从实际的读书过程中有所收获，也会促使个体去学习。一方面，"跳农门"的价值在前面的结果预期中已经分析过，很多农村人的期望落空；另一方面，应试教育也让许多人看不到学习本身对个体的价值。

首先，书本知识无法运用于农业生产。目前我国的小学、初中、高中教育都是应试教育的模式，一切的课程设置都是为了升学考试而安排的，教育的功能被严重异化了，公民教育、素质教育极度缺乏，甚至在实用性上，书本中学到的知识完全无法运用到农业生产中。如果不是为了考大学，农村学校的教育可以说是无用的。

其次，大学教育跟不上实践形势。

> 现在读大学的人跟以前的大学生也不一样了，现在的大学生眼高手低是正常现象，他们在大学四年基本学不到什么有用的东西。不是有句话叫"读书读书，越读越输"吗？大

学的教育教材老套，知识陈旧想必您也很清楚，这说明大学生所学与社会所需是脱轨的。（大学生村干部 LFL）

（2）内在价值。当个体能从某项活动中获得乐趣时，自然愿意投入到该活动中。如果学习成为学生的乐趣所在，或者学生能从中获得成就感，他们也会更多地投入学习，但普通班和重点班的区分使真正体验到学习成就感的学生不多，更多的学生会体验到挫败。如果体验到挫败时老师能予以恰当的引导，学生尚不至于对学习产生厌烦，但农村学校教师的教育方式往往比较简单，或责备或忽视。农村辍学的学生不是从一开始就不上学的，恰恰相反，他们普遍是在学校度过了一段时间后，才逐渐出现严重的"厌学现象"。调查过程中的一位家长和一位实习生的话也说明了大多数农村学生厌学原因之一也在于体验不到学习的乐趣。

> 每次去学校，老师都说他如何如何不听话，调皮。每次电话响，我都担心是不是小儿子班主任打电话，又要被他批评。我都特讨厌他们学校的老师了，对孩子就知道讽刺挖苦。本来孩子小学成绩是不错的，初中的前半学期也不错，自从他们班主任接手后，成天骂他们，搞得孩子对学习的兴趣一点点消失，慢慢就跟一些坏孩子混在一起对付老师。说实话，老师对孩子稍微上心点，成绩就不是这样的。（学生家长 P）

> 实习回来后，心里还一直牵挂着那群孩子，常常担心某某某是不是又被老师批评了。让我感到吃惊的是，那么可爱的一群学生，在老师眼里都是那么差劲。我记得刚去实习时，想跟班主任了解下班上同学的情况，他就直接跟我说："这群人，你不用去管他们了。"在后来的实习中，发现除了上课根本见不到老师，对孩子们不闻不问，除非发生了违纪事情，那时就会非打即骂。但是我们在那儿实习只有一周，短短的一周，我们和孩子们建立了非常好的关系，走的时候都很舍不得。真担心我们走后，他们刚看到的一点希望又破灭了。（实习生 L）

（3）价值成本。Eccles 与其同事认为成本是价值的关键部分，对于教育来说是个长期而又投入巨大的任务，这种投入既包括金钱成本的投入，还包括机会成本和情感成本的投入。已有经济社会学的分析对此进行过论证，本次调查中再次证实成本－收益的权衡是影响农村人对读书行为进行决策的重要因素之一。村民认为，孩子读大学的金钱成本投入不划算。

> 大学生每年单生活开支就要七八千元，四年大学下来起码要 3 万元左右，这是一笔不小的开支。你看看我们村，大学生越多的家庭越贫困。上大学的钱你要几年才能挣回来？划算吗？（村民小组长 WKX）

访谈资料表明，在村民心目中上大学不划算是一种理性的成本与收益的比较"利益"核算。这种"理性"还是复合的——调查中发现农村相当一部分青少年的父母不单单计算上大学的经济成本，还考虑时间成本和机会成本 。辍学的青少年家长普遍谈道：从小学读到大学毕业，除了需要投入大量的金钱之外，还至少需要花费 16 年时间，而 16 年之后的结果不确定性很强。从时间成本上讲，这种分析确实"拉高"了教育的时间成本，而且未来就业的风险在他们眼中比较大，尤其是不少农民还提到现在上大学找工作也是"拼爹"，怎么可能拼得赢呢？农民作为一个理性的人就会考虑行为的合理性和弱势惯性：如果一个人初中毕业后就离开学校，随着打工大军进入城市，他们没有很高的受教育水平但依然可以赚到钱，甚至比那些上了大学的农村子弟有更丰厚的薪水补贴家用。有些头脑灵活的人还成为大老板，可以雇用很多大学生为其服务，这种现象无疑令很多人感到纯粹的读书已经失去了吸引力。

这些调查结果表明农村青少年辍学不但在实用价值上达不到预期而出现期望脱嵌，而且在时间成本、机会成本等方面也出现对教育价值的脱嵌，即教育没有嵌入他们本来应该有的非经济性的内在价值（如思维能力、综合素质等），也没有嵌入应有的成就感，从而形成对"读书无用论"的认同。

表7-12表明，在居住安排上属于老人心甘情愿分开的比例是高外出、高回流村庄最高，这似乎表明高外出、高回流村庄的人们思想观念更加现代化，老人与子女分开过更被普遍接受。但老人不被儿子赡养的情况也是在高外出、高回流的村庄中比例最高，即养老出现子女不孝的情况数高外出、高回流的村庄最严重；老人无奈但没有办法的情况也是高外出、高回流村庄最为严重。根据前面有关婚姻流动、婚姻圈扩大等分析，可以看出人们的养老观念与现代婚姻观念没有必然的一致性，即人们可能由于高外出、高回流而导致通婚范围的扩大与婚姻观念的现代化，养老观念却可能走向不孝。

表7-12　三类村庄养老情况的比较

单位：户,%

依外出与回流情况分类	老人心甘情愿分开居住		老人不被儿子赡养		老人无奈但没有办法	
	户数	比例	户数	比例	户数	比例
高外出、低回流	10.14	1.47	11.73	1.70	3.51	0.51
高外出、高回流	8.58	1.89	16.84	3.70	4.89	1.07
低外出	9.75	1.52	11.5	1.79	1.38	0.21
总计	9.62	1.49	13.22	2.04	3.66	0.57

第四节　家庭观念——主动回流生活型的写照

笔者在调查过程中发现，主动回流生活型农民工在谈回流时首先讲的都是一家人在一起的重要性和对家庭和谐幸福的满足感。这让笔者很感动，在当下浮躁的社会大环境下着实难得与可贵，所以特此将这一类的生活态度进行描述与呈现。

主动回流生活型农民工主要分两种。一种是有一定积蓄，也有能力转向创业发展的农民工，这类农民工往往身体健康、拥有一定的专业技能、劳动素质高、市场价值较高，回乡只是由于主观上厌倦了城市的生活方式或工作环境，想调节一下，或者是想回家乡照顾上学的孩子、老人等，这一类回流农民工是暂时性回流，我们称之为"主动回流生活型农民工"。另外一种农民工积蓄较少、个人综合素质较低、打工经历主要集中于建筑工地等低端劳动力市场，回流后身体素质、劳动技术、家庭积蓄等方面的原因导致其无法转向创业型，但又由于年龄增长、自己体力不支等被迫回流到农村，我们称之为"被动回流生活型农民工"。本章重点分析前一种，后者在下一章分析。

主动回流生活型农民工从总体上讲是年轻一代的农民工，他们暂时没有创业想法或者是由于家庭原因暂时回流。主动回流生活型农民工既不同于能够在城市生存不愿意回流的农民工，也不同于主动回流寻求发展、创业的农民工；他们处于一种暂时性、不稳定的状态，事业、家庭都还没有完全定型，这是其与被动型回流农民工的根本区别。大多数主动回流生活型农民工为了子女教育、为了照顾家庭而心甘情愿放弃在城市辛苦的打拼，回到家过相对于在城市打工更为平淡也更为清贫的日子。

传统经济学解释个人的行动选择往往是以个人决策为模型基点，但新迁移经济理论则以家庭为迁移决策基点，并以风险最小而非收入最大为决策依据，由此家庭成员的综合状况决定了其中单个成员的迁移决策结果（Stark，1984）。中国经验调查数据也证明家庭结构特征与家庭成员状况会影响家庭成员特别是主要劳动力的迁移决策，可能收入有所下降的情况下家人团聚仍然可以促使农民工返乡（周皓，2006；赵耀军，2001）。

关于有无孩子、孩子个数、孩子是否上学对农民工回流是否有影响也有不少学者已经进行过研究，不过观点不太统一。有的研究发现家庭中正在上学的孩子数量对迁移劳动力回流有显著的正向影响（Fabian & Straka，1991），也有研究文献从农民工回流动机分析发现有近 10% 的回流劳动力把孩子上学作为回乡的原因（Bai & He，2003），还有调查发现家庭中上学孩子数量每增加 1 个，迁移劳动力回流的概率会增加 1.1 倍（Wang & Fan，2006）。而有的学者则发现家庭中孩子的数量对迁移劳动力回流有负向影响，即孩子越多越不倾向于回流（Dustman netal.，1996）。在赵耀辉构建的模型中，家里 6 岁以下、6～12 岁孩子数量以及 65 岁以上老年人的数量对外出务工者回流有负向影响，但是在统计意义上并不显著（Zhao，2002）。主动回流生活型农民工的生活观念有如下几方面。

1. 对传统农村文化礼节的淡化

主动回流生活型农民工在生活观念上与创业型农民工类似，他们对传统农村文化礼节的感受是"束缚"大于"需求"，传统的农民生活比较安逸，有比较充足的时间，也缺乏业余生活的调节，所以，对礼节的重视其实是一种生产与生活方式的需求；但现代年轻农民工感觉生活节奏很快，生产也基本脱离了农业，他们对礼节的遵守往往是出于对长辈的尊敬或维持关系的需要，而在内心觉得礼节过于烦琐，且对其身心形成"不自在"的束缚。这一点在给长辈拜年、红白事务时的聚餐、节日看望、亲戚生病问候等很多方面都表现出来。

但是，如果村庄中"挣了大钱"的村民回到村里，则非常受年轻农民工的青睐，他们把村里的有钱人跟外面见到的老板相提并论，认为他们都是自己的学习榜样甚至是崇拜对象。

> 我最喜欢跟哪些人一起吃饭？就是那些靠自己打拼挣了大钱的主儿，比如我们村的 WB，人家 16 岁就辍学外出打工了，没有啥背景，但靠自己苦干、真干，慢慢混出人样来了。现在开了一个食品加工厂，手底下有 200 个工人给他干活儿，有好几辆车，我很想到他厂里当个司机，但一直找不着机会。像村里的那些长辈，跟他们一起吃饭连个话都说不到一起，你还得恭恭敬敬的，浑身不自在，那有啥意思？（湖北黄冈 D 镇 WDH）

这种变化体现出的传统农村向现代新农村的转变是：村民个人的社会地位、身份尊卑高低不再是由入席的座位、方向或者辈分、年龄来显现，而是依靠个人的经济实力、职业地位等来决定。

2. 交往半径的扩展与朋友网络的外向度

血缘关系中"亲不亲，打断骨头连着筋"与地缘关系中"远亲不如近邻"等乡村传统体现出近距离的村庄人际网络格局的价值，但外出打工以后返乡的农民工尤其是主动返乡的农民工大多与村庄外的人有一定的联系，他们拥有村庄以外的朋友或熟人（以最近一年有日常联系为标准）的数目是平均3.8人，而被动回流型农民工拥有村庄以外的朋友或熟人的数目是平均0.9人。

> 我虽然现在没有做生意，但我也有做生意的想法，所以，我一直是比较重视人脉的。我相信当今"关系是第一生产力"，我看我们村那些在外面混得好的，都有一定的关系，有关系才有资源，才能干成大事儿。我没有什么背景，但我相信朋友是交出来的，关系是人为联络出来的。至于怎么联络嘛，我觉得有一句话形容得很好：没有永远的朋友，也没有永远的敌人，只有永远的利益。现代人都讲究利益，当然也不能完全不讲感情，有利益又讲感情是最自然、最好联络的关系。（河南H市Q县W乡MHW）

这表明主动回流型农民工在社会网络的宽广度上远远高于被动回流型农民工，他们在获取社会信息、外界资源、交友支持、心理支持等方面，都明显优于被动回流型农民工。

3. 重视子女教育与长期发展趋势的观念在一部分农民工当中产生

这部分农民工主要是基于自身在外闯荡的经历与吃了不少苦的感受而产生"儿女一定要读书，不能再走我的老路"的观念。一些农民工积累了一定的经济资本之后，会把主要资本投入子女教育当中。比如，送子女进入相对于他们的生活水平来讲费用高昂的私立学校，这类私立学校一般在当地都有另外一个响当当的名字"贵族学校"。

4. 重视养老与家庭和睦

主动回流生活型农民工普遍存在较强的感恩心理，他们对父母的感谢与亲情要比那些未回流的年轻农民工往往呈现更人性、更有人情味儿的一面。虽然在外打拼的农民工都不容易，最终都是为了家庭，但主动回流生活型农民工普遍更注重对老人的孝顺与关心、照顾。本章前面的分析表明他们更关注子女的教育、日常管理，总体上体现了他们较为浓厚的家庭观念与重视家人的精神需求、心理健康和家庭综合收益。这是笔者认为应该鼓励的，虽然经济收入等方面有所下降，但总体生活质量是更高的——如果是从经济与非经济的精神、情感等多方面综合来看的话。

我们常说家庭是社会的细胞，家庭是社会的基本构成单位，但本研究的第二至第五章的内容表明农村家庭由于主要劳动力外出流动而导致诸多代价与问题。虽然经济发展已经进入现代化，但基于血缘与姻缘的共同体意识对农村家庭建设的重要性仍然是不言而喻的。

第八章　回流与农业生产

被动回流型农民工主要是恢复一家一户的小农经济，即以耕种自家的承包责任田为主，也有少部分回流农民工转包邻里或亲戚的土地，但大都在二十亩左右，基本不会形成规模农业。所以，被动回流型农民工基本以维持温饱为主。主动回流型农民工有发展规模农业种植的，规模一般都会在数百亩甚至数千亩，而且目前正处于蓬勃发展的扩张阶段，也有一部分主动回流的农民工从事规模养殖、非农行业。规模养殖行业的主要问题是风险大，一方面是市场销售方面的风险，价格不稳定容易导致成本逐步攀升的情况下没有赢利甚至亏本；另一方面是疾病等防疫方面的困扰。非农行业在回流农民工当中主要是从事个体制造业或销售业，而且这一部分农民工都在外出打工时有定向的学习与积累。本章对这种定向打工的经历进行了梳理与讨论。有学者通过样本调查发现，农民工回流比例占外出劳动力的 17%，其中回流后的就业去向是：继续从事农业的占 48.5%，从事工业的占 18.0%，从事建筑业的占 10.8%，从事商业服务业的占 9.0%，从事运输的占 6.1%，从事农产品加工的占 1.0%，其他类合计 6.5%（王西玉等，2003）。

第一节　回流类型与经济要素概况

根据村干部调查问卷的数据分析，回流农民工从事农业与非农业生产的比例在不同类型的村庄中存在一定差异（见表 8-1）。

表 8 - 1　三类村庄中回流农民工的从业去向比较

单位：%

依外出与回流情况的三分类	回流从事农业生产者占回流人口比例	回流从事个体户经营占回流人口比例	回流办企业者占回流人口比例	回流陷入贫困户占回流人口比例	回流打散工者占回流人口比例
高外出、低回流	26. 35	14. 58	2. 95	5. 49	34. 57
高外出、高回流	25. 93	14. 23	2. 62	2. 52	36. 14
低外出	28. 16	15. 15	0. 64	0. 70	42. 19
总计	26. 45	14. 55	2. 57	4. 03	35. 97

从表 8 - 1 可以看出，从事个体户经营的比较差异不明显，从事农业生产、打散工人数比例差异也并不明显，但高外出村庄创办企业者的比例明显高于低外出的村庄。由此，农民工外出比例越高的村庄，工业化进程可能越快，回流的农民工创办企业的概率越高。

同时，回流农民工落入贫困户的比例存在明显差别：高外出、低回流村庄中回流农民工陷入贫困状态的比例高达 5.49%，而低外出村庄只有 0.7%；高外出、高回流村庄处于居中水平为 2.52%。这表明外出打工可能具有加剧社会分化的功能：一部分人力资本较高的农民工获得更多的社会资源和发展机会，或者是回流到家乡进行规模经营、创办企业等；而那些人力资本较低的农民工如果完全依靠打工可能最后不但不能获得经济地位等方面的上升流动，反而会陷入贫困阶层，比如打工受伤或者身体健康程度较差、得上某种职业性疾病而长期受病困扰等。

人均耕地面积与外出存在一种相关性：由于土地执行 "30 年不变" 政策，农村土地拥有量与外出概率成反比关系。由此，可以推断的是农村土地越多的地方，外出比例越低；土地相对较少的地方，外出比例更高。在高外出的两类村庄中，低回流村庄的人均土地最少，而高回流的村庄人均土地稍高一些（见表 8 - 2）。

表 8 - 2　三类村庄回流民工耕地情况的比较

依外出与回流情况的三分类		家庭土地面积	人均耕地面积
高外出、低回流	平均数	2. 840430	0. 6752
	N	442	442
	标准差	2. 7332140	0. 66597

续表

依外出与回流情况的三分类		家庭土地面积	人均耕地面积
高外出、 高回流	平均数	3.780000	0.8579
	N	65	65
	标准差	4.4579704	0.98839
低外出	平均数	4.277056	1.0109
	N	231	231
	标准差	3.5795606	0.91120
总计	平均数	3.372859	0.7964
	N	738	738
	标准差	3.2612101	0.79554

经过实地调查的对比发现，高外出、高回流村庄主要集中在城郊或乡村工业发达的村庄，城郊村大多发展蔬菜、水果等经济收益高、市场化程度高的规模农业，一家一户种植好几亩的蔬菜或水果已经算是上规模了。

在非农化程度高的村庄中，即使离城市有一定的距离，但由于来料加工、代工、农村旅游等产业的拉动，回流的农民工也比较多。最明显的是浙江磐安县的一些村庄。

总体上讲，村民个人解决生产过程中的农田灌溉是主要的、共同的特征。这表明农村家庭联产承包责任制的根本原则体现大多数农村生产过程，集体合作的方式所占比例较低，但高外出的村庄普遍比低外出的村庄合作程度更高（见表8-3）。

表8-3 三类村庄农田灌溉解决方式的比较

单位：%

依外出与回流情况的三分类	灌溉解决方式	
	个人解决	村集体或合作社解决
高外出、低回流（N=502）	75.1	24.9
高外出、高回流（N=81）	72.8	27.2
低外出（N=240）	78.8	21.3
总计（N=823）	75.9	24.1

种植是以自己耕种为主或是转给别人为主。调查数据显示，总样本中农民自己家承包的责任田发生土地流转的比例为 16.0%。仅就农民工外出与回流的村庄类型来看，三类村庄中发生土地流转的比例分别为 7.2%、15.7%、31.8%。这似乎是一个矛盾的数据：根据常理推断，高外出、低回流村庄由于劳动力外出较多土地流转情况应该更为普遍；低外出村庄由于劳动力基本不外出而是大多在家，所以土地流转应该较少发生。调查数据为什么恰恰相反呢？我们通过数据详析模式发现：2010 年调查时东部地区低外出村庄土地流转的比例高达 50%，这表明农村居民大多数没有从事土地相关的农业生产，而是转移到非农化生产方式当中去了。中西部地区的农民工或农民仍然是以土地为主要生产资料，因而发生土地流转的比例较低，尤其是西部地区低外出村庄发生土地流转的数据为 0，这一方面表明土地对于农民家庭来说极具重要性，另一方面也表明农村市场化程度较低，没有人愿意承包这些土地。

东部与中西部地区高外出、高回流型村庄有 25% ~ 37.8% 的农户存在土地流转现象，这表明高外出、高回流村庄的土地流转比较普遍，而且在东部与中西部区域差异没有低外出村庄和高外出、低回流村庄的区域差异那么显著，这表明高外出、高回流村庄的市场化倾向更为明显。一方面，农民工通过流动，非农化程度提高；另一方面，农民工和农村经济的总体市场意识与能力在提高。

在高外出、低回流村庄中，东部与中部村庄的土地流转情况较为接近；西部高外出、低回流村庄发生土地流转的情况很低，农民工重返农业，土地仍然是他们重要的生产资料（见表 8 - 4）。

表 8 - 4　土地流转发生比例

单位：%

	高外出、低回流	高外出、高回流	低外出
东部（福建、浙江）	11.1	30.9	50.0
中部（湖南、河南、安徽）	8.9	37.8	12.5
西部（贵州、四川）	2.4	25.0	0.0

调查数据表明，2005 年之前土地流转情况普遍存在，中部地区部分村庄流转率高达 1/3（见表 8-5）。根据村干部的访谈，流转土地主要有三种情况。

表 8-5 东中西部 2005 年之前土地流转情况（村主任问卷）

单位：%

区域 \ 合同期限	没有流转	有，但不到 5 年	有，大概 5~10 年	有，10 年以上
东部（福建、浙江）	0.0	40.0	40.0	20.0
中部（湖南、河南、安徽）	3.4	27.6	34.5	34.5
西部（贵州、四川）	9.5	42.9	28.6	19.0

第一种是适合规模种植蔬菜或瓜果、草木等经济类农作物的区域。比如，离城市比较近的城郊村，会被人承包进行规模化种植蔬菜和瓜果，原来的土地主人要么是自己从事其他非农产业已经有了较稳定的收入来源，要么是自己没有种植蔬菜和瓜果所需要的技术。在浙江龙泉市，出现规模化经营菌类种植的情况，武义出现规模化种植花卉苗木的合作社或公司。例如，武义 HXN 是一个占地 1600 多亩的花卉苗木公司，主要提供景观苗木和道路花卉。这些公司形成一定规模之后，会反过来雇用原来承包土地的农民来打工，即形成后来的"公司+农户"模式。武义的桃溪、西联、坦洪等种植莲子的乡镇出现规模种植宣莲的情况，每亩净收益在 5000 元左右。

第二种是村庄的主要劳动力大量外出，或本来家中务农劳动力较弱的家庭会按照市场价格把土地承包给家庭农场主经营。例如，在丽水龙泉出现了安徽巢湖农民来承包大量农田种植粮食的情况，他们形成了一个规模家庭农场主群体。他们常年外出而不是在家种田，承包的土地一般会在 100~300 亩，根据每家的劳动力及资金投入能力，流转进别人的土地，通过规模经营农业达到较高的家庭年收入水平——单一的亩产量不及别的农户产量高，但他们有规模、分工细。普通农户在劳动力投入、机械化耕作、打农药等中间管理各方面都是靠自家分散投入；家庭农场承包是专业分工、批量投入的规模效益：安徽巢湖帮有人专门负责供应粮食种子，有人专门供应农药，有人专门供应机械收割等，这种专业化的分工与合作关系，为外出承包土地的农场主提供了强有力的社会支持，加上他们大多是老乡、熟人，还能够欠账经营。农场主只需要找到土地，进行日常经营管理就可以了。

第三种是农户之间而且主要是关系比较好的亲戚、邻里之间进行的合作式流转。一般是流出方劳动力外出打工，或是家中缺乏老人或是老人单独分家另过，农民工的土地会流转给熟人耕种，之所以叫合作式，是因为他们大多流转的土地价格并不高，种植田地肯定有一定的收益。用农民的话说叫"肥水不流外人田"，"土地是农民的命根子"这一传统观念虽然有所淡化，但外出打工的农民依然主要依靠土地经营来赚取基本生活所需。

2006年以后，要回曾经流转出去土地的情况在中部地区也较为明显（见表8-6）：一是2005年之前中部地区土地流转情况更为普遍；二是中部地区土地收益普遍比西部地区要高，经济作物种植或非农化用途导致土地行情普遍升高。

表8-6　东中西部2006~2011年把流转的土地
要回的情况（村主任问卷）

单位：%

	没有	有，较少	有，较多
东部（福建、浙江）	28.6	71.4	0.0
中部（湖南、河南、安徽）	20.7	55.2	24.1
西部（贵州、四川）	38.1	52.4	9.5

第二节　回流与小农经济

农民工回流的主体是第一代农民工，即年龄比较大、被城镇劳动力市场逐步淘汰的人群。这些高龄劳动力不但年龄大，而且普遍缺乏专业技术，在就业方面没有一技之长，其外出务工主要是从事体力劳动，靠苦力挣钱并以挣钱养家为外出目标，省吃俭用是他们生活方式的真实写照。所以，因为年龄和劳动能力被市场淘汰型的被动回流农民工返乡后大多是恢复原来的家庭种植模式，即小农散户经营农业的模式。主动回流生活型的农民工也以从事散户农业种植为主，个别有干个体经营的。笔者在散户经营家庭承包田的小农经济中主要调查了湖北黄冈与河南新乡两地，分别代表水田（以种植水稻为主）与旱田（以种植小麦与玉米为主）。

1. 旱田的小农经济

新乡卫辉市上乐镇 HTP 村有 1200 多口人，分为 5 个大队，其中最大的是第 5 大队。目前本村仍然在外地打工的劳动力约有 400 人，一般去广州、深圳打工，也有去山东、山西等省份的。搞建筑和进厂的比较多。进厂的大多做手机和电子，做鞋和纺织的并不多。已经返乡的农民工主要是年龄大的劳动力，基本是男性，少量的回流农村妇女曾经外出做保姆。回流农民工的打工年限一般都在 10 年以上。该村农民出去打工一般论季，可以分为春、秋两季。小包工头一年的收入在 5 万 ~ 10 万元，一般打工的能挣 2 万元左右。30 多岁的年轻人，夫妻俩一起出去打工的比较多，孩子一般在家。四五十岁上了点年纪的，要有人在家看孩子，一般是一个人出去打工。村里夫妻俩一起出去打工的有 50 多对。带着孩子出去打工的有十几对，孩子在外面跟着上学，不知道上的是公办学校还是农民工子弟学校。打工者农忙能回来的占 2/3，不回来的有 1/3。外出打工者不一定什么时候走，要看有没有活，比如长工初五六就走了。2015 年 2 月在该村调查时有 80 多位回流的高龄农民工，而且相当一部分人因为从事建筑业的打工经历而得病。身体得病的原因主要是住的工地房简陋、冷、潮。长工大部分都有交保险，一般打工的没有保险；有结婚以后，把保险转过来的，一般是养老保险。HTP 村有 2000 亩地，人均一亩半稍多点，村里土地多的有十几亩的。

河南 HTP 村 80 多位被动回流的农民工目前都在从事家庭承包田的种植农业，大多纯粹靠种田维持生计，个别有干养殖猪、羊等副业的。务工经历除了曾经为家庭消费特别是大宗消费如住房等方面进行了积累和改善外，在农业生产上基本没有改观，机械化的提升主要依靠"购买",现在农村小农经济的种植户也基本实现了耕地、播种、收割等环节的机械化。下面是 HTP 村农户 WC 的务工经历与目前的基本收成。

> HTP 个案 4,受访者姓王,男性,今年 47 岁。以前在村里走街串巷卖鸡卖猪,后来不行了,不挣钱,就出去打工。2010 年出去的,瓦工、木工都做,一般一天能挣一百多。一季度能拿回个五六千。一年除了零花,能剩一万多点。对象今年 46 岁,一直在家务农,没有出去务工的经历。一个儿子,今年 18 岁,初中毕业,今年刚参军去了。父亲不在了,只有母亲,70 多岁了,单独住,兄弟 4 个人一人管一年。家里有 13 亩地,为盐碱地,产量低。小麦一亩产七八百斤,玉米一亩产 1000~1100 斤。小麦的每亩投入:种子 60 斤(每斤 1.4 元)、底肥 100 斤(一袋 100 斤 100 元)、追肥 100 斤、浇地(一季度 70 元)、电费(一季度 40 元)、收小麦(50 元)、切秆(120 元)。收入:小麦是 1.25 元一斤。玉米的每亩投入:种子一袋半(一袋 4000 粒,50 元)、追肥 150 斤、浇地(一季度 70 元)、电费(一季度 40 元)、切秆(120 元)。收入:玉米是 1 元一斤。

按照农民核算的结果,一亩田地每年的纯利润性收入在 800~1200 元,这种波动主要看天,因为遇到干旱季节,农民不但增加抗旱的成本,还可能由于天气干旱或抗旱不及时或水源供应不上而导致减产;遇到大雨内涝导致田地排水不及时或者是在收割时遇到大风大雨等天灾,都会导致总收成利润发生较大的波动。按照每户十亩田地估算的话,一般在家的老人一年的纯利润在一万元左右。但农民的消费也不低,"一天买菜要花个十来块钱。现在咱农村消费也高,买一斤豆腐要两块二,一棵芹菜都要两三块。随礼邻居一般给 50 块,有亲戚关系的给 100 块"。一年下来,纯粹靠种田维持生活的农民一般至少花费三四千块,多的可能要花费上万元;但维持基本生存确实没有问题。

2. 水田的小农经营

首先，基于农业劳动强度等原因，农民大都是只种植单季稻，不再种植双季稻。双季稻的种植需要抢收抢种，而且由于收割与种植的周期比较短，种双季稻更容易遭遇天灾，受天气影响更大。

我们调查中的单个农户种植一亩稻田投入成本计算（单季稻，不种其他的）如下：

种子：3 斤 × 35 元/斤 = 105 元（旁边江苏引进过来的技工说 3 斤太少，5 斤一般比较合适）

化肥：底肥 120 元（100 斤一袋）

追肥 20 元

机耕：打田 100 元

收割 130 元

插秧 100 元

排灌：30 元

农药：50 元（防虫、防病、防高温三种）

60 元（除水稻间杂草）

除田埂杂草：15 元

人工费：150 元（江苏人说他们的人工是 300 元，但前面机耕部分不用支出，都是自己的机器）

流转费：400 元

总计：1280 元

收入：平均每亩 1100 斤至 1300 斤（如果加上种植一季其他作物或者是再生稻，一亩的收成最多是 500 元的收益）

由此，正常的劳动力（16 ~ 60 岁）如果能够在城镇务工或者在本地找到小工，都不愿意耕作田地，而且种一年的收益还有风险，流转出去是没有风险的。关于土地流转的问题本章后面的部分会详细讨论。

3. 经济作物与小康农民

2015 年 2 月 7 日，在河南新乡市唐庄镇 DZ 村种植大棚户中，我们调查了回流农民工种植经济作物的情况。

第一户，户主原来是镇里的技术员。曾经到广东专门给别人种植塑料大棚，其技术比较过硬。但因为年龄大了，现在回到家乡自己种植。其种植的黄瓜好，产量高，基本没有其他种植户种的黄瓜上出现的花斑病，也不会出现烂果等。一亩地投入一年一万多元，产出一年3万~5万元。其种植规模在塑料大棚经营中算是较大的。按照标准设计，每个大棚的种植面积为1亩1分地左右。但占地面积要达2亩地，因为需要周边辅助设施，尤其是保温墙一般要两米宽以上。该回流农民工种植了两个大棚，基本需要两个劳动力常年耕作，实在周转不过来的时候会雇用本村其他人帮忙，每天工钱60~80元不等。

根据访谈，我们梳理出唐庄塑料大棚类经济作物种植中存在的问题。一是劳动力老化严重。由于高温，年轻人一般扛不住这种强度的劳动，种植大棚的大都是60岁左右的老年人。有一部分种植户觉得种植大棚的利润并不够高，虽然可以照顾家里，但劳动量一般也要两个人。大多是年龄大的劳动力，年轻人基本不愿意干大棚。二是一部分农户开始"流转"大棚。由于经济效益比打工低，一部分种植户的大棚开始流转，包括DZ村的支部书记家的大棚也流转了，流转到一个专门育苗的技术员手里，他承包了5户大棚专门搞育苗，市场是周边几个县的黄瓜苗子。三是技术。虽然加入了合作社，但合作社并不提供专业技术指导，"没有人管"，村里也是让个人想办法。四是市场，基本是处在自己销售的状态。

唐庄镇种植桃子的农户也比较普遍。该村最早从1984年开始种桃子，当时的村支部书记姓赵，赵书记带领村民探索致富的路子，请农业专家来看地，最后得出本地缺水，土质适合种桃的结论。于是赵书记带领访谈对象老赵和老冯（72岁和63岁）到山东"取经"、买桃树苗。1987年吴金印书记到唐庄镇动员更多的村民种植桃树，1990年代初开始大规模种植桃树。

一是承包户，到别的村里承包地，20亩以上，自己种桃，一年可以挣十几万元，每亩的净利润在7000元左右。

二是本村的农户，基本上是顾住自己家的小日子，并不比打工挣的钱多，但是相比于种粮食利润还是可观的。如果一家有两亩桃，一年也就是1.5万~2万元的利润。所以，种桃的都是年龄大的，年轻人在家管理桃的很少。

总体上看，从事小农经营的回流农民工大多年龄大、劳动能力弱、经济生产以维持基本生活或小康为主要状态。虽然种经济作物如蔬菜大棚或桃子等比种粮食存在更大的利润空间，但由于其劳动强度高，而且对技术要求越来越高，大多数高龄的回流农民工并不掌握相应的技术或不适应其劳动强度，多数还是从事以粮食生产为主的散户耕种。但在城郊和部分农村，征地或土地流转较快，导致被动回流型农民工失去土地后发生生活危机的情况确实存在。其他国家发生的人口流动对土地分配的影响比较突出的是印度、意大利、埃及等。这些国家都出现过因为人口流动而影响农村土地再分配的现象。印度是打工家庭利用外出工作的汇款购买土地、采用新的节省劳动力的设备从而使富人更多地占有土地，所以流动率越高，土地分配两极分化也越严重；意大利的情况是可购买的土地为人口流出和汇款购买土地创造了动机；埃及的情况是购买土地是贫困家庭最先追求的目标（墨菲，2009：73-74）。

由于大量农民工在外出的过程中存在打工与种田不能兼顾的情况，政府出于对抛荒等的顾虑而推动土地流转，不少地方的农民工在外出打工期间，将土地流转出去了。笔者调查到的大多是以流转20~30年为主，不论是资本下乡还是本地农民进行规模种植，土地流转都是按照当年的市场价格一次性签订买卖性的流转协议，即一次性买断20~30年的收入。但等到在外漂泊的农民工年龄大了、干不动了，被动回流的时候，他们不但不能购买土地，也无法要回自己已经流转出去的土地。在市场化运作的浪潮中，不少无地可种的被动回流农民工陷入了生存困境，或者由于政府征地或者由于资本下乡"被自愿"地加入"农民上楼""公司+农户"等一系列资本运动中去，农民多数成为"空挂户"，即除了在农村还有一个户籍、有一个"农民上楼"运动集中安置的小区单元房外，村庄的发展已经完全依赖于下乡的资本公司去运作、去收益，而与农民几乎无关。

基层政府欢迎、配合下乡的资本进行"公司＋农户"的运作，通过"农民上楼"把农民集中安置在一个或数个小区里，然后把农民的土地全部"流转"到公司进行规模运作，尤其是把农村集体用地通过增减挂钩转移到城市使用并获得巨大的增值空间，这就是新农村建设的普遍形态。地方政府欢迎资本下乡流转农民的土地或者是亲自组成第三方公司直接经营土地，主要基于以下三点考虑。

第一是地方政府的政绩需要。在政策的倡导与引导下，部分农民抛荒成为一个影响生态、影响粮食安全的大事儿，尤其是产粮大省，这种抛荒现象成为一个影响政府形象与绩效考核的重要因素，也是媒体舆论关注的一个焦点问题。因此基于农民工外出打工的实际，鼓励土地流转成为地方政府的一个政策选择结果。

第二是地方政府培育本地市场主体力量的需要。在各种政策影响下，规模性农业经营成为一个有利可图的产业类型——农业经营的规模性公司，单纯从种地本身来讲，并不一定有什么利润，但是无论是从事农业种植，还是从事规模养殖，上规模的农业经营公司可以通过申请国家政策补贴拿到一笔可观的经费。更重要的是，地方政府有了大企业，有了"龙头"，有了规模化、市场化的经营主体，而不是那种象征传统与落后的小农经营。哪里大规模的公司越多，就意味着哪里市场化改革程度越高，当然其现代性也就越强。

第三是地方政府在政绩和市场主体力量培育都取得进步的情况下，希望推动产业转型升级，进一步发展本地的经济与产业，确实有可能推动经济格局的"重新洗牌"。

但在政府推动规模化、公司化发展的过程中，最底层的农业劳动者享受不到改革所形成的机遇或者说他们自身抓不住这种既需要资本，又需要能力的机遇。他们在政府的安排下住进了新楼房，有了统一规划、统一居住、统一管理（卫生等物业管理）等政府所诉求的现代性、城镇性规划，形式上看是进步、现代、文明的享受者；但上楼的农民大都不愿意肯定这种"正面"的评价。

他们计算的是生活成本的升高与各种副业机会的丧失：他们诉说最多的是他们不能再像原来那样随意地在院子里饲养猪或牛了，鸡鸭都不可能养殖了。农民上楼的同时，农民的土地利益随着土地流转一起被收头，随着"公司＋农户"的落实农民变成完全依赖打工生存的农村户口的工人，农民的生活方式也不再是自主耕作（原来农民的主业）、家庭养殖（原来的副业），而是完全演变成给公司打工的上班制（即使是进入规模农业公司打工也是定时上下班，即使在厕所打扫卫生的农民，也是按照公司规定上下班）。这些加在一起，那些无力在城市打工、已经丧失城市劳动力市场竞争能力的被动回流者在农村也已经失去"传统低成本"的生活方式，陷入生存困境而依赖政府的救济。

相对而言，那些重返农耕的生存型回流农民工基本没有生存危机，按照他们自己的说法，"吃穿只是好坏而已"，这些人的生存状况不会危及稳定。相当一部分被动回流的农民工主要为第一代外出打工的农民工，他们的生产方式本来就是"亦工亦农"，他们的生活方式是传统的农民、农业生活。他们即使进了城，也只是挣钱，挣钱的目的是养家，个人在外打工时不敢消费，把钱都攒着，汇款回家或者是过年、打完工时一起带回家，虽然是自己打工挣的钱，但如果在城镇里自己讲究吃喝，那是浪费、奢侈，有一种罪恶感；关于人生发展，也没有什么规划，更没有想过留在城市，自己的心理期待定位就是"城市的过客"。回流后的收入水平虽然有所下降，但以农业和副业为主还是可以维持比较正常的生活开支，甚至有子女接济，还可以过得比较舒坦。所以，重返农耕的回流农民工心态比较平和，基本过着平淡而稳定的生活。

第三节　主动回流发展型农民工
与规模农业种植

首先从土地流动的价格来看，根据我们调查的情况，各地差异比较大。关于土地流转费用的情况见表 8-7。

表 8 - 7 平均每亩每年的流转费用

单位：元

	高外出、低回流	高外出、高回流	低外出
东部（福建、浙江）	1165.62	2662.5	1066.67
中部（湖南、河南、安徽）	333.33	527.81	833.33
西部（贵州、四川）	486.88	407.08	

根据我们实地调查，主动回流型农民工从事规模农业主要有以下几点。

第一，外出务工经历为其回流提供了一定的资本积累条件。在外出务工过程中，这些农民工大都每年积累一部分资金作为创业启动资本，少则数万元，多则十几万元。这种资本积累为规模农业提供的往往并不一定是土地流转费用，更多的可能是购买大型农业机械的费用，因为农业机械有国家补贴，农民如果有承担自费比例的付款能力就能够享受国家补贴，然后再利用农机为其他农户服务，并赚取可观的费用，一般一台大型收割机一到两年就能够收回购买成本。早期购买农机的农户都是从农机服务中开始土地流转的。

第二，外出务工经历为其从事规模农业打开了眼界与视野。农民工在外出务工过程中大都会见识到外面世界的开放、经济发展水平等，刺激其原有相对封闭的眼界与思维方式。从事规模种植的农民工大多都不满足于小富即安的小农思维，而是想通过自己的努力闯出一片天地，都有一定的事业心和社会抱负。但由于各种条件的限制，在城市打拼困难较大，回流到农村从事规模农业是其理性选择。

第三，外出务工经历提供了信息和社会支持。不少农民工在外出务工过程中接触了更多的市场化信息与先进的农业耕作技术，他们往往想自己试验一把，特别是有了一定的资本积累水平后，充分利用打工期间结识的社会网络资源与信息资源来创业是农民工与一直待在家乡农民的主要区别。

第四，外出务工经历让农民工更富有风险意识。我们调查中发现大多从事规模农业的主体在风险意识上有两类，有务工经历的农民更倾向于投资各种利润高、规模大但风险也大的生产经营，当然，他们也会通过购买农业保险来尽量减少风险。

（一） 土地流转的形式

从调查的情况看，最早的土地流转是农民工外出导致土地种植力量薄弱而出现的农户之间的自发流转。农民之间有的是亲戚，有的是邻居，也有私人关系比较好的朋友，农民之间的自发流转大多是原有承包户即流出的一方外出打工或者是已经迁移到其他地方——我们调查中发现，团风县、浠水县在县城、黄冈、武汉甚至省外购房但没有迁移户口的农民占所调研村庄的 10% 以上，没有在外地购房但常年不回来的占 50% ~ 70%；团风县的上巴河镇、浠水县巴河镇，大多数村庄农户常年不开门、家中无人的情况达到一半。在这种情况下，早期的农民之间大多也没有固定的协议或者合同，只是随便一说，另外在家的农民就拿来种了，有的是给一些稻谷，有的是给一点钱。刚开始可能只有几十块钱，也有不给钱的，后来流转的多了，种粮大户或合作社的竞争发展起来之后，农户自发流转的"流转费"才正式起来，但大多还是采用口头协议。农户之间的流转有正式的流转，也有代耕、托管等形式。

1. 种植大户、家庭农场或专业合作社流转

（1）这一类相对于自发流转往往滞后一两年，但发展迅速。根据团风县、蕲春县的调查来看，一般这些规模农业主体流转开始的时候为 30 ~ 100 亩，大多是为了探索，目的在于搞清楚规模农业的种植、管理经验，具体经验又包括如何进行规模种植、集体种植，收割过程中机器成本，插秧等环节雇用人工的成本及其管理方式，农药、化肥、灌溉、种子等成本的量及其效率。诸如此类的农业技术与成本问题一年即可搞清楚，流程也比较容易弄明白，第二年、第三年普遍达到 500 ~ 1000 亩的规模农业。土地流转客观条件好（土地平），本人能够争取到贷款、融资的，往往是三年即可达到千亩规模，典型的如蕲春青石镇的宋林、团风方高坪

镇的王少兵。

蕲春青石镇的宋林是三禾合作社创始人，2004年毕业于华中科技大学计算机专业，之后在华为工作了几年，2008年底回家。回家之后流转了30亩土地，有一些是捡的荒地，连片的土地很少，大部分是分散的，主要种杂交稻，自己除草打农药，慢慢地分析和积累土地流转规模农业经验。2009年流转了400多亩地，流转费为100元/亩，尝试种植常规稻，但主要是种植香芋。2010年成立合作社，5个社员注册，土地涉及8个乡镇，总办设在青石镇，2010年共1000多亩地，流转费为200～300元/亩，这一年开始买农机，如插秧机。现在有5800多亩地，连片最大的有1000亩，连片最小的有100亩，分散的比较少，流转费为400～500元/亩，以400元/亩为主，一般签的5年流转期，主要种植杂交稻和常规稻。其流转过程上规模的速度可谓呈几何级数增长。

（2）往往是先由农机开始。这些规模农业主体往往是先利用国家农机补贴等利好政策采购一两个收割机、插秧机等农业大型机械，给农户进行耕地、收割、播种等多种服务。早期的出发点往往是赚取农机服务费，而且利润可观，往往是一年即可回本。得到利润之后再利用积累的资本和了解的农业信息进行再投资——流转土地自己搞规模农业。典型的是王少兵，他本人先是与一个战友合作购买农机，第一年就赚取了农机的钱，战友见到利润丰厚，第二年自己单独干，王少兵于是就与另外的社员成立农业合作社，购买新的农机，并开始流转土地。

（3）规模意识强烈、管理技术比较成熟。这些规模农业主体往往是有比较强烈的创业意识，目标很明确，对自己的行动方向定位准确，知道自己要干什么、应该怎么干。规模农业的定位目标与个人行动及其效率因果关系极强。创业型规模农业主体往往有头脑，有了头脑就有经验、技术，也有资金运作等。比较典型的是王少兵每一个环节都会出效益、出利润，他主要是克服了农业单一环节利润率较低的问题。一是农机的单一利润不高，他就把农机自己使用与为其他农户服务结合起来，让农机的使用效率最大化，这样农机使用效率极大提高。同时，他的烘干设备是对外加工服务的代表。二是他的流转土地规模不够时，他就跑到浠水、新洲等地流转土地，通过拉高一定的土地流转价格扩大流转规模，首先是让农机饱和运转，其次是靠量取得农业利润的"叠加效应"。比如，王少兵已经为粮食局建粮仓，超出了一般家庭农场或合作社的规模能力。三是农业种植粮食的空档期种植蔬菜等，但由于蔬菜价格不理想，就直接搞盐腌菜，由此规模农业衍生出腌菜厂等附加产业。宋林在前几年管理模式中发现股东的责任意识不强，他就采用二级承包股东制，每个股东将规模农业的一部分分片承包，除合作社统一供给种子、化肥、农药外，每个承包股东自己管理自己的承包地，自己雇用劳动力，自己解决日常管理，二级承包股东拿到规模农业流转土地20%的产出，比如，一亩田能够产出1200斤粮食，二级承包户拿走240斤粮食，但要自己支出自己的人工成本，剩下的全是二级股东的提成。这种"责任分割"一下子刺激了这些合作股东。合作社本身主要依靠两块利润。一是农机使用费用，大型农业机械的供应是统一的，合作社按照市场价格供应，计算每亩土地的使用成本，并在总产业量中直接扣除，比如，农机使用费用为15%，直接在1200斤粮食中扣除180斤粮食。二是规模农业的补贴，具体包括农机或是综合农业开发等。宋林是今年正在引进烘干设备，这一设备的补贴率平均在购买总价的30%左右。

（4）利润驱动。规模农业也讲求利润至上，也就是说，看不到利润的土地不流转。比如，丘陵地带或者灌溉不便等，农户不愿意流转，宁愿荒芜。企业主考虑问题只看钱，并不顾及农业整体利益、农村稳定等。比如，分散的地块如何集中整治，他们希望国家、政府出钱，自己大多不愿意承担土地整治、基础设施投资等。利润驱动带来的优势主要在于规模农业主体的种粮积极性比一般农户要高，因为一般农户分散经营的利润有限，但规模农业的利润空间比较大，而且必须达到一定规模才能实现利润总量，所以规模农业主体负责人往往具有较高的流动土地、种植粮食的积极性，并出于效率目标的考虑总体上积极实现机械化、现代化。特别是专业合作社、种植大户越来越多地实行农机经营与规模土地流转经营相结合的模式，实现机械化耕种、插秧、病虫害防治、收割等，同时在生产资料与生产管理服务方面实行统一化供应与管理，这些都为规模农业的机械化、现代化、集约化提供了实现途径与操作程序。

2. 产业化企业流转

流转到企业的土地主要是两种模型实现农业耕作，一种是地块比较集中的大面积田地，即企业的粮源基地；另一种是地块相对不太集中、分散规模只有几十亩到一二百亩的地块，这一种往往是企业流转进来后再进行"三轮"承包转交给家庭农场、合作社去耕作。例如，中禾集团共有2.5万亩流转来的土地，其中有两个5000亩，总计1万亩的中禾公司粮源基地，还有1.5万亩是分包给种植大户或农业合作社的。与之合作的种粮大户、家庭农场有25个，承包的面积在150~1200亩不等。中禾统一供应生产资料给这些人，其中有一部分生产资料是以优惠价格给的，比如，优质稻的种子是以批发价的40%给他们的。中禾既种优质稻，也种杂交稻，优质稻占75%。中禾与种粮大户、家庭农场、合作社的合作方式为，中禾负责土地流转、平整以及粮食的收购、出卖，种粮大户只负责生产。种粮大户的利润不到两百元一亩。这里打田只有百分之六七十的土地能够实现机耕，很多边边沟沟只能使用水牛来耕。其实，第二种方式相当于订单农业。只不过产业集团首先流转来土地，掌握了土地的处置权即再发包权，从而掌握了粮食的采购主动权。

蕲春的银兴企业首先是作为稻谷加工企业进入土地流转，既收购外来的粮食，也培育、流转土地进行自己的农业耕作，但其主要是订单农业，这些订单客户既有种粮大户、合作社、家庭农场，也有散户。订单有两种收购方式，一种是签订合同，根据国家保护价确定收购保护价，种子由公司统一配发，但一般收购价比国家保护价要高一些，收购100斤优质稻平均要高出5块钱，目前与该公司合作种植优质稻达3万亩。还有一种是不配发种子，农药、化肥自己解决，双方签订合同确保农户将粮食卖到该公司。

（二）土地流转的市场化需求

1. 土地流转越来越普及

由于农民外出率越来越高，外出定居或购房的比例也越来越高；另外，农民尤其是年轻农村人不愿意种田的比例也越来越高，即使种田，如果不规模化，单纯靠一家一户的承包地已经不能"拉住"一个普通农民：一家一户在只有十来亩土地的情况下，一年最多收入两到三万元，只有那些无法进入城镇务工的、年龄比较大的农民在土地上求生存，绝大多数农民已经不愿意种田。同时，如果不流转，农户自己耕作的收益越来越低，因为各种支出成本越来越高，只是规模农业主体把这些支出成本化解到自己采购的农机、农药等环节中去了。

2. 规模化必须连片以利于机械化作业

规模农业靠的是规模，没有规模化集中，机械作业就不可能实现；规模化机械作业不能实现，就不能实现规模农业的集约目标。但现在连片的困难在于一是丘陵地带不平；二是部分农户可能出于自己的原因不愿意流转，导致个别地块夹在中间，流动地块机械作业需要"跳过去"。所以，连片作业的规模化流转必须克服相应的困难以实现集中、集约经营。具体措施下文另述。

3. 农村用工成本将随着市场化水平越来越高，农机手等专业用工越来越固定化、临时工越来越高龄化

蕲春青石镇的三禾合作社，现在一年平均 2 人/亩的用工量，小工每天 120 元/天。大部分是请临时工，但并没有与工人签相关合同，请的工人一般为 50～60 岁，三四十岁的青壮年很多外出工作。浠水、团风的情况类似，用工的日工资平均在 100 元以上，有的甚至是 130～140 元。中禾集团的不少"三轮"承包合作社与种植大户在插秧环节要请人工，目前一天 130 元人工费，每人每天要干 10 个小时左右，效率是一天能插八分田。但其用工成本的趋势是工资还要上涨。

农机手、农药技术员等专业技术人员将是热门的农村专业技

术人才，但并不短缺。一方面是返乡的大学生等专业人才越来越多，另一方面农村自学成才和规模农业主体自己培育的熟人、亲戚充当此类农机手、农药技术员的也越来越多。因为规模农业主体一般不愿意把这些核心技术交到陌生人、流动性强的劳动力手中，比如团风县王少兵的 4 个农机手一直是合作社的成员，没有换过。永盛合作社成立于 2006 年；2009 年开始快速发展，那个时候有 700 亩；2010 年发展到 3000 亩。现在在新洲、浠水、团风三地均有流转土地，共 3000 多亩。合作社有 4 个机械手长工，他们熟悉农业生产的每一个环节，每个月工资 3000 元，要保证亩产超过 1300 斤，超过的部分五五分成。每个人负责 700 亩，因为机械化程度较高，所以工作量不大。

4. 规模农业生产与加工环节利润空间较大

从农业种植来说，平均每亩田地的利润在 200~300 元居多。团风县永盛合作社的利润高于 300 元每亩；中禾集团的平均为 200 多元，跟合作社、种植大户等分享这个利润，单纯从利润空间来讲，中禾集团种植杂交水稻产量更高，利润空间更大，其基于品牌战略，主打优质米，由于产量低、进口粮食的竞争，其利润空间缩小，但从战略上讲是正确的。

普通农户之间的自发流转，好的地块利润平均在 200~300 元，如果种植大户能够在中稻的基础上进行再生稻，即收割后让稻谷再发苗，生长第二轮，平均每亩 250~300 公斤的产量，每亩每年的收益可以在 400~500 元。例如蕲春三禾合作社，今年种植 1200 亩再生稻，亩产 400 斤。再生稻只有 90 天的生长期，成本低，只须撒点化肥即可，由于 9 月昼夜温差大，再生稻米质和口感更好，其余一般种植一季稻，配种油菜、早晚稻等；如果种双季稻的话，只有 10 天的抢收抢种的时间，时间比较仓促，同时对后面的种植也有一定风险，所以一般不种双季稻。

粮食加工行业的利润平均在每斤 2~3 分。如银兴企业，该公司拥有完整的生产线，有原料车间、加工车间、传送车间、屯粮库，公司办生产线项目政府补贴少，大多是股份投资，该公司主要股东有五六个人。公司接待人员表示 100 斤稻谷最后一般只要

52～55 斤成米，每斤米从生产加工到销售，中间有 2～5 分的纯利润，成品粮主要销往各个经销店。

单纯的烘干机对外服务，永盛合作社在整个合作社的收益中是烘干的收益最高，占总收益的 1/3。一斤只有两分钱的成本，每斤挣六七分钱。

从总体利润来讲，如果一个规模农业主体单位流转的土地为 5000 亩，其年收益将突破百万元；即使只有 1000 亩，其每年净收益也有 20 万元以上。加上相关的农业补贴、项目配套等，远远高于普通的农户年收入水平。规模农业重在规模化，看见这种利润空间的农村精英们将在规模农业与土地流转上展开越来越激烈的竞争。

（三）规模农业与土地流转的趋势

农民当前不愿意流转土地主要在于其思想障碍而不是利益障碍。思想障碍主要表现在如下几个方面。

1. 农民的底线思维与不流转

农民觉得自己当前打工是有很多不确定因素的，将来在城市打工打不动了，自己需要回家养老，或者自己的孩子将来没有能耐，不能进入城市生活，也可以退回农村生活。如果把土地全部流转出去，万一要不回来的话，那么不如现在不流转。

佐证材料如下。在浠水采访的第一户，受访家庭有 5 口人，4 亩多田。受访者本人是搞建筑的泥工，因为常年接触水泥，所以得了水泥感染的病。儿子和儿媳妇在浙江打工，在工厂里做箱包。儿子是再婚，第一个老婆生了一个儿子，今年 11 岁，在家里跟着老人生活。孙子的各种开支由老人负担，儿子并不往家里寄钱，因为第二个老婆比较厉害，钱都在她手上。儿子一般过年的时候会回来一次，其他时间不回来。受访者本人的田已经流转出去了，签的合同是 5 年的。他并不愿意一次性出卖或长久性流转自己的土地，认为出卖所得的钱早晚会花完，而土地是子子孙孙都会有的。

第二户中，受访者今年 70 岁，男性。他有 3 个孩子，一个女儿、两个儿子。大儿子是木工，1972 年出生。大儿子的孩子今年刚大学毕业。小儿子是搞水电的，15 岁去武汉打工，在外面待了二十几年，已经在武汉买房子住下。他们家早已经分家了，但是户口还是在一起，共 9 人。每个人有 9 分田。他也不同意一次性出售自己的田，他觉得有两个比较理想的方案：可以以土地入股，合作社给他们分红，或者可以给自己留一部分口粮田，另一部分用来流转。

2. 农民的任性思维、逆反思维

有的农民出于对干部不信任，认为干部支持的都应该反对，干部反对的应该支持，这主要与当前大环境下社会信任体系的破坏、干群关系的紧张等背景有关，部分群众即使自己不耕种土地，抛荒也不愿意流转，因为他们觉得干部拿走土地肯定是有阴谋的。还有的农民觉得自己有钱了，不在乎这一点流转费，两三亩田地也就是千把块钱，流转不流转无所谓。

3. 农民的预期高估思维

农民对未来的土地收益预期值非常高，不少农民认为原来的土地不值钱，现在值钱了，将来一定更值钱。他们参考的对象是工业用地的征地价格，越来越高、越来越值钱是农民普遍的预期思想。在这种高估未来预期的背景下，农民不愿意将土地长期流转，普遍答应三五年，有的嫌手续麻烦，或担心自己的农业补贴被拿走，干脆不流转（因为国家有规定，有土地流转合同的可以将给原承包户的补贴划转给种植大户、合作社等流转入土地的一方）。

思想问题其实是个过程问题，而不是利益问题导致的实质矛盾。过程问题只是需要时间来化解，所以，我们认为农民的思想障碍在不久的将来不会再成为问题。从团风、浠水、蕲春的调查中发现土地流转期限一般都签的 5 年左右，在流转过程中有许多农民不愿意流转土地，即使愿意，也对流转土地缺乏信任感，农民接受土地流转这个思路需要一个过程。合作社创办者表示流转期限 5 年到期后，毁约的非常少，许多农民在逐渐转变自己的观念，慢慢开始接受土地流转。

（四） 流转合作社与种植大户的组织化管理开始显现苗头

蕲春的三禾合作社的管理运作模式有其组织化、科层化运作的趋势特点。之前十几个股东和工人一起干活，但大家积极性不高。为防止吃大锅饭和提高效率进行了改革，2014 年开始，根据个人能力以及片区与股东家的距离，将土地分包给各个股东，各股东进行田间管理，有的股东分二三百亩，这样也可以隐性调动其家人配合其工作。这种方式实行二八分成，20% 由股东分配，除去人工费，剩余的属于自己；80% 属于合作社，各股东之间再次分红，合作社统一配发种子、农药，统一进行监督和管理，加上流转费，成本约 1350 元/亩。分包前，杂交稻亩产 900 斤；分包后，加上机械化管理，亩产 1200 斤。

在团风县的永盛合作社，从一级合作社的股东、农机手，到新洲、浠水等二级承包的具体负责人，也越来越显现出组织化、科层化运作的趋势。这种组织化、科层化为规模农业的正规化奠定了组织基础。

（五） 流转形式与平台升级，形成以村民小组为产权基础的流转机制

目前的流转还是以农户为流转主体，即流出方都是农户，没有整村成建制流转的。流入方有农户（家庭农场），也有小集体（专业合作社）与企业（中禾等规模农业产业化主体），但由于流出方是农户，合同繁多、手续复杂是共同的流转程序特征。而且由于个别农户存在前述的底线思维、逆反思维、高预期思维而不同意流转，致使流转效率低、矛盾重重，甚至影响当地干群关系、社会稳定。

流转形式与平台的升级即不再个体流转，而是升级为以村民小组为单位的成建制集体流转。村民小组是"三级所有、队为基础"的集体土地所有制的核心与基底，在我们调查过程中，大多数调查对象也反映土地承包的重新分田的单位边界是村组而不是行政村，这也与国家《土地法》《村民自治法》等规定相吻合。但

现在征地和土地处置权限往往是行政村所有，这种不一致往往导致流转的多重悖论，村民小组没有处置土地的权限。国家应当鼓励地方政府探索以村民小组为单位的集体性成建制流转。实际操作程序应该以村民小组为单位进行集体表决，以国家设置一定的同意率为前提条件，村民小组同意率达到80%甚至90%的视为集体表决通过，然后本小组所有农户的耕地全部流转。这样可以达到两个效应：一是解决了流转程序的烦琐，原来是流转方和每个农户去谈，虽然有乡镇、村干部在中间协调，但签约过程与流转程序还是相当复杂、手续繁多，甚至有的农民成为钉子户拒绝流转，导致连片成为难题；二是提高了规模集中效应，个别实在需要耕种土地的农民可以在集中后在农业公司、企业里上班耕作，也可以集中划出一片耕地进行耕种。

（六）延长土地流转期限，让规模农业主体承担土地综合治理开发的基础设施投资

规模农业主体普遍反映的矛盾集中在流转年限上：一是农民的各种思维障碍导致流转合同的年限短；二是规模农业主体不愿意流转各种不能立即赢利的土地；三是规模农业主体不愿意进行基础设施方面的投资——年限太短，他们的投资不能保证长远收益的连续实现。

针对这些问题，在前一条建议的基础上，原来村民小组的土地集体成建制流转后，应该是公开竞标，竞标条件必须设置不得对个别地块"挑肥拣瘦"，不得放弃其中的部分地块，而是必须接受集体流转。这样，首先避免了个别土地的浪费、抛荒问题；其次解决了期限问题，农民和村民小组应当在国家引导下设置20～30年甚至更长的流转年限，这样让规模农业主体愿意投资、投资有长远收益；最后解决了目前政府不愿意或没有资金投入土地综合开发整治的问题，尤其是水利问题、土地平整问题。这好比以前修建公路、大桥等基础设施，公路、大桥是让开发方收费30年或者更长，现在集体流转是让其收粮30年或者更长。

丘陵地带、不利灌溉的必须进行集中整治、综合土地治理，

实现机械化操作是必须解决的一个农业问题，不然，抛荒问题无法解决。单一的农户在家种植，没有比较效益，即一个农户在家里种植几十亩甚至几亩，一年的收益不如在外面打工几个月，而流转在没有平整的条件下又没有人愿意接手。平整、治理土地的投资主体可以是规模经营的企业主，也可以是村集体，村集体投资后再将土地发包，或者是寻找规模资本下乡。比如团风县的上巴河镇与浠水县的巴河镇，政府投资可以采用采沙收缴的收益资本，进行以工补农、以工返农。

（七）农民土地入股流转应该成为成建制流转、长期流转的配套政策

应该以政府引导、市场驱动、村民同意率为前提，探索农民以土地入股的形式，让土地流转进入规模农业经营实体的股份，即农民在土地流转后按照一定比例让村组占据、分享规模农业经营实体的股份，村庄再按照村组实有人口数量分配给村民。股权可以继承，但不得转让、买卖，即土地收益不可以实现买断。这样可以保证土地对农民的保障底线，间接实现农村土地的稳定蓄水池功能。

（八）粮食安全与流转效益相结合，必须加大储存粮食的规模投入

普遍反映储存粮食少、库存低。浠水存储的粮食只有1200万斤，根据本地人口，储存的粮食人均只有10斤。对规模农业主体来讲，仓储库存是制约规模农业进一步发展的重要因素。浠水43个种粮大户只有9个有晒场，晒场面积总计6390平方米；6个专业合作社只有2个晒场，晒场面积仅3200平方米。而且烘干设备稀缺，如果遇到灾害天气易造成粮食水量高、霉变等损失。同时，浠水43个种粮大户没有一个有仓库，6个合作社的简易仓库容量为150万公斤，与全县规模农业主体的总产量4824万公斤相比，只占其生产量的3.1%。

（九）农业补贴政策应充当、强化"指挥棒"角色

从原有承包户的角度来讲，农业补贴是保护农民权益，让农民有土地权益意识的指挥棒。

从规模农业主体的角度讲，补贴政策是指挥规模农业主体响应政府号召、实现粮食安全、配置比例等政府导向的指挥棒。

现在的农业补贴政策是只要有土地，就会有相应的补贴，并且直接补贴给农户，所以有的农民有土地但并没有耕种甚至将土地挪为他用的依旧可以拿到补贴。有人建议希望在不影响百姓利益的情况下，农业补贴可以直接补贴到实际种粮大户的手中。至于如何操作，有人认为可以借鉴安徽的成功经验，例如种粮直补可以补贴到种子上，凭种子发票发放补贴，这样既可以补贴给种粮大户，也可以推算其种粮面积，利于保证土地用于种粮；化肥和农药补贴也用这一办法。也有种粮大户建议取消农业补贴，对于愿意流转土地的农民给予一定的补贴和奖励，这样利于种粮大户流转到成片土地，便于管理、节省种植成本和灌溉时间，同时也不会损害农民的利益。还有人建议根据卖粮数量给予补贴，2009 年开始直接给种粮大户粮食补贴，但种粮户卖粮一般都会经过二手贩子，不能直接卖给国库，实际上种粮户并没有拿到这个补贴，而是补贴到二手贩子手里了，所以有种粮户希望自己直接卖给国库，拿到相应的补贴。

但有人顾虑农业补贴给种粮大户之后，流转费就会上涨，担心流转费上涨的比每亩一百多块补贴高。从这个角度讲，种粮直补、农业综合补贴不一定非要给种粮大户或专业合作社。因为蕲春的农业补贴降 20%，就导致不少农民认为"肯定是把我们的补贴给那些种粮大户或流转合作社了"，然后就直接要求流转入土地的一方提高流转价格，否则将收回土地，也导致有的农民担心补贴被拿走，直接拒绝土地流转。

如果把农业补贴给规模农业主体，那规模农业主体必须提高给农民的流转价格。规模农业主体还应当承担村民小组或行政村的公共建设投入、福利保障的一些职责。

（十） 农村耕地抛荒情况

调查数据表明，没有出现抛荒情况的村庄比例由东部至中西部地区呈现逐次升高：西部地区出现抛荒的村庄比例为 38.1%；中部地区出现抛荒的村庄达到 51.7%；而东部地区出现抛荒的村庄比例最高，达 86.7%。但后面抛荒的"户"规模情况表明，东部、中部地区虽然出现抛荒情况的村庄多，但每一个村庄中的抛荒户数并不多，东部地区 86.7% 出现抛荒的村庄中其抛荒户规模都在 5 户以内，而中部地区出现抛荒户数达到 6~10 户规模的村庄占 44.8%。西部地区所有村庄中出现抛荒的村庄少，但在出现抛荒的村庄中，抛荒户规模最高，出现 11~20 户抛荒的村庄占 14.3%，出现 21 户以上抛荒的占 4.8%。由此，在抛荒问题上，呈现的总体特征是：东部地区出现抛荒的村庄多，但每个村庄出现抛荒户的数量少、规模小；中西部地区出现抛荒的村庄数占总体村庄数的比例较低，但在有抛荒的村庄中，抛荒户数的规模比较大。抛荒情况统计结果见表 8-8。

表 8-8　村庄出现的土地抛荒情况

单位：%

	没有	有，5 户以下	有，6~10 户	有，11~20 户	有 21 户以上
东部（福建、浙江）	13.3	86.7	0.0	0.0	0.0
中部（湖南、河南、安徽）	48.3	6.9	44.8	0.0	0.0
西部（贵州、四川）	61.9	0.0	19.0	14.3	4.8

根据样本村当中浙江的 8 个县的调查，江山县和三门县出现短期撂荒（即 3 年以下抛荒）的情况更为普遍，长期抛荒的往往地块比较小，属于山坡梯田或山湾的角落地块，难以与其他耕田一起被规模化流转，单独流转耕种成本太高、收益太低。就东部与中西部地区的比较而言，东部地区出现撂荒、抛荒的情况最轻，西部地区出现抛荒的情况也比较少，东部与西部地区各村之间的抛荒差异最小（标准差最小）；而中部地区出现抛荒情况最严重，规模最

大，各村庄之间的差异也最大，即抛荒情况多元化，有的村庄可能
抛荒更严重，有的村庄抛荒较少（见表 8 - 9）。

表 8 - 9　土地抛荒的村庄比较

区域	平均数（亩）	村庄数（个）	标准差
东部（福建、浙江）	19.2667	15	18.05732
中部（湖南、河南、安徽）	71.7241	29	127.36531
西部（贵州、四川）	22.8571	21	47.76430
总计	43.8308	65	92.30208

调查数据表明，按照劳动力外流与回流的比例来分析的话，
依劳动力流动与回流情况划分的各村庄类型之间的抛荒情况差异
非常明显：高外出、低回流村庄的抛荒情况非常严重，而高外出、
高回流村庄的抛荒情况最弱，低外出的村庄抛荒情况虽然也比较
弱，但仍然略高于高外出、高回流村庄（见表 8 - 10）。

表 8 - 10　依外出与回流情况的三类村庄平均抛荒情况均值比较

依外出与回流情况的三分类	平均数（亩）	村庄数（个）	标准差
高外出、低回流	72.8684	38	112.34122
高外出、高回流	2.5000	8	7.07107
低外出	3.1579	19	6.71038
总计	43.8308	65	92.30208

除此以外，调查还发现"隐性抛荒"的情况。浙江、湖北等
省份的很多农村本来是适合种植双季稻的，而且村民在大量外出
打工之前也确实是在种植双季稻。但最近几年，由于外出打工的
劳动力过多，留守人口都是以老年劳动力为主，即使有部分年轻
劳动力留在家里，也是从事非农生产与经营，而种植水稻这种粮
食作物受限于自然条件比较强。每亩田种植双季稻与单季稻的区
别是：双季稻在产量方面比单季稻要多 500～800 斤，具体产量要
看土地肥力、化肥农药的投入、灌溉及耕作细致程度等；但双季
稻的多收是需要以更多的劳动量投入为前提的，一般的农民工家

庭平均拥有的家庭责任田为 2～4 亩，少数农民工由于结婚晚，妻子可能还没有田地。如此推算，一般的农户一年种植双季稻改为单季稻的话就少收 1000～2000 斤稻谷，折合经济收益普通情况下也就一两千元，而这些钱在打工过程中"一个月足够挣回来了"。尤其是那些离村庄稍微远一些、土地肥力相对差一些、灌溉难度大一些的土地，改种单季稻的现象更为普遍。

总体来讲，平地抛荒不多，丘陵地带抛荒率高。在团风县的上巴河镇，首次谈到土地抛荒问题。上巴河镇的主要问题是土地不产粮食、无法集中规模耕作，机械化条件先天不足。座谈的某村有一千七八百人，土地总面积为 2000 亩，其中水田有 1888 亩，目前部分土地已流转，但仍有 660 亩土地被抛荒。

土地抛荒主要有这样几个原因。一是农村劳动力不足。现在农村 45 岁以下的劳动力基本没有，都逐渐向城市转移。有个村有一百多户，其中 1/3 已在外地买房。二是农副产品的价格低，生产成本高，利润空间压缩，平均一年每亩赚 500～600 元。许多人反映 10 年粮价基本没有上涨，对国家粮食收购保护价表示不满，希望通过自由市场流通。农业生产成本上涨，部分人认为有这几方面的因素，首先是电价上涨；其次是国家的农业补贴减少，例如农机补贴由以前的 2000 元减少到 800 元；最后是种子市场开放了，物价上涨。三是该镇处于丘陵地带，丘陵地约一万亩，田间路不通，机械操作难度大，农村水电不配套，基础设施条件差；被抛荒的一般都是自然条件不太好并且流转无人要的土地，这样的土地自己种不划算，整治费用又太高，所以选择抛荒。村与村、组与组之间的道路相同，但许多田间缺乏畅通的路，机械难以进入。2013 年国家项目设计整改农村田地，但由于设计和实施不当，农田整改并未解决农民的切实需求，浪费资源，劳民伤财，国家虽然对农村水电投资大，但仍解决不了实际问题。

在浠水的巴河镇，同样遇到这个问题。访谈的第一个村有1250 亩耕地，其中 500 亩左右都抛荒了（特指水田地，山地全部都抛荒了）。座谈的第二个村有 373 户，1590 人；有 1001 亩水田，900 亩旱地，300 亩水塘；一共有 9 个村民小组。2011 年开始土地流转，有 4 个小组流转，都将成片的土地流转给了中禾，有 600 亩左右。村里有 40 户左右的村民不同意流转，这其中一部分是五六十岁身体健康的，他们想自己种。按每亩收 1200 斤粮食，插秧自己插不用机器的话，每亩地能赚 500 元。不种双季稻是因为种双季稻高温的时候要雇工，因此收入高不了太多。这一块属于丘陵，水田不成片，机械化程度低。

抛荒及隐性抛荒的影响是粮食减产，而我们面对的粮食危机并不是太遥远，"到 2015 年粮食需求将出现的缺口约 3949 万吨（占国内总需求 7.3%，约占 2010 年世界粮食总贸易量的 1/10），到 2030 年粮食需求缺口约为 6542 万吨（占总需求 33.2%）"（中国粮网网站资料）。

第四节　定向打工——青年农民工非农化创业的可能与方向

（一）定向打工的概念及其学理

中央出台的一系列文件显示，我国正推进新型城镇化建设，提出了未来 6 年内实现"三个一亿人"的目标：第一个一亿人是促进一亿农业转移人口落户城镇，第二个一亿人是改造约一亿人居住的城镇棚户区和城中村，第三个一亿人是引导约一亿人在中西部地区就近城镇化，主要集中在中西部地区。十八届三中全会以来，我们要深化改革，城镇化是很重要的议题。第一个一亿人，从农民工的工作状况和收入情况来看很难实现；第二个一亿人具有很强的地缘性，实施起来比较难；第三个一亿人，中西部就地城镇化与绝大多数农民有关系，定向打工是农民非农化、农民工在家乡所在区域城镇化的重要路径。因此，有必要对定向打工进行研究。

从学理的角度来看，农民工和农民的社会属性决定了他们这个群体有很大的研究空间。传统性（黄平、斯科特、恰亚诺夫）的观点认为人在危及其生命安全之前是不会寻求改变的，即人都是非理性的；而现代性（舒尔茨）的观点认为农民也是理性的，他们会综合考虑自己的身体舒适程度、土地的利用情况、作物收成状况等多个方面的情况，制定出最符合自己的利益选择方式。社会学讲社会人群的异质性，异质性的农民对生存伦理和理性伦理的比较选择决定了他们当前的耕作方式。如何看待当前农民工的打工现状，是当前值得我们思考的问题。定向打工为研究农民理性和非理性选择提供了很好的依据。

中国的农业未来十年左右还主要依靠家庭经营，单纯依靠农业自身的增长难以改变农村的发展面貌与路径，朴素的"榨菜指数"向我们证明了大多数打工的农民工在外打工时是吃榨菜，回流后还是吃榨菜。农村的非农化与兼业化发展能更快地促进农业与农村的发展，但是，农村青年从事非农产业往往首先存在的是技术壁垒与经验障碍。

"定向打工"一词在现有的学术界尚未有明确的界定与分析，相关文献主要集中于农民工创业的相关研究。

首先，关于农民工创业的产业形态与人力资本的研究。现有文献表明农村青年返乡创业多集中在以个体户或小型企业为主的第三产业（柯健，2009；汪三贵等，2010；郭星华、郑日强，2013），他们都有一定的文化知识，以初高中文化程度为主，并且在外出打工时掌握了技术，积累了经验，开阔了视野，积累了一定的资金（柯健，2009；石智雷、谭宇、吴海涛，2010；刘洋，2010等），其中很大一部分人具有乡土情结，有敏锐的观察能力，市场意识强，并且敢于承担风险（江立华、陈文超，2010；杜圆圆，2011）。因此，在一些比较热衷创业的地区，比如浙江省，积累了一定的人力资源（柯健，2009；江立华、陈文超，2010）。

其次，关于农民工返乡创业的环境因素分析。从社会的角度上看，金融危机导致农民工失业（江立华、陈文超，2010；郭星华、郑日强，2013）、中西部地区经济社会发展条件的改善（刘洋，2010；杜圆圆，2011）、国家强农惠农新政策作用的显现和地方政府吸引农民工返乡创业就业政策的出台（柯健，2009；杜圆圆，2011），使有创业想法的农村青年返乡创业。从个人角度上来说，回乡创业是个人和家庭的大事，他们在城市只有"边缘人"的感觉，他们不满足生活质量的改善，而是需要更高层次的改善，回乡创业还能够帮助乡亲致富（刘洋，2010；杜圆圆，2011；黄晓勇，2012）。当然，也有些学者从房地产业萧条和季节性因素出发，认为农民工因歇业而返乡创业（柯健，2009）。

再次，关于农民工返乡创业的不足与障碍。农村青年出于群体性的特点，在创业过程中会遇到很多问题，比较集中出现在创业就业观念落后、自身素质有待提高、缺少高起点的平台、融资渠道不畅、当地经济发展不完善和政策支持保护力度不够等方面（柯健，2009；蔡宜旦、汪慧，2010；江立华、陈文超，2010；杜圆圆，2011）。江立华和陈文超（2010）还指出当前研究很大程度上从宏观上把握，缺少个人体验及主体能动性的微观分析。杜圆圆（2011）同时提出了很多地区的农村青年的创业意愿低、人才引进难的问题，这也是当前农村青年创业遇到的重要问题。

最后，关于农民工创业的支持导向与政策建议。学者们的观点主要是从农村青年本身、社会和政府三个方面来努力。从青年自身讲，农村青年应该转变创业观念（柯健，2009；黄晓勇，2012），积极接受教育和职业技能培训，接受创业培训（杜圆圆，2011）；从社会方面讲，应该构建返乡农民工创业文化体系，完善金融服务体系、创业激励机制，努力发展社会服务体系（周亚越、俞海山，2005；柯健，2009；刘洋，2010）；从政府方面讲，应该转变政府职能，增强服务意识，拓宽融资渠道，加大财政和税收支持力度（蔡宜旦、汪慧，2010；江立华、陈文超，2010）。

但现在研究主要偏重于农民工创业行动的横向分布特征或结构性制约因素，对农民工纵向的人生历程、发展过程缺乏微观经验描述与分析。本研究正是基于微观经验的描述来探讨农民工何以能够通过打工而创业，并基于此提出农村转移劳动力超越"为打工而打工"的政策导向。

由此，本研究认为定向打工是农民工分流的筛选机制。马克思提倡人的主动性，人会自己选择自己的发展道路。这个观点对打工的最终去向问题有很强的理论指导性。斯科特（道义经济学）

认为庇护和依附是支撑农民生存的根本东西，这种观点在中国农民人群中的应用值得推敲，因为中国的农民里有生存者和理性者之分，浙江农民就是实例，浙江农民有一部分传统性更强，依附于家庭，有一部分则迎接市场，这两者只是一个比例问题，主要看农民自己的选择。从这个角度看，我们可以为农民理性选择提出建议，给出科学性的指导，帮助他们改善创业想法。从城镇化的角度出发，筛选出 1/3 的农民工进行创业是当前重点研究农民工定向打工具有重要的实践价值与人口政策意义。从新生代农村青年的个人角度看，他们不再愿意像父辈那样辛辛苦苦地挣钱，不但寻求生存，而且寻求发展；从文化程度方面看，新生代农民工大多接受过义务教育，有一定的识字、阅读能力，这为技术习得奠定了较好的文化基础。

农村人口外出打工的社会成本与代价越来越受到学术界和政府部门的重视，留守儿童等衍生问题成为社会关注的热点现象。相关研究表明，双亲外出的留守儿童上大学的概率更低，犯罪的概率明显增高，以及农村的辍学打工现象普遍存在，这些似乎都表明打工的负功能，也有学者提出"反打工文化"，因为农二代、穷二代现象表明了底层社会的再生产，而这种阶层的再生产和复制与"官二代""富二代"一起构成社会阶层的固化。问题是要打破这种固化的传递机制，要让农民改变读书无用的思想观念，首先需要有稳定的经济收入来源做支撑条件，"思想认知的改变导致行动的改变"才成为可能。定向打工既不是简单地反对打工，也不是一定要上大学才能改变命运，而是强调稳定家庭这个社会基本单元，农村青年要打工，但不要为了打工而打工，而是为了创业、返乡发展而打工。

因此，定向打工并不是定向培训（培训完直接对口安排工作）、高校定向生的含义，而是指农村青年在外出务工过程中以创业等行动方向为目标，暂时选择对口的企业等单位体验、经历、学习式的打工，并以此学习相关的技术、经验，并积累资金、人脉的过渡性过程。因此，定向打工具有暂时性（时间不会像为了挣钱而外出打工那样持久）、工具性（打工只是学习技术、积累经验的工具）、过渡性（打工并不是目的而只是跳板）、发展性（不是单单为了生存）。

（二）定向打工的个案概况

定向打工的研究属于在研究执行期间发现的新问题、新思考，所以采用人类学访谈的方法进行收集资料，展开调研。主要个案的情况如下。

MTH，男，38 岁。做家具厂，开两个店，一个在郑州，一个在鹤壁。

LX，女，30 岁。学过服装设计，曾经在义乌等地租店做服装批发，后觉得离家太远，不方便。现在本地开两个服装店，主要做代理销售。

LYC，男，35 岁。初中毕业后先是外出打工，2005 年开了一个照相馆，2008 年又外出打工。2009 年开了一家婚纱影楼和一个礼品店，影楼主要归 LYC 负责，主营婚纱摄影、婚庆摄像；礼品店主要由 LYC 的老婆负责，销售烟酒与婚庆用品。

NHB，男，42 岁。开一家餐馆，常年雇用 6 个人，包括 1 个大厨、2 个帮工、3 个服务员。老婆当财会管账，并协助店里的经营与管理。NHB 主要负责采购，经营时间协调管理，并帮助店里打理业务。

GL，男，36 岁。先是在浙江等地打工，后来发现家庭机会成本过高，尤其是子女教育方面的一些经历触动了他：2009 年本村的一个初一学生留下一封遗书后自杀。这个孩子在遗书中交代的理由主要是父母常年在外地打工，孩子的学习比较差，生活习惯也很糟糕，爷爷奶奶只能照顾其基本衣食方面的需求，孩子在小学六年级时就经常上网，后来还在外面学会了喝酒，初一就与一个女同学发生了性关系。后来女方家长知道后要找他"算账"，孩子因害怕而自杀。为了家庭完整性，也为了子女教育的稳定，2009 年底他决定回家乡创业。2010 年他去山东、河南等地专门学习（给大型饲养场当饲养员）。2012 年他创办了一个养殖场，在访问时养殖山羊 100 多只。

（三）定向打工的过程与内容

1. 定向于"见世面"

市场经济中的"市场"到底是什么样子，市场主要就是"供"与"需"。

供应：有哪些厂家、品牌在供应这一产品，这些供应厂家、品牌分别具有什么样的优势与不足。

需求：市场流行的款式、功能、类型。

市场交易方面：市场销售比较理想的品牌、厂家有什么"规律"或"共性"？销售较好的厂家、品牌的交易特征：价格与质量，"物美价廉"。

　　我妈在我小时候经常教导我，小财靠勤，大财靠命。当时我妈给我讲的是大富大贵是命里注定的，命里没有的东西不要强求，勤劳就可以了。但长大以后我的理解变了，我理解的是勤劳只能求小财，勤劳不能发大财，要发大财只能改变命运。而打工的命运就是"勤"，但你再勤劳你仍然是一个打工仔，只有创业才能改变一个人的命运。命里有没有不好说，我的体会是只有去拼搏了才有机会，如果不去拼搏，你连证明命里有没有这个机会都不知道。

　　我对创业成功最重要因素的归纳是：敢想，果断，勤快，能吃苦，要会沟通，还要在遇到问题与挫折的时候能够挺住。前面说的算是敢想。果断也很重要，犹犹豫豫很多时候会失去机会，时间长了也就失去判断能力了。沟通也很重要，经商不懂得人情世故，那咋能行哩。

　　我打工总共出去过4次，除第一次时间比较长，是到北京的长辛店一个家具厂，叫SD家具厂，当时一个老乡在那边打工，他带我过去的。我先是去干了两个月的帮工，后来转做司机又干了三个多月，最后是做销售代表，干了半年。家具厂的基本业务都是在这个厂里搞清楚的。其他的几次，一次是去中山，广东那边；一次是去浙江绍兴；一次是去郑州。

开始都是应聘人力资源方面的管理岗，一是我有大专证，而且是市场营销专业；二是我确实有一些经验。三次都一应聘就应聘上了。一个是销售经理，两个是经理助理。但我都是干几个月，我去应聘时就是谈三个月的试用期，待遇不计较，但三个月到了我就走人，不愿意转为正式工，因为我的目的不是真的打工，而是了解他们的产品，还有经营管理这一块儿。（MTH）

对于创业，我觉得大多数可能还是只能打工，或者说只适合打工。因为创业是需要很多条件的，大局观念、长远眼光、战略思维，甚至很多可能与先天的基因有关，比如耐心、毅力、风险承受能力。我自己干过的活很多，在北京当过大酒店的保安，也当过酒店服务员，还到浙江当过司机，跑过销售，对，还卖过保险，还去浙江东阳当过临时演员，当时觉得自己脑子比较灵光，就去看看热闹。最后还是决定干餐饮，这样就去郑州的一家酒店当大厨的帮工，干了几个月，又去技校学了三个月，然后去郑州的 HSH 酒店当帮厨，干了也将近三个月，老板要提我为主厨，并要和我签订正式合同。我就撤回来了，因为我已经把他们的菜品样式及一些管理上的经验琢磨透了。（NHB）

2. 定向于技术与经验

农民工外出定向打工侧重于学习和积累从制造性专业技术到管理技术、营销技术（怎么推销产品、怎么扩展市场销路）等多方面的技术。

我觉得创业最重要的不是资本，很多富二代并不缺乏资本，为什么他们不能创业呢，甚至连父辈传下来的企业都干不好。所以，最关键的是经验，当然也需要一些专门的技术。就我干的这个行当来说，家具的质量很重要，家具质量不但来源于材质，而且来源于产品的设计，包括结构设计、款式、颜色等，这些环节任何一个出了问题，你的家具可能就没有市场，甚至有时候家具上的一个装饰性的配件都会影响你销售。而这些都与产品的技术有关，我有些东西是成品，比如五金配件、灯啊全是成品进过来的；有些东西是半成品，比如那些衣柜的推拉门；还有些硬料、板材都是我直接进木料，不管是床，还是柜子，或是桌子，硬料这一块全是我自己加工。最后上漆、组装，就 OK 了。家具从设计到加工，还有销售的技巧，比如展厅如何摆，颜色、款式怎么搭配，如何利用灯光制造效果等，我都是通过打工一步步积累的。早期打工都是观摩多，主动问的少，后来有问题就主动问，问店长，问工友，当然也问顾客对产品的感受、评价。我印象比较深的是在绍兴 XLM 打工的那段时间，当时我是负责售后的回访，在产品设计方面给我不少有启发的反馈。(MTH)

3. 定向于人脉与市场网络

我是 2005 年出去打工的，到杭州。我最早就是去美特斯邦威卖服装，当时他们一个卖场招推销员，我找不到别的活儿，又不太想去工厂，怕管得太死，于是我就去当推销员了。待遇当时比较低，头一个月才一千多吧，好在管住宿。这是我的第一份工作，干得很卖力。每天早上都是第一个到，晚上都是主动把货理好、地拖干净才走。不但勤快，而且我的销售业绩最突出，第二个月，店长直接推荐我到另外一家店当店长。后来我才知道，这第二家店是我前面那个店长与她的姐姐一起创业开的店，而且她们还不止一个店，而是开了好几个店。我当时就有个想法，我将来也要创业，要开自己的服装店。后来，我直接去上海总部，先当了半年多的销售代表，然后转做采购。我这时才知道总部原来并不直接做衣服，只是负责设计，弄出衣服的款式、规格，再找服装厂加工，把别人按照要求做好的衣服贴上牌子就成了他们的产品，然后就发往全国。在上海干了两个多月，我就搞清楚了制衣的全部流程。2011 年我回来自己开店，除了市区的这个店，我在淇县那边还有一个店。但我在打工期间，也吃了很多苦，而且上班从来不偷懒，也不泄露公司的任何商业机密，可以说这种职业操守与信用的积累让我赢得了不少信任。现在，我进货的货源主要是那时候积累的人脉，而且价格优惠什么的比一般人都要多。（LX，女，30岁，高中毕业，开了两家服装店，雇用4人做营业员，其丈夫还经营一家烟酒店）

可以看出，农民工通过定向打工了解了经商的信息与技术性经验，如进货渠道有哪些，营销的客户从哪里来，产业销售网络怎么维持，等等。正如LX所说，"单靠每天的零散的顾客上门，已经不足以维持经营，打通政府单位、企事业单位的销售管理者，建立客户网，这个网里的客户只要有需求，就买我的货"，这样才可以保证有较充足的销售额度。

4. 定向于创业精神

机遇偏爱有准备的大脑；凡事预则立，不预则废。我就是一个不打无准备之仗的人。为创业而打工，迟早会有自己的"天空"，但如果为打工而打工，则看不见前面的路。

我个人觉得一个人无论干什么，心态非常重要。不是说"不想当将军的士兵不是好士兵嘛"，所以，带着创业心态去打工的，往往都会有明确的规划、目标。而为了挣钱去打工，那就是去挣钱，一直听命于别人。特别是习惯了以后，几乎不再愿意承担风险。因为无论是处世，或待人，都已经习惯于那种安然的生活了。我认为，人脉当然很重要，但个人的心态最重要。就算是一直打工，人也要往高处走才有价值。想创业，就去积累，积累想法，也积累人脉，更积累经验。我的体验是"怕"就会输一辈子。（MTH）

我是马云的粉丝，我真的崇拜他。马云说过这样一句话，说人要想清楚三个问题：一是你有什么，二是你要什么，三是你能放弃什么？我的答案是：我有创造精神，我要创业，我能放弃生活的平淡、安逸与享受。（LX）

当然，打工的人也有厉害的，不是有打工皇帝吗？知道吧，你想能够成为打工皇帝，那肯定是非常厉害的啦。但我并不赞成这些人当打工皇帝，因为他的人生价值没有办法体现"自我"，他始终都是给别人做；如果他自己创业肯定会取得更大的成就。再说，如果大家都不创业，那企业怎么淘汰呢，市场优胜劣汰就不可能了，没有竞争社会进步也就不可能了。(NHB)

我觉得打工与创业的价值不一样，打工吧，就是给老板积累钱财，但创业是给自己积累钱财，哪怕自己创业赚得少，也更有价值。因为创业不但给自己积累了财富，也直接为社会创造财富，还给社会增加了就业机会。如果我们每个人都能够直接创业，那失业的问题显然就不会成为问题了。我们是个比较传统的国家，安居乐业的人多，敢顶风险创业的人不那么多，起码没有日本、美国那些发达国家多。我们国家创业人数占总人口的比例是多少？肯定没有人家高。是不是？(LX)

农村人现在也很讲究了，不像以前了。我自己也是农民出身，但有钱不跟城里人一样嘛，就算那些大城市的人，吃的、穿的、用的，咱不都有了吗？我初中的时候就已经比较关注城里流行的时尚了，尤其是流行歌曲、时尚服装啊，我烫头发就是从那时候开始的，初二吧，过年之前做的，当时家里人还不同意，说我拿着钱不知道仔细（节俭的意思），"烧得慌"，但我认为值。后来初三就没有上了，跟着村里人出去打工，一开始就是学理发，后来跟一个老师傅学了半年，然后去一个婚纱店打工，干了有半年左右，跑回来买相机，学照相，你们有文化的人都叫摄影，也买了几本照相的书。我开这个店是 2009 年 9 月 9 号，2008 年一年我都是在外面打工，主要是在郑州，去过郑州的两家影楼，都是照相，应该说外景方面我长进了不少。我还去北京的一家影楼干了几天，名叫 LMZL。你看看，我现在……(LYC)

（四）理论总结与讨论

"如何让一部分年轻人留在农村"成为当下建设新农村的一个关键性问题。定向打工者的思维方式与人生定位不同于普通的打工群体（见表 8-11）。定向打工的目标定位十分清晰，生活方式不是按部就班，而是改写人生、创造财富。

表 8-11　创业者与打工者的思维模式比较

	创业者	打工者
人生目标	事业＋财富	挣钱
生活方式	敢于尝试，敢冒风险	按部就班，遵章循例
世界认知	高度	低度
战略意识	清晰	模糊
风险意识与承受能力	高，敏锐	低，迟钝

第一，工业反哺农业、城市反哺农村的道路与途径。我们过去强调牺牲农业发展工业，牺牲农村发展城市；现在强调反哺，但思路主要集中在"资本"方面，比如资本下乡，被各地奉为反哺农业、反哺农村的最主要道路。不少地方的农民的土地被流转到一起，由下乡的资本家利用手中资本将农民的土地规模化集中，采用机械化的规模耕种，没有土地的农民被聘为给资本下乡的老板种地的"农民农"，或者是外出打工。但无论是打工，还是农民农，都只能是帮工。资本下乡的另外一种后果是，当经营农业不赚钱的时候，资本会"抽身离去"，土地还给农民，但农民是不是还有经验与能力种田，是一个问号。

第二，人力资本理论当中的工龄曲线的改变。无论是普通的城市居民，还是农民，工作时间年数与收入都存在一个曲线或者抛物线，但肯定不是直线的关系。人力资本主要包括教育、工龄、技术等级。农民工虽然成年后也有进修的可能，但绝大多数都是在青少年时期形成的文化程度"定格"终身。为创业而打工则明显改变工龄的曲线或抛物线结构。

第三，农村青年的发展文化会为之改变。一个人创业可以带动多个人就业，而多个人就业在创业者那里又会受到创业精神的感染，这种滚动式发展为农村青年开辟新的发展模式与路径。农民工犯罪的相关研究表明，新生代农民工由于缺乏农业生产经验，也由于对城市美好生活的向往而不愿意从事农业，但城市打工过程的艰辛及低薄的收入让他们形成较为明显的相对剥夺感，城市的灯红酒绿让他们脏累差的工作与生活显得更为乏味，最终"为了来钱快"而且省力走向偷盗抢劫的不在少数，但这些人往往是由于一时糊涂，并没有多大的主观恶意伤害。

第四，宏观政策调控与农民工创业的微观实践。不得不说，国家政策和市场发育情况为农民工定向打工与创业提供了客观的环境条件与社会机会，但贷款政策、优惠政策等都只是外因。农民工创业最主要的变量在于创业的人力资本，即在市场发展中获取市场技术及信息、人脉（销售网络、客户）。从个人行动和社会关系上来说，要想创业成功，就必须要获取技术、信息和人脉资本，这些微观变量为创业提供直接的可行性支撑。

第五，定向打工的行业关联值得思考，这些素材需要收集，进行更广泛的调查与研究。

创业是一个不但解决经济收入问题而且解决精神寄托甚至信仰的事业。从白话上讲，"想到的才有可能"，如果不想，就永远都走不出来，但是要想成功，就要有创业念头，我们要鼓励他们，并从学术上给予帮助。在学术观点上，可以从人的主观能动性、马斯洛需要层次理论中的人的自我实现、布迪厄的惯习理论、行动与社会结构中的关系等方面来阐述。布迪厄的"一个人在实践中去改变现有社会结构和场域"观点，用在定向打工上非常恰当，社会和国家属于外在因素，要从自身行动上分析，要看农民的行动（改造实践的能力），外出打工有10%的农民工是有就地城镇化的意愿的。他们有意愿，但是没有能力，定向打工是摆脱庇佑和依附的有效途径。

（五）农民工创业与小额贷款问题

因为回流者的意愿与从业类型不同，他们具有不同的经济收入和消费水平，从总体调查的情况来看，创业者在经济水平方面明显较高，被动回流者经济条件往往比较差，而主动回流生活型的经济条件处于中间水平。

对于主动回流的创业者来说，他们主观上有创业的意愿，但在土地、劳动力、经营手续等诸多方面都依赖于政府的审批与许可、支持。在中央与地方政府的创业政策导向中，农民工返乡创业成为被调动与宣扬的区域驱动因素之一。根据《国务院办公厅关于促进以创业带动就业工作指导意见的通知》（国办发〔2008〕111 号）和《人力资源和社会保障部关于推动建立以创业带动就业的创业型城市的通知》（人社部发〔2008〕87 号），笔者调查的河南鹤壁市推动全民创业战略，政府的目标是以创业促进城乡更加充分就业。河南类似的创业城市有三个，另外两个是新乡与许昌。

2009 年《鹤壁市创业型城市创建工作方案》规定，"力争用 5 年的时间，使全市每万人拥有私营企业的户数由 21 户增加到 50 户，每万人拥有个体工商户的数量由 118 户增加到 187 户"，"全市每年新增个体、私营企业 2910 户；促进 50 户中小企业进入管理逐步规范、规模不断扩大企业行列；新增就业人员 5 万人（其中城镇新增就业 3 万人）。再就业培训 0.65 万人，创业培训 0.15 万人，发放小额担保贷款 4200 万元"。

政策执行效果在 2010 年《河南省鹤壁市 2009 年创建创业型城市工作总结》中体现出来：2009 年鹤壁市注册登记的个体工商户有 25186 户，较 2008 年增长 41%，吸纳就业人员 45900 人，较 2008 年增长 56%；注册登记的私营企业 3929 户，较 2008 年增长 25%，吸纳就业人员 51672 人，较 2008 年增长 22%。全年共培训创业学员 1710 人，培训后成功创业 1023 人，创业成功率为 60%，创业带动就业 6138 人。发放小额担保贷款 1.17 亿元，其中为大学生贷款 863 万元，为返乡农民工贷款 4420 万元。

主动回流创业在实践形式上又有不同的表现：一种是全家人回家乡创业——生活与事业均回家乡；还有一种并不一定完全将事业放回家乡，家乡创业只是一部分甚至是小部分，城乡并重但存在将家乡作为发展重点的可能，比如需要大量土地的创业。

关于农民工回流创业的绩效有两种基本判断：一种是国家

政策宣传主导和部分经济学研究强调的"挣到了一张门票，换了一副脑子"，即农民工是农村发展工业化的主体力量形象的建构与宣传；另一种是农民工并不具备创业的资源条件、能力等，大多数农民工还是普通的劳动力出卖者。如有研究发现，与主流社会分享相同文化和语言背景、受过较高程度教育的农民工和农业承包商会被市民化——获得城市的永久居住资格，这一部分不倾向于回流；相反，主动回流的往往是受教育程度较低，资源、能力、技术等方面均较差的农民工（墨菲，2009：119）。这里还有一个问题，准确地估量一个打工者在城市所获得的技术、资源及其创业能力是非常困难的。回流者经济资本与经济地位见表8-12。

表8-12　回流者经济资本与经济地位

		N	均值	标准差
打工引起变化显著程度	被动回流型	101	34.9505	5.95714
	主动回流发展型	75	36.1600	6.10945
	主动回流生活型	178	35.4157	5.65447
	总数	354	35.4407	5.83854
社会地位	被动回流型	105	2.79	0.885
	主动回流发展型	80	2.69	0.836
	主动回流生活型	180	2.78	0.856
	总数	365	2.76	0.858
消费能力	被动回流型	106	2.21	0.813
	主动回流发展型	81	2.15	0.823
	主动回流生活型	181	2.29	0.827
	总数	368	2.23	0.822
2010年家庭支出人情送礼	被动回流型	103	3190.49	3057.185
	主动回流发展型	75	3908.00	5276.792
	主动回流生活型	178	4277.78	15003.567
	总数	356	3885.29	10997.433

续表

		N	均值	标准差
2010 年服装类支出	被动回流型	103	2122.78	1917.764
	主动回流发展型	75	6049.33	23444.778
	主动回流生活型	178	3035.96	7863.845
	总数	356	3406.59	12185.597
2010 年家庭大件消费支出	被动回流型	97	3870.31	10673.999
	主动回流发展型	74	5647.97	13171.556
	主动回流生活型	164	6946.40	40786.526
	总数	335	5768.90	29736.251
2010 年伙食类消费支出	被动回流型	99	5564.24	5323.691
	主动回流发展型	75	8775.33	13343.096
	主动回流生活型	178	7378.66	23042.733
	总数	352	7165.94	17734.177
全年总计大约支出	被动回流型	102	21521.38	19655.448
	主动回流发展型	77	39087.01	114332.056
	主动回流生活型	178	31380.79	81634.247
	总数	357	30225.94	79075.498

　　主动回流发展型农民工往往具有较高的经济资本、人力资本、社会资本，他们的心态比较积极，如果与东部发达区域的农二代相比，东部地区由于改革开放的第一代创业者大都获得了较高的经济资本积累，其子女抱有"守成"的不在少数。笔者在义乌、温州的调查发现，大量的第一代创业者年龄已经较大，二代为官、外出求学进而走文职的有相当一部分，剩下继承家庭工商业经营的富二代大都以守业心态对待自己的规划。第一类是根本不经营实业，主要依靠资本利润（放贷）和厂房、住房的房租费用获得收入，按照他们自己的观点，现在商业竞争实在激烈，实业经营又面临税收、用人成本提升等诸多难题，还不如直接把厂房、房屋出租来得稳定、保险。这种既稳定又无风险的食利阶层形成的背后是创业精神的流失与经济发展动力的丧失。第二类是"子承父业"以维持局面已经实属不易，无力开拓新的发展局面。第三

类则是"败家子"类型的富二代，属于完全吃喝玩乐、虚度年华之流。根据笔者的观察，义乌、温州等地这三类依靠创业先富起来的一代的富二代子女基本是各占三成，能够实现"长江后浪推前浪"超越父辈进行发展的大约占一成。

创业目前在社会学领域还缺乏像经济那样精确的概念界定与操作化标准。创业的标准主要牵涉规模大小、目标定位等。从浙江等发达地方在改革开放后最初非农化的经验来看（刘成斌，2011），创业者创业一开始是根据自己的实践能力与经验、资金等条件，注重创业的可操作性。后来的发展定位逐渐提高，慢慢发展成工厂、公司、集团，温州、义乌等地"先店后厂"经营模式证明了这一点。所以，在农民工定向打工的层次方面，不能过分强调大规模、高层次，而是重在可操作性与实践能力。在农民工定向打工的理念指导方面，是一种自我实现的理想式事业或是一种仍然立足温饱的具体职业不要过于纠结。不管是温州模式还是义乌模式都表明，创业者萌生创业观念刚开始不一定都具有详尽的创业计划，而且创业目标也都是动态的、可转化的——刚开始是寻求生存解决温饱，积累了资本和经验自然会走向更高层次、更大规模的经商。判断创业的最主要标准是不会将自己的劳动雇用给别人，自己掌握工作和发展的规划权、经营权、发展主动权。

农民工回流创业之所以受到地方政府的欢迎与政策鼓励，主要是基于以下三个理由：第一是农民工回乡创业增加了地方政府的税收；第二是创业促进了就业和农村的和谐与稳定；第三是创业者带领农民致富的同时也提高了地方官员的政绩、声望（政绩是上面看经济报表数字，声望是农民通过就业机会增加而给予官员更高的评价）。而政府对农民工回流创业最重要的政策支持与鼓励就是小额贷款。

河南鹤壁市政府规定有四类人员可以申请小额贷款，具体包括：退伍军人，毕业大学生（最近两届内），初中、高中的应届毕业生（只限当年），返乡创业的农民工（一般要求有一定技术）。这种政策针对农村上学不好、普遍中学都不能正常毕业的人口来说，要么参军，要么就先外出打工再回流创业是可靠的申请条件达到路径。调查中确实了解到一些农村户籍且没有外出打工经历的人向政府部门投诉、抗议这种政策不公平，因为申请小额贷款的人不但可以享受贷款额度 5 万 ~ 8 万元的免息（政府贴息）贷款资金，还可以免费参加市政府劳动社会保障局举办的创业培训项目，学习金融、人力资源管理等课程。

虽然政府提供免息小额贷款，但一般要求申请人有一个担保，具有担保资格的人员具体包括公务员、事业单位正式员工、国有企业的中层管理岗位以上级别的人员、规模性企业的中层管理级别以上人员。

一是要注意区分真正需要贷款的创业者与有一定社会关系网的申请者。前者是实实在在地要创业而手中缺乏启动资金；后者只是拿到这笔钱，至于如何创业、是否真的创业往往并不认真考虑。但审批手续的操作过程往往是有利于后者，这一点直接影响小额贷款的社会效果与实际创业影响力。

二是担保门槛的设置。一些真正需要贷款的创业者往往是有技术、有想法的农村相对贫困的青年人，但他们一般没有政府要求的且具有担保资格的那些公务员、事业单位或规模企业中层以上管理人员的亲戚、朋友。因为这些具有担保资格的主体与相对处于社会底层的贫困的创业农民工完全不在一个社会阶层中，一般更不可能成为亲戚、朋友。这样就导致小额贷款的真正需求对象往往拿不到贷款。

三是政府不应只提供小额贷款资本本身，还应该为创业者提供经济交流会，结合创业培训项目，邀请以前已经接受过创业培训的成功者回到创业培训课堂给后来的创业者进行经验分享，这在相当程度上会减少后来创业者的失败风险，少走弯路。

四是政府贷款条件中还往往会有实体店的要求，比如个体户的创业申请，政府要求没有实体店的不予以审批，而农村回流的农民工创业初期大都是零起步，往往是需要先拿到这笔贷款才能租赁门面、展开实体店经营。政府要求先有实体店大多是基于风险考虑，也是为了保证申请者真的用于个体开店这一用途，但恰恰最需要这笔资金的申请者没有实力先开店。这就造成实体店与贷款资格的先后顺序悖论。

（六）青年农民工创业的心理误区

通过对鹤壁市的返乡农民工参加创业培训的学员访谈、已经进入创业初期（2 年以内）的创业者访谈，存在的问题主要有以下几点。

（1）盲目性。创业者本人对为什么创业、如何创业没有一个充分的、清醒的认识，只是听说别人创业或者是听说有创业贷款的资助，才参加培训并试图创业。这种盲目性缺乏积极、充分的创业定位与计划，没有全面收集所创业项目的具体市场信息，没有去认真调查研究所创业项目在本区域范围内的市场潜力、竞争情况，没有分析自己从事创业的优势、劣势等。这种跟风或模仿性的创业大多由于创业计划不周、定位不准、市场不明将给后来的创业路带来不利影响。

（2）浮躁和急躁心理。不少创业者一开始就想象自己能够代理大品牌，建立一个品种齐全的展示柜台，或者是建立一套销售、服务人员齐全的创业班子，这些都是把创业过程简化了。创业是靠一步一个脚印、逐步打开局面的，不是靠政府扶持一下子到位的，即使自己家里有钱，也不能靠大规模的资金投入一下子上规模、全方位经营一门生意。不能一口吃个胖子，创业需要螺旋式上升，创业初期基本不能靠跨越甚至飞跃。

（3）过分注重外因，相对忽视内因。对于政府提供的贷款注重到，"只有拿到政府贷款我才能创业，没有政府贷款我就创不了业"。这种心态误解了政府的扶持本意，扶持是指以个人创业为主因，政府只是诱导、引导、支持和鼓励返乡农民工等类型劳动力创业。政府贷款既不是创业的必要条件，更不是创业的充分条件，那种把政府贷款视为充分必要条件的人颠倒了主次矛盾，转移了自己的发力方向，误解了创业体系中各要素的结构关系。

（4）对规范经营认识不清。不少经营者为了申请政府贷款，必须拿到一个正规经营资格证书，而去工商部门办理经营证书，必须缴税，这是正常的。但一考虑到那些办理经营证书的个体户可以免税（漏税），心理出现失衡：老是抱怨"为什么那些不登记，政府完全不能掌握情况的个体户可以不交钱"，"政府收了我们的钱，也应该收那些不登记的经营户的钱"。存在这种相对剥夺心理的人完全不清楚规范经营的意义，政府贷款之所以以规范经营为前提条件是有创业为引导的：有正规手续，也有正规支持（贷款），也有正规发展计划，还要有正规管理。而这些是没有登记的个体经营不曾考虑的问题。二者的区别是谁成功走上规模化发展的可能性更大。打个比方，创业是政府想提倡的正规军，那些非正式经营资格的个体户只是散兵游勇。

（5）缺乏创业伦理的精神支撑。德国思想家韦伯的《新教伦理与资本主义精神》，主要是讲西方为什么会产生资本主义文明，其观点是与新教伦理培育了天职观这一因素有关。我们的创业青年愿意参加政府的免费培训，但不愿意自己看书学习管理知识、专业技术；愿意接受政府的各种支援和扶持，但不愿意自己花功夫收集信息、研究技能。农民工从原来为别人打工到现在自己创业甚至是要聘用他人为自己来打工，这种角色、身份的转换可以用一场革命来形容，"这场革命通常并不是由源源不断用于工业投资的新资本引起的，而是由于这种新的精神"（事业心）。近代资本主义"扩张的动力首先并不是用于投资经营的资本额度的大小，更重要的是资本主义精神的发展问题"，这种精神与传统的适应型伦理有根本的区别。无论是传统的农业耕作，还是在别人的企业里打工，农民工听命于别人按照既定的工序、标准操作生产线或提供服务，都是适应、服从的行动模式，往往不需要农民工有自己的主见；但转换到创业角度就不同了，创业过程的农民工首先是自己决策、自己规划，角色和身份已经成为主宰者、运筹者，创业成败取决于"新型企业家具有确定不移且是高度发展的伦理品质，以及洞若观火的远见和行动的能力，他才在顾客和工人中间赢得了不可缺少的信任"，除了这种精神伦理，"没有任何别的东西能够使他承担起近代企业家必须承担的、无比繁重的工作"（韦伯，2007：180—181）。

单就农民工从打工仔到创业者的角色转换来讲，英语当中两个词能够很好地区分：以前给别人打工，所谓的工作、职业只是一个 job；现在创业不仅仅是一个工作、职业，更需要的是 calling（感召力）。按照属性层次的高低来划分，前者 job 只是一个饭碗，后者 calling 是一种事业，事业高于饭碗的地方就在于有精神伦理。有精神伦理支援才能想别人想不到的，吃他人吃不了的苦，才能创造奇迹。

（6）缺乏团队合作意识。很多创业者谈到自己创业时苦于自己能力不足、资金不足等，但又说家里人如何不能提供帮助、支持，有能力的亲人、朋友又合作不来；谈到家族企业，又说江浙、广东的家族企业都闹分家，家族式企业不好。我们还没有创业呢，就担心、忧虑家族企业的弊端，是不是担忧得过早了。在什么阶段说什么话，在什么阶段思考什么问题，现在是缺人、缺资金，能够找到人合作，就要用合作精神进行沟通、协调，而不是由于担心将来分家问题现在根本不进行合作。

从农民工创业的现状来看，回流的先行者当中较早进行创业的返乡农民工由于在市场、成本等各个方面都占据了先机，总体上还是"有利可图"的。早期的经营成本比较低，土地和门店等成本基本不会构成创业的障碍，但到大批量、政策导向型创业的时候，各种经济要素的成本大幅上涨，加上劳动力供应市场变化导致的用工难，人力成本也大幅上涨，因此，近几年刚刚着手创业的回流农民工往往出现不赚钱的结果。所以，农民工回流创业的成功概率既是一个与农民工经济资本、人力资本有关的经营行动，也是与经济环境、市场机遇与国家政策等宏观因素直接关联的社会问题。但有一点是可以肯定的，农民工回流创业首先在家庭层面带来了农民工老、中、少三代的团聚与家庭融合，阻断了孩子辍学的发生路径，融洽了夫妻生活，完善了养老功能等。同时，农民工回流创业也对带动本地就业情况，帮助本地脱贫，减少人口外流等方面有所贡献。所以，对农民工回流创业还是应该以鼓励、支持为主，同时给予尽可能多的政策引导与技术帮助。

第九章 回流与新农村精神文明建设

家庭与经济发展是回流农民工直接看得到的生活与生产方面的变化，但新农村建设的过程中精神文明可能对农村发展的意义更重要。近些年来，农村从经济观念增强到邻里关系丧失传统共同体属性等变化引起不少学者的关注。"村与村之间、干部与村民之间、村民与村民之间更多的是以利益关系相互联系，成员归属感、共同利益、相互信任以及集体行动能力等社区最重要的社会资源成为稀缺品。"（谭琛，2011）尤其是由于农村精神文明方面的伦理性转变而导致一些悲剧发生，从以日常生活送礼的人情为主转变为以经济利益为主，到驱使农村人"事不关己，高高挂起"的冷漠化，再到邻里关系淡化，导致"远亲不如近邻"越来越成为历史，都表明农村精神文明建设成为迫切的社会问题。

第一节 回流农民工的素质与文明

农民工外出打工作为一项职业生存方式的改变，同时也由于进入城市，在生活方式、生活环境和文明素养方面有诸多变化。其中，本研究调查了农民工对自身由于打工而引起的素养方面的变化，其结果如表9-1所示。

表9-1 回流农民工对自我素养方面的评价（N=377）

单位：%

	明显提高	有所提高	无明显提高	有所下降	明显下降	缺省
开阔眼界	23.1	53.1	16.4	3.4	2.9	1.1
法律知识	11.7	46.9	34.0	3.2	3.7	0.5

	明显提高	有所提高	无明显提高	有所下降	明显下降	缺省
卫生观念	10.6	50.4	30.2	4.5	4.0	0.3
排队等规则意识	13.3	48.8	29.7	4.5	3.2	0.5

调查结果显示，农民工经过走出家门进入城市打工，提高最明显的是开阔眼界。对开阔眼界评价为"明显提高"与"有所提高"的达到76.2%，这表明农民工外出对开阔眼界的作用比较显著。法律知识的改变"明显提高"与"有所提高"的合计达到58.6%，卫生观念的改变"明显提高"与"有所提高"的合计达到61.0%，排队规则意识的改变"明显提高"与"有所提高"的合计达到62.1%。总体上表明，回流农民工在规则意识与卫生观念、法律知识等精神文明素养的提高比例平均达到六成，对农村人关于法律、卫生等方面的传统观念改变具有主流冲击作用。

除日常生活中的文明行动外，农村人口的经济理念与价值判断也是其现代精神文明的重要体现。现代文明的经济观念应当是有理有节的经济观，而不是陷入拜金主义。回流农民工对经济观念的评价情况如表9-2所示。

表9-2 回流农民工对经济观念描述的评价（N=377）

单位：%

	非常有道理	比较有道理	一半有道理	一小部分有道理	完全没道理
能挣钱就是好事	17.0	27.6	16.2	17.5	21.8
理想再好不能挣到钱也没有用	12.5	21.2	21.2	23.9	21.2
农村人辍学打工是正常的	12.5	20.4	23.1	26.0	18.0
打工能挣到钱一样活得精彩	15.6	20.2	21.5	23.3	19.4
有钱能使鬼推磨	11.7	20.2	21.5	22.0	24.7
人有钱比有学历还重要	13.5	23.1	18.6	23.6	21.2
农村人有钱一样有地位	4.8	18.8	25.2	28.4	22.8

续表

	非常 有道理	比较 有道理	一半 有道理	一小部分 有道理	完全 没道理
大学生学费太贵，上大学不 划算	4.2	18.6	25.7	28.6	22.8
没钱的人都会比较自卑	5.8	22.0	21.0	25.2	26.0
对个人发展而言学历越来越没 有钱重要	1.9	18.0	21.5	21.8	36.6

　　表9-2的数据表明，仍然有相当比例的回流农民工将一些明显错误的经济观念描述判断为"非常有道理""比较有道理"。比如，"有钱能使鬼推磨"的描述项选择有道理的占到31.9%。当然，"能挣钱就是好事""理想再好不能挣到钱也没有用""农村人辍学打工是正常的"等选项本身在当下价值多元的大环境下，就是有争议的。在贵州和四川等省份的欠发达地区，基层政府竖立"磨刀不误砍柴工，读完初中再打工"的标语牌来劝导那些辍学的孩子，但本书第二章表明农村青少年辍学的规模可以为2000万～3000万人。这表明广大农村人的经济观念现在比较务实，对于挣钱的经济诉求可能还普遍比较强烈，传统农村中知足常乐的经济观念越来越失去市场。在学历教育上，认为"人有钱比有学历还重要"有道理的比例达到36.6%，认为"大学生学费太贵，上大学不划算"有道理的也达到22.8%，认为"对个人发展而言学历越来越没有钱重要"的也达到19.9%，认为"没钱的人都会比较自卑"有道理的达到27.8%，这表明农村的社会地位观念中经济地位的影响之重。

　　表9-3是针对农村当下存在的错误观念而设计的一个量表。调查结果表明，农民工认为这些选项"非常有道理"和"比较有道理"的比例均比较高："农民即使对子女教育很重视，孩子也不一定考上大学"项目是测量农民工对子女教育的信心的指标，但有55.0%的回流农民工认为是有道理的，就表明回流农民工当中一半以上的人对子女教育的信心不足。

表 9 - 3　回流农民工对子女教育问题的评价 （N = 377）

单位：%

	非常有道理	比较有道理	一半有道理	一小部分有道理	完全没道理
农民即使对子女教育很重视，孩子也不一定考上大学	27.2	27.8	13.8	12.9	18.3
农村人即使考上大学，也难找好工作	19.8	22.8	18.6	20.7	18.3
农村孩子即使上大学找到工作，也不一定比打工挣钱多	19.2	25.4	18.6	21.0	15.9
农村孩子学习不如城市的孩子好	22.2	9.6	7.8	18.6	41.9
农村孩子比城市孩子笨	13.8	6.3	2.1	7.2	70.7
农村父母没有城市父母重视子女教育	18.9	18.0	15.3	18.0	29.9
农村孩子生活习惯不如城市孩子	21.6	9.0	8.7	21.0	39.8
农民即使有条件，孩子成功的机会仍然小于城市	20.4	29.6	15.9	14.4	19.8
早点打工挣钱会更多	18.6	24.0	18.3	20.7	18.6
在父母的影响方面，农村孩子不如城市孩子	24.6	16.5	14.1	17.1	27.8

　　"农村人即使考上大学，也难找到好工作"与"农村孩子即使上大学找到工作，也不一定比打工挣钱多"这两项是测量农民工能否正确理解大学教育功能的指标，大学教育并不只是找工作、挣钱的杠杆，更是促进人全面发展的重要平台与过程。但是调查数据显示，对"早点打工挣钱会更多"选择"非常有道理"与"比较有道理"的合计达到42.6%。这表明在客观的城乡教育条件差异的背景下，主观上对子女教育的不自信、消极判断在农民工当中比较普遍。与这些消极认知形成鲜明对比的是，农民工认为"农村孩子比城市孩子笨""完全没道理"的比例高达

70.7%，这说明农民工群体普遍认为农村孩子有足够的智商与城市孩子进行竞争。但那些消极认知足以导致智商并不低下的农村孩子大量辍学。

本书第二章的内容已经表明农村辍学现象的概况。根据第六次人口普查的数据，6~17岁全国农村留守儿童中有3.38%的人未按规定接受义务教育；而农村孩子接受高中教育的情况更是堪忧，15岁农村留守儿童正在读高中的比例只有13.3%（另有77.04%正在读初中），16岁和17岁农村留守儿童的相应比例也分别只有29.6%和43.0%（读初中的比例分别是50.9%和24.1%）。

综合来看，农村人的读书观念发生了明显的"无用论"倾向，关键的是这些人不是没有条件上学，虽然接受教育过程中会有这样那样的困难，但从纵向的角度比较看，当下农村的教育条件还是比以前改善很多，农村家庭的经济条件也明显改善。在这种经济向好、生活更好的条件下，辍学率的反弹在一定程度上说明了"脑体倒挂"思想的回潮。在过去，农村学生多因为贫困辍学，随着国家的惠农政策的实施以及新农村建设的发展，农民的生活质量得到改善，在教育方面，国家的"两免一补"政策进一步减轻了农村学生受教育的经济负担。在这种情况下，农村学生的辍学率不升反降就成为一个令人深思的问题，有研究者甚至将这种情况称为"因富辍学"。因此，转变农民的社会认知与教育观念是比增加农村基础设施建设更为迫切的新农村建设任务。

第二节　村庄风尚与公共秩序

随着整体社会大环境的现代性增强与农村人的经济观念强化，农村社会在滕尼斯共同体意义的传统属性逐步丧失。随着农村经济生产方式的现代化与大量人口外流等现象，农村人口的生活方式发生了翻天覆地的革命性变化。回流农民工对本村民风方面的评价如表9-4所示。

表9-4 回流农民工对村庄民风方面的变化评价 （N=377） 分布

单位：%

	越来越多	没有变化	越来越少	缺省
邻里互助	52.3	37.4	10.1	0.3
对老人很孝敬	58.4	34.7	6.6	0.3
热心村集体的事情	30.8	45.1	23.9	0.3
在公共设施建设等方面自私自利	27.9	38.2	33.4	0.5
在家待不住，只想在城里	54.1	35.8	9.8	0.3
在家没意思，靠打牌消磨时间	48.0	31.3	20.2	0.5
铺张浪费	43.0	36.9	19.6	0.5
做事情有自己的主意不随大流	31.0	49.3	19.1	0.5
村集体的事情没人管	28.1	39.8	31.8	0.3

表9-4的数据显示，①在邻里互助的问题上，主流的判断还是认为邻里互助在增强，认为村民之间互助关系"越来越少"的比例只有10.1%，这表明农村的传统共同体属性还是基本保留，诸多学者对农民邻里关系的批评只能说是个别现象，在农村仍然是少数。②在孝敬老人的问题上，主流判断是人们孝敬老人的情况在好转。③在热心村集体的事务方面，认为与以前没有什么变化的判断占主流，认为人们越来越不关心村集体事务的比例达到23.9%，说明农民对公共事务、村集体事务的关心确实存在一定的淡漠化。④对于在公共设施建设等方面自私自利的评价，有27.9%的回流农民工认为"越来越多"，这表明农村公共建设方面存在一定程度的公共道德的衰落。⑤在村民进城打工与待在家乡的评价上，主流判断是"在家待不住，只想在城里"，认为这一现象越来越多的人群比例是54.1%。与之相印证的是，有48.0%的回流农民工认为"在家没意思，靠打牌消磨时间"。⑥在村庄生活与办事方面，认为铺张浪费现象"越来越多"的占43.0%，认为"越来越少"的占19.6%，这表明新农村建设过程中铺张浪费现象比较普遍。⑦认为村民们有主见、做事不随大流"越来越多"的占31.0%，多数人认为这一现象没有变化。⑧对"村集体的事没人管"的现象，认为其"越来越多"的人占28.1%，认为其"越

来越少"的人占 31.8%，这表明人们对农村村集体事务的淡漠化存在较高的比例。

不同类型的村庄在村容村貌方面的变化会有不同，三类村庄的农民工对村庄变化的评价如表 9-5 所示。

表 9-5　不同类型村庄农民工对村容村貌
变化的评价（1~5 分）

	高外出、低回流	高外出、高回流	低外出
村庄道路比十年前改善程度	4.56	4.41	4.52
村庄卫生比十年前改善程度	3.90	3.89	3.98
村庄人际关系比十年前改善程度	3.60	3.40	3.82
村里治安比十年前改善程度	3.85	3.62	3.98
村民生活水平比十年前改善程度	4.37	4.33	4.28
村民住房比十年前改善程度	4.31	4.21	4.15
乡村民风比十年前改善程度	3.57	3.53	3.66
村庄管理方式比十年前改善程度	3.63	3.67	3.74

注：表中数值范围为 1~5 分，1 分为最低（没有什么变化），5 分表示最高（变化非常显著）。

首先，农村变化最明显的是村庄道路、村民生活水平、村民住房条件。这三个方面都是物质条件的硬变化，这说明近十年来的发展在农村取得了广大村民的认同，按照政府的工作报告就是农民分享了改革开放的发展成果。低外出村庄也在这些硬件设施方面取得了显著变化，并不是与其他类型的村庄处在同一水平，只是通过纵向比较，村民感受到改善明显，特别是国家财政转移支持制度实施帮助欠发达区域获得了较好的硬件设施的建设条件。

其次，变化比较大的是村庄卫生条件。农村的卫生条件改善与农村道路、住房条件改善是密切相关的，特别是房屋内的卫生条件是以住房本身的改善为前提的。现代楼房或水泥建筑的房子基本是水泥浇筑的地面，卫生条件大大改善。同时，农村自来水工程也让农民用水更卫生。

再次，村庄治安方面的变化、村庄人际关系方面的变化都是高外出、高回流村庄的平均值更低一些，而高外出、低回流村庄与低外出村庄的评价更高。

最后，乡村民风改善与村庄管理方式的改善在三类村庄中村民的评价都比较接近，接近改善比较显著的水平。

积极的社会态度与健康的心理状态是新农村建设不可或缺的精神文明内容。相关的调查结果如表9-6所示。

表9-6　不同类型村庄的农民工对社会形势
的认知比较（1~5分）

	高外出、低回流	高外出、高回流	低外出
您的亲人普遍来讲对生活的信心	2.27	1.82	2.20
据您观察，您身边的大多数人对未来生活的信心	2.35	2.18	2.28
就您周围的大多数人来讲，您感觉大家的生活心态比以前是否变得更乐观？	1.68	1.27	1.75
底层人向上流动的机会	2.10	2.07	2.22
农村孩子的受教育机会	2.05	1.68	2.02
抱有怨恨心理的人比前些年（负向）	2.94	2.82	3.08
社会贫富分化加剧（负向）	2.05	1.50	1.85
您身边熟悉的人中，大多数人的生活压力（负向）	2.04	1.81	2.10
民众不满情绪（负向）	3.01	2.89	3.10
官员腐败程度（负向）	2.26	2.43	2.74

注：表中数值范围为1~5。其中1是明显增加，2是有所增加，3是没有明显变化，4是有所下降或缓和，5是明显下降或缓和。

数据显示，社会形势的描述有五项是中立的，有五项是负面社会心态。在生活信心、向上流动机会、农村孩子受教育机会的判断上基本处于"有所增加"与"没有明显变化"两种水平之间。在生活心态比以前更为乐观的项目上，回答平均值是在"明显增加"与"有所增加"之间的水平，这表明农村普遍对未来生活抱有乐观的态度。

但同时，调查数据也表明，抱有怨恨心理的人数、社会贫富分化的加剧程度、生活压力、官员腐败程度的评价也处于"有所增加"的水平上，高外出、高回流村庄中贫富分化加剧与生活压力增加的情况更为严重，均值处于"明显增加"与"有所增加"之间。村民的不满情绪在三类村庄中变化基本不明显。

另外还有一项关于赌博的数据，近年来赌博在农村比较普遍。调查数据表明，高外出、高回流村庄的赌博现象最为普遍，在回答"据你所知，本村人参与赌博的人有几个"的问题时，高外出、高回流村庄回答的平均值是 46.5，而高外出、低回流村庄与低外出村庄的平均值分别是 21.0 和 22.1。这表明农村的赌博现象普遍存在，但流动率高回流率也高的村庄更多。

第三节　早婚的新生代农民工及其回流

1. 早婚农民工的特征

农村的早婚现象一直都存在，但近年来农民工流动与城镇化等现象促进了早婚现象的加剧。农民工流动导致的早婚主要是因为青年农民工在外出务工过程中，生活节奏快、生活方式单一，除了工作外业余活动较少，城镇社会融入程度低，加上缺少父母的直接监管，不少青年农民工在务工过程中与异性由相遇到相识，再到相知。总体上讲，这类婚姻是以青年农民工个人的自主决定为多，父母尤其是女方的父母一般不知情，等到"生米煮成熟饭"的时候女方的父母才知道事情，但大多数情况下只能承认"既成事实"。早婚的青年农民工结婚、生育孩子一般要在老家待 2～3 年，这种短期性回流在我们的调查中几乎每个村庄都有。等到孩子"断奶"或上幼儿园之后，青年农民工会再次外出务工，或者是女性在家，男性在孩子出生数月后（一般办完满月酒）就会外出务工。

我们先看以下三个案例，再来分析青年农民工早婚的特征。

Case1：男 22 岁，女 20 岁，孩子 3 岁。2010 年结婚时，男 18 岁，女 16 岁。男孩初二就辍学了，然后外出在餐厅打工，学厨师，在学厨师的时候，认识了女孩（现在的老婆），两个人都有好感，然后就同居了，同事们都以年轻人为主，大家都很开放。共同租房一般是有感情，而且经济成本低，减少开支。共同租房一年多，怀孕了，女孩想要孩子，男的一开始不同意，但后来女孩坚持，就回来生孩子，男孩的父母很高兴，说可以早点抱孙子——2010年男孩的父亲、母亲分别为40岁，39岁；女孩的父母稍大一点，分别为42岁、40岁，刚开始不同意，但女孩因为身孕坚持与男孩结婚，最后是双方只能同意办事。

Case2：男28岁，女24岁，两个孩子，都是男孩，一个6岁，一个4岁。2007年结婚，当时男孩21岁，女孩17岁。也是先同居，然后女孩怀孕。男孩最初跟随舅舅外出打工，舅舅是工程项目的承包人，男孩就跟随舅舅当上项目经理。男孩的老婆是项目的秘书，相中了男孩，然后就在一起了，是女追男。女孩看中男孩的收入高，而且有男人味儿——当时男孩年收入有7万~8万元，而且工程队包吃住，还配车。双方先是在项目工地同居，然后一起租房居住，2007年初怀孕，2007年5月回家办事——举行典礼，宴请亲友；但没有办证。现在俩人已经有户口和结婚证了，是2013年办的，两个孩子的户口和结婚证都一齐办的。

Case3：男21岁，女20岁，有一个3岁的孩子，女孩是自愿到男孩家中住，男孩家里2004年建的新楼房，卫生条件较好，有独立的卫生间。2010年结婚时，男孩是17岁，女孩是16岁。当时没有怀孕，但女孩坚持住在男孩家里不走，女孩父母当初反对，还曾经吵过一架，但后来女孩坚持，只要一出门，就到男孩家里住着。男孩父母同意，女孩父母最后也没办法，就要求他们先结婚，男孩父母同意了。于是2009年认识，2010年初（过年后）女孩就住在男孩家里，2010年10月2号结婚，2011年9月孩子出生。

早婚的特征有如下几点。

（1）同居或形成事实婚姻的年龄都不到法定结婚年龄，或至少一方达不到法定结婚年龄。由于不到法定结婚年龄而无法办理正式的结婚手续，于是男女双方分别在家乡办酒席、拜堂成亲，通过农村婚姻习俗宣告事实婚姻的成立。

（2）早婚的双方一般是先在务工过程中认识并逐步熟悉，然后同居。也就是说，其事实婚姻的形成往往是在家长知晓之前。

根据这一点，我们不妨将这种青年农民工自己主张、自己"做实"的婚姻称为"自主性早婚"。这一点与传统的农村早婚有所不同，传统的早婚多数情况下是父母之意甚至是父母之命。

（3）早婚往往伴有早育。青年农民工在劳动力年龄上已经达到了法定的劳动力年龄，但相对于结婚年龄来说，这些青年农民工往往并不具备专业性知识与婚育知识，尤其是不少青年农民工对避孕缺乏了解，同居很快导致怀孕的现象非常普遍。这些青年农民工对抚养孩子、父母责任往往缺乏了解。

（4）早婚形成的回流一般为结婚与第一胎生育期，为 2～3 年。根据我们的调查，早婚农民工形成的回流最短的只有几个月，比如只结婚而没有生育的往往在家待不长，但这一部分比例并不高，大多数情况下是早婚的青年农民工会怀孕生育，这样一来其回流的期限以 2～3 年居多，也有一部分农民工是女方待在家里照顾孩子与老人，男方外出，但夫妻共同外出的比例占据主流。

（5）早婚的比例正在下降。我们在调查过程中发现，2000 年前后到 2010 年的十年间应该是早婚最为流行的高峰期，最近 5 年与前 10 年相比，早婚的比例有所下降。这也是农村人婚姻观念更加成熟的显示。

（6）早婚当事人大多有辍学的经历。因为早婚意味着年龄较小，而年龄小就去外出打工与其求学期限较短直接相关，所以辍学外出的青年农民工大多更容易在缺乏知识与相关发展规划的情况下早婚、早育。而且，从笔者的感受来讲，辍学与家庭经济条件并无必然的关联。

我们在调查过程中发现，如果是千人以上的村庄，一般会有数十个早婚的青年农民工。例如在 HTP 村，有 1200 口人，320 户。根据村干部估算，截至 2014 年底，2000 年以来已经结婚的人口中，女性结婚时的年龄为 17～19 岁的有 40 多个；男性结婚时年龄为 17～21 岁的有 30 多个，双方年龄均未达到法定结婚年龄的也有 30 多个。

2. 早婚青年农民工父母的态度

调查中发现，早婚当事人中男方的父母一般不反对儿子早婚：

男孩的父母估计有一半都是高兴还来不及的，他们认为这是自己家孩子有本事的表现，是吧？孩子能够从外面领一个媳妇回来，那多好哩，这表明咱孩子有本事，所以很高兴；另外一半的父母是无所谓或者是不想同意也不中，没办法管。（TP 村支部书记）

根据河南新乡、项城两地 10 个村庄的调查，早婚人口中男女方的父母主要有以下几种观点。

（1）男方父母觉得孩了有本事，领一个女孩回家是自己家孩子有能耐的充分体现。在我们的调查中发现，农村男孩的父母在儿子早婚的事情上，一般并不讳谈，但女孩的父母往往觉得脸上没光、没面子。男孩的父母往往会显示出几分自豪感，他们认为儿子能够从外地领一个女朋友或儿媳妇回来，表明自己的儿子有魅力、有能耐。而且父母以前往往对孩子学习成绩不好等不满意，甚至对孩子缺乏信心，而能够领一个儿媳妇回来则增强了父母对儿子发展能力的信心。

（2）男方父母觉得经济成本划算，一般在农村找人说媒、相亲等是一笔相当可观的开支，少则几千元，多则几万元，在我们调查的河南、湖北等地农村，男方与女方订婚所支付的彩礼一般要在 5 万~20 万元。如果男方条件较好，女方条件较差，一般在 5 万元左右的居多；但如果男女双方条件都比较好，则一般至少要 10 万元。当然，婚礼费用也跟女方家长强行要求有关。现在，对于早婚的男孩家长来说，儿子领一个媳妇回来，甚至不用盖新房，那是相当划算的好事。

（3）男方父母想早点抱孙子。例如，河南 FD 村的中年男女 40 岁左右抱孙子、当爷爷奶奶的现象相当普遍。家长对孩子早婚、早育有他们自己的理解，他们认为孩子结婚早，自己还年轻，可以帮忙带孙辈，无论是身体健康条件还是精力都是越年轻越好。如果将来老了再带孙辈，可能体力与精力都有所不济。况且，现在的农村年轻人大多等到孩子上学后就将孩子留守在家乡，爷爷奶奶当得早肯定比当得晚更有保障。

（4）男方父母跟风与从众。一部分男孩的家长认为，早婚不算什么坏事，别人家都这样，自己也就无所谓了。我们发现一部分家长甚至认为自己的孩子如果不能领一个儿媳妇回来是"不跟趟儿"，把孩子的早婚视为一种年轻人的流行行为，个别家长会鼓动自己的孩子早点谈恋爱、结婚。但早婚当事人中女方的父母一般是在知晓的刚开始反对，后来也无奈顺从。

（5）女方父母一般会反对但管不住。除非孩子不出去，一直待在家里，但这不可能，只要孩子一出去，父母就管不住了，"现在的孩子都是自己当家，你咋管？谁也不能天天跟着她"。

（6）女方父母重男轻女，认为"女儿早晚都是一门亲"，反正都是别人家的媳妇。既然早晚都是给别人家准备的，那也就是点彩礼加一门亲戚的事。所以，不少女孩的父母在知道情况后，往往会追要一笔定亲费用，或要求男方来承担办酒席的费用。

（7）女方父母认为无法改变生米煮成熟饭、木已成舟的事实。好多情况是已经怀孕了，"反正都已经那个样了"。

（8）女方父母一般改变不了孩子的自主选择。父母知道后虽然一般不同意，但现在外出打工的女孩子往往在经济上独立，经济独立或男孩的支持让这些女孩子自主性更强，父母不同意也只能跟孩子生气，最后闹得不愉快甚至女孩不愿意回家，这会导致女方父母妥协、让步，其后承认这种事实婚姻。HTP村有一个例子，因为父母反对结婚，女孩最后离家出走，父母也找不着她了。此类事件在村民当中的普遍影响是让父母在孩子的婚姻上放手——孩子的婚姻孩子做主。

3. 早婚当事人的观点

（1）婚姻自主。"我的婚姻我做主"是青年农民工说得最多的理由，在这种自主的见解中，女孩往往表现得比男孩更坚决，男孩倒是主张"应该先见一见父母"的更为普遍。应该说，女性的自主性、独立性在早婚当中表现得更为明显。

（2）信息化与爱情机会。青年农民工现代观念强，即使省吃俭用也要买上档次的手机甚至电脑，那么随着青年农民工当中智能手机的普及与网络的普及，他们对网络上的信息了解得多了，尤其是情感方面的文学作品或影视作品见得多了，同时男女交往也更方便，无疑增加了寻找感情、遇到爱情的机会。

（3）观念更为开放。用青年农民工自己的话讲，外出打工见识多，对新生事物接触多、接受快，思想观念也就更加开放、现代，尤其是在感情方面崇拜自由、爱情。

（4）打工外出的独立空间与打工生活的单调、无聊，导致青年农民工更加渴望男女自由恋爱来打磨空闲时光。"下学早，工作之余没事干，只能谈恋爱"是打工生活的真实写照。

（5）盲目的爱情观。不少已经成为父母的青年农民工在谈及当初的同居或事实早婚问题时，坦承当时"对婚姻、生育、人生真的不了解"，恋爱与同居都是跟着感觉走。

当然，无论是经济独立导致的婚姻自主性增强，还是爱情观念更加开放，或是用同居打发务工业余的无聊时间，都会导致这些早婚的不牢固或感情的危机，最终导致离婚成为普遍现象。

4. 早婚的影响

首先，当事人大多是对婚姻观念模糊，婚姻责任认识不清，导致婚后矛盾较多。早婚农民工大多是辍学外出打工的新生代农民工，不少还是在父母不同意的情况下，自主早婚的，年轻人又容易冲动，处理问题比较草率、意气用事，导致婚后矛盾普遍较多。婚后虽然有矛盾，但还是没办法。现在这些青年农民工的早婚都是自主的，所以遇到问题大多是自己解决。

其次，离婚率较高。早婚的新生代农民工由于结婚草率，对离婚持无所谓态度的占据相当大的比例。一方面是早婚者分手很轻松，受城市的影响，婚恋观念开放，甚至比城市还开放，更加无拘无束；另一方面是导致其他农村青年婚姻责任感的淡化与离婚率增加。在农村男女双方要离婚的话，女方一般是净身出户，娘家人会觉得这是丢脸的事儿；法院一般也会支持男方的，因为虽然有事实婚姻，但举证啥的，最后还是对男方有利。

再次，早婚伴随早育。城市的年轻人同居一般不会生孩子，但农村的青年农民工往往避孕少，由于年龄小，早婚当事人的生理不够成熟，生育质量容易有缺陷。根据河南、湖北等地的调查，孩子的质量在生理上可能并不明显，因为生活越来越好，营养条件也比较好。但 20 岁之前的生育并发症对年轻女性来说还是比较常见的。更重要的是早婚导致"大孩子"教育"小孩子"的问题，教育知识欠缺的情况在农村成为一个显著问题。早婚的当事人大都不懂生育知识，更不懂教育子女的知识，往往是由老人来带孩子。早婚的男女双方在家以休假为主，在家待一两年是普遍现象。

最后，早婚也带来农村自由婚恋观念的盛行，定亲基本上不再有市场。这种自由婚恋减小了男方家庭的负担，对于农村婚姻观念的现代化具有正向影响。

第四节　农民工回流与离婚的增加

1. 典型村庄——王沟行政村的概况

主要访谈对象为村委会张主任。本地离婚的家庭有 60 多户，而且最近几年增加越来越明显。

张主任 1996 年开始做村主任，一直做到现在。那个时候村里一共有 1900 多口人，这么多年下来人口增加的不多，基本上平衡，还是 1900 多口人。1996 年那个时候还没有来村里买宅基地盖房子的，现在有几十户买宅基地盖房子的。

村里 1980 年分的地。有 4 个自然村，只有 2 个组。一个组是 1991 年最后一次动地，另一个组是 1998 年最后一次动地，那个时候人均 8 分多地，不到 9 分地。现在王沟村基本上没有田了。韩楼行政村人均有一两分地。村民就业主要靠干装卸。一九九几年当搬运工，一个月能拿一千多元。现在还有做搬运工的，只是一般都外出打工，或者在本县的服装厂上班。附近有产业集聚区，包括莲花办事处和周围办事处的一片土地。工人在产业集聚区的公司上班，都有培训。

本村总共有一千二三百劳动力，在家的占 2/3，外出的占 1/3。有的劳动力经常出去，就直接去他经常去的地方，还有的是找劳务服务公司。与 2005 年相比，留在家里的多了，出去的少了。劳动力回流这种现象有三四年了，回流创业的没有，劳动力回来基本上是方便照顾家里。

村里生两个孩子的多。村里有小学，但是去县城上学的多，因为挨着县城近，县城的教学质量也还是好一些。私立学校需要交学费，公办学校不用。公办学校说是按片划，但是现在学校太多了，就没有按片划了，也没有多收费。实际上是公办学校收非农户口的，不要农业户口的。村里 2/3 的孩子在城里上学；1/3 的孩子在村里上，这部分孩子有的是家里只有爷爷奶奶，并且岁数大了，没人送孩子上学，所以才就近上学的。村里小学有三百多名学生。老师没有年龄大的，都是二十多岁的年轻人。

王沟村这几年离婚的情况明显增加。根据村民的反映，有外遇的，网上聊天聊坏了的也有。年轻人思想观念上和传统的农民不一样。有的老公在外面打工，要么男的在外面找一个，要么女的在家里寂寞，跳广场舞认识别人或者上网聊天又找一个。20 多到 30 岁左右的，一般是因为思想观念问题离婚；35 岁往上的，一般是因为经济问题或家庭变故离婚。一般离婚之前，村里都要进行调解。

六七十岁的老人，能自理的，能够自己洗衣做饭的，一般孩子一个月给一二百块钱，再加上发的养老保险，不跟孩子一起住。80 岁以上的，不能自理的，一般是孩子轮着养。农村很少有愿意去敬老院、养老院的：一是收费高，老年公寓一个月的收费是两三千元；二是中国传统文化讲究孝道，如果去那里的话，其他人会说这家孩子不孝；三是不信任养老院的服务质量。

村里现在有 600 亩耕地，都还种着，农户种经济作物的少，大多种粮食作物。

王沟村有一农户，男性，1952 年生，23 岁结婚。原来分地的时候家里有 8 口人，现在家里有 5 亩地。3 亩地种的经济作物，搞蔬菜大棚，收获的蔬菜自己拉到农贸市场去批发。还有一亩多地是藕池。家里有 3 个儿子、1 个女儿，那个时候计划生育抓得松。大儿子在北京，二儿子搞装修，4 个孩子都不种地了，只有老两口儿干。一亩地的菜种得好的话有两三万块钱的收入。种菜不以经济收益为目的，主要是找点事儿做。

现在村里五六十岁的基本上不和孩子要钱。一般出去打工的，孩子在家的多，一家都出去的少。打工时间长、经济收入高、生活稳定的农民工有带孩子出去的。

2. 离婚的主要类型

从实地调查的情况来看，农村离婚的情况越来越普遍。单纯从年龄来看，可以划分为青年人离婚与中年人离婚。如果从离婚的主动方的性别来看，可以划分为男方主动与女方主动。还有一些是第三者插足，但基于叙述的方便，主要归纳以下三种类型。

第一，年轻人离婚。这一类离婚占本村离婚总数的一半左右。年轻人离婚主要包括三种情况：一是年轻人早婚而导致婚姻不稳固，早婚大多是由于婚姻当事人在婚前彼此了解不够，结婚比较随意，婚后矛盾较多而导致离婚；二是婚姻当事人虽然属于正常结婚，但由于婚姻观念比较开放确实在婚后又遇到了新的"感觉对"的人而与原配偶离婚；三是婚后夫妻不在一起生活，长期两地分居导致第三者插足，而知情后配偶大多不愿意委曲求全而选择离婚。从我们调查的情况来看，青年农民工离婚对婚前的感情都认为"真的喜欢对方"的居多，早婚的大多是喜欢对方加上工作单调枯燥而寻找一个伴儿的情况居多。婚后离婚时也真的是"感觉过不下去了"，"跟着感觉走"是青年农民工结婚、离婚的主旋律。

第二，中年人群中男性主动提出离婚。这一类型在王村的离婚案例中占 30% 左右。在调查中发现，王村离婚的中年夫妻中，中年男性主动提出离婚的要比女性主动提出离婚的稍多一些。主要原因是王村在 2000 年以来征地比较多，大多农户的土地都被征用，有的甚至全部被征用。征用土地的同时这些农民获得大量的征地款。一般一亩地在早期的征用中是 5 万元左右一亩，2010 年之后达到了 20 万元一亩。有的家庭一次被征地数亩，征地款就达到数十万元，这些农民在获得高额的征地款后，一般就不再外出打工，而是先在县城购置房产然后出租或是依靠征地款直接经营生意。按照村民的说法，征地后老板多了。当然，大多数情况下，这些老板都是传统意义上的一家之主，即以中年男性居多。一方面是受原来务工期间外面世界的诱惑，另一方面是经济条件改善之后，"有钱、有闲"的生活方式导致这些中年男性猎奇心理增强，特别是在经营生意过程中，有的是老板跟自己的员工发生恋情，有的是老板跟客户之间产生好感，各种情况导致这些中年老板抛弃原配，另娶新欢。

第三，中年人群中女性主动提出离婚。在市场化大潮中，富有是包括农民在内的所有人的梦想，在王沟村也不例外。在征地、经商等一轮一轮的市场化改革驱动下，该村经过"村改居"由农村转变为城区，人们的物质欲望也更加强烈。对于一部分中年夫妻来说，如果丈夫是没有能力进入市场大潮搏击的类型，而妻子是物质欲望较为强烈特别是又长得比较漂亮的女性，则会发生妻子嫌弃丈夫没有能力赚大钱而主动提出离婚的情况。从王沟村调查的情况来看，妻子提出离婚的家庭往往是在征地或做生意的过程中，男方不善于经营，而女方则比较善于在做生意过程中跟人打交道、经营人际关系，即农村人说的"会来事儿"。时间久了，妻子就会看不上丈夫，然后妻子主动提出离婚。从调查的反映来看，这种情况大都是女方已经找到下家才提出离婚的，在王沟村虽然没有男方主动离婚的情况多，但也并不少见。

3. 开放与多元：农村社会价值观变迁趋势

无论是早婚还是离婚，都反映了农村社会观念的多元化、开放性与现代性。男性与女性对婚姻、家庭的观念都发生了实质性的变化。

第一，婚姻忠诚观念淡化，随意性增强。无论是早婚还是离婚，任性越来越成为婚姻当事人的考虑方式。

第二，金钱观念强烈。从调查的情况来看，农民越来越看重金钱，而淡化传统的亲情、邻里互助的温情，现如今农村人之间送礼等交往也更看重利益的互换。金钱观念的强化导致人们对婚姻、对家庭责任的弱化，尤其是夫妻之间的感情受到严重冲击。

第三，交际方式多元化，包括网络交际和广场舞。城郊村的城镇化让原有的农民一夜之间变成了市民，但市民的心理并没有来得及转变。在网络迅速扩张与城市广场舞扩张的过程中，不少中年、青年农民在跳舞中结识了新异性，产生了新感情，而导致家庭破裂的现象比较普遍。

第四，农民空闲时间充裕。现在农村生育观念也更加理性，一般都不愿意多要孩子，基本是以两个为主。孩子少了，孩子一上学，空闲的时间比较多，又基本上不种地。耐不住感情上的寂寞，单身的人和这些已婚的人搞暧昧，很快就第三者插足了。

第五，离婚手续很简便。跟以前相比，离婚不再受其他人的干扰，工作单位或是邻里，抑或是村干部，原则上都很难对想要离婚的当事人构成实质性影响。村民打比方说，现在离婚跟上街买菜一样方便。虽然村里有调解室，但很少有人去。如果双方都愿意离婚的话，手续就很简单，直接登记就行。只有一方不愿意离婚的才会到调解室调解，但大多数情况下干部调解不成功。

第六，人们对婚姻的观念转变。现在都讲开放、男女平等，性观念、贞操观念都淡化了。

第七，居民的主体多样化。现在王沟村有村民，有做小生意的，还有城里人来王沟村买宅基地盖房或直接购买农民房子的，居住人员的多元化、复杂化也导致村里的婚外恋增多。

下篇　因城镇化而终结

第十章　农民工流动的家庭化趋势研究

农民工的家庭化流动是中国推进人口城镇化的重要步骤。为了解和分析农民工未成年子女跟随父母家庭化流动的现状与影响因素，本研究应用国家卫计委2013年流动人口动态监测数据进行描述和因果分析，有子女的农民工样本为6916个，有义务教育学龄阶段子女的农民工样本为3800个。数据统计发现，目前农民工子女随迁的比例已经超过半数，总体上有子女随迁情况的农民工家庭占流动家庭的六成以上，义务教育学龄阶段的农民工子女随迁率稍低于总体随迁率。统计模型表明，农民工子女教育随迁行为受经济与社会多重变量的影响，因此政府和社会在城镇化过程中应当从收入提升、工作强度的调整与生活方式转变、区域资源协调、保障参与等多方面促进农民工子女随迁并视之为人口城镇化的重要内涵。

第一节　研究数据与统计技术

（一）数据来源

鉴于本研究的对象为流动农民工，研究问题是子女随迁的状况及其影响因素，所以采用国家卫计委调查的流动人口动态监测数据。笔者获得的最新数据是2013年度的抽样数据，基于统计数据变量分析需要，采用2013年农民工样本库（流动人口的户籍为农业户口）中8个城市流动人口融合状况数据进行分析，其样本来源地区分别为上海市松江区、苏州市、无锡市、武汉市、长沙市、西安市、泉州市7市（区），各抽取2000名流动人口；陕西省咸阳市，抽取1000名流动人口。

　　因为本研究的主题是农民工未成年子女的随迁问题，所以样本筛选的重要依据是有无子女。而每一个家庭可能有多个孩子，有的家庭多子女可能全部随迁，也可能只是其中的一个孩子随迁，而且每个孩子的性别、年龄段等人口变量也可能影响父母对其随迁的决策，但这些孩子的变量对于其父母的决策来讲是被动的。为了测量父辈的经济与社会变量对孩子随迁与否的影响，本研究不分析孩子的人口学变量影响。所以，本研究将有任意一个孩子随迁视为"1"，有孩子但没有一个孩子随迁视为"0"，这样就得到了"有孩子的家庭是否有孩子随迁"这个因变量。根据将全部有缺失值选项的问卷剔除的筛选结果，得到的样本量为6916个，占包含城镇户籍流动人口在内的、有子女的流动人口样本规模8145个的84.9%。

　　但从农民工子女的年龄段考虑，随迁与是否接受教育等情况可能有影响：学龄前的1~6岁农民工子女随迁，更多的是生活上的成本与时间、精力考虑，但进入学龄阶段7~15岁的未成年子女是否随迁的决定除了受经济条件与时间、精力的影响外，还与农民工流入地的教育接纳能力、国家在农民工子女教育方面的制度安排等因素有关。因此，本研究拟对处于学龄阶段的农民工子女是否随迁再做一次分析。剔除缺失值等情况后，以学龄阶段的农民工子女样本为依据筛选出的样本规模为3800个，占包含城镇户籍流动人口在内的、有义务教育阶段学龄子女的流动人口样本规模4312个的88.1%。

　　两种样本都表明，农民工子女随迁是中国流动人口子女随迁的主体构成。其样本的基本变量分布情况如表10-1所示。

表10-1　统计模型用到的自变量分布

变量	农民工全部未成年子女筛选样本			处于义务教育学龄的民工子女筛选样本		
	样本数	百分比/均值	标准差	样本数	百分比/均值	标准差
社会因素						
地区	6916		0.756	3800		
西部	1122	16.2%		630	16.6%	
中部	1613	23.3%		845	22.2%	

续表

变量	农民工全部未成年子女筛选样本			处于义务教育学龄的民工子女筛选样本		
	样本数	百分比/均值	标准差	样本数	百分比/均值	标准差
东部	4181	60.5%		2325	61.2%	
双亲流动情况	6916		0.253	3800		
一人外出	474	6.9%		265	7.0%	
共同外出	6442	93.1%		3535	93.0%	
流动时间	6916	5.470	4.403	3800	6.147	4.649
流入地参保指数	6916	1.067	1.801	3800	0.933	1.665
流出地参保指数	6916	1.087	0.748	3800	1.113	0.755
父亲受教育程度	6916		0.694	3800		
小学及以下	647	9.4%		475	12.5%	
初中	4229	61.1%		2434	64.1%	
高中及中专	1677	24.2%		806	21.2%	
大专及以上	363	5.2%		85	2.2%	
母亲受教育程度	6916		0.689	3800		
小学及以下	1080	15.6%		798	21.0%	
初中	4292	62.1%		2429	63.9%	
高中及中专	1300	18.8%		527	13.9%	
大专及以上	244	3.5%		46	1.2%	
经济因素						
就业身份	6916		0.927	3800		
雇员	3970	57.4%		2065	54.3%	
雇主	595	8.6%		352	9.3%	
自雇劳动者	2351	34.0%		1383	36.4%	
加班指数	6916	0.203	0.237	3800	0.214	0.240
月收入对数	6916	8.051	0.479	3800	8.032	0.482

（二）研究设计与变量处理

因变量：本研究的目的在于分析农民工子女是否随迁及其影

响因素。因此，因变量是一个"是否有未成年子女随迁"的二分变量，即不考虑其子女发生意外死亡等选项，只选择其调查问卷中 q403g 变量的第一选项（随迁）与第二选项（留守在家乡）。

自变量：本研究的目的在于分析农民工子女随迁的影响因素，而这些影响因素应该是可控、可改变的。对于不可改变的因素，本研究不予关注，比如父母的年龄，本研究即由于其不可控、不可改变而不考虑纳入研究模型。在此研究设计思路下，本研究将国家卫计委的流动人口调查问卷中相关的变量进行了梳理，主要包括经济类变量与社会类变量两大部分。

首先，经济因素。国家卫计委调查数据中具有的相关变量主要包括流动人口的就业身份、每天加班情况、月收入情况等，本研究对就业身份采取定类虚拟处理，对加班情况进行指数化处理，即将每天工作小时数减去 8 小时，然后再除以 8 小时，得到加班指数；对月收入变量进行自然对数处理。

其次，社会因素。国家卫计委调查数据中具有的相关变量主要包括流动者务工流入地所在的区域范围（西部、中部、东部），已婚人口是一人流动还是夫妻共同流动，外出打工的流动时间（年数），在流入地与流出地是否参加医疗、养老、失业等各种社会保险，农民工夫妻双方的受教育程度等。本研究将农民工在流入、流出地参加或购买每一种保险视为"1"，没有参加或购买视为"0"，然后将所有参加或购买保险的种类数相加，得到了一个参保指数，具体包括流入地参保指数、流出地参保指数。

（三）统计方法

本研究主要采用描述统计与回归统计。描述统计用于随迁比例分析、就学状况分析等，回归统计用于未成年子女随迁与否的影响因素分析。

二元 Logistic 回归模型建构：

$$p = \frac{\exp(\beta_0 + \beta_1 X_1 + \cdots + \beta_p X_p)}{1 + \exp(\beta_0 + \beta_1 X_1 + \cdots + \beta_p X_p)}$$

$$\operatorname{logit}(p) = \ln\left(\frac{p}{1-p}\right) = \beta_0 + \beta_1 X_1 + \cdots + \beta_n X_n$$

其中，p 为农民工子女随迁发生的概率，β_0 为常数项，$\beta_1 \cdots \beta_p$ 分别为回归系数，$X_1 \cdots X_p$ 分别为自变量。

本研究探讨农民工子女随迁现象，结合相关研究文献，重点关注以下变量的影响：①流入地的区域差异，即农民工流入地所在区域（东、中、西部）；②农民工家庭化流动形式，即夫妻是否共同外出；③流动农民工的人力资本，即作为父母农民工夫妻双方的受教育程度；④农民工职业特征，即就业身份的影响；⑤农民工工作强度，主要采用工作时间，即每天工作多少个小时、每周工作多少天，计算其加班指数；⑥农民工的收入情况；⑦农民工在流入地、流出地的参保情况。

根据以上变量选择情况，本研究分别建构所有农民工子女的随迁模型（模型一）、处于义务教育学龄阶段的农民工子女随迁模型（模型二）。

第二节　实证分析——农民工子女的随迁率与样本分布

样本统计发现，在全部农民工子女的样本中，农民工子女随迁的样本为 4429 个，占全部有子女的农民工样本（6916 个）的 64.0%；在处于义务教育学龄阶段的农民工子女样本中，有随迁发生的样本为 2369 个，占义务教育学龄阶段农民工子女样本（3800 个）的 62.3%。两者相比较，说明两点：一是农民工子女当中有随迁情况发生的比例比较高；二是义务教育学龄阶段的农民工子女随迁率比总体随迁率略低。农民工子女随迁率总体在六成以上，但这是以有无任意一个子女随迁为标准筛选的农民工家庭样本数。具体每一个孩子的随迁情况则在不同孩子顺序中比例有所变化，如在子女处于义务教育学龄阶段的 3800 户家庭中，有第一个孩子并且随迁的为 2204 个，留守的为 1493 个，随迁率为 59.6%（如果按照样本规模计算，随迁率应该为 58.0%，这是因为调查问卷中第一个孩子出生但意外死亡等情况有 103 个，所以，本研究统计的 3800 个样本中有 103 户是没有第一个孩子随迁情况的，而有第二个孩子随迁情况）；有第二个孩子并且随迁的为 1367 个，留守的占 826 个，二孩总计为 2193 个，二孩随迁率为 62.3%；有第三个孩子并且随迁的为 126 个，三孩总计 228 个，三孩随迁率为 55.26%；有第四个孩子并且随迁的为 11 个，四孩随迁率为 50.0%。

农民工样本的基本变量分析如下。

（1）家庭化流动趋势提升。调查数据分析发现，在有子女的农民工样本中，务工流入地为东部的样本较多，占 60.5%；中部样本、西部样本都相对较少。在农民工流动方面，一人外出的比例较低，夫妻共同外出的比例较高，这说明农村留守人口为"386199 部队"结构的说法已经过时，农村留守人口中妇女的比例也降到很低的水平，而家庭化流动趋势得到进一步的提升（张永丽、黄祖辉，2008；盛亦男，2013）。

（2）农民工流动时间较长，为子女随迁奠定了稳定性基础。调查数据发现，在本研究应用的总体农民工样本当中，作为调查对象的农民工本人的外出打工年数的平均值为 8.58 年，标准差为 6.20 年，最大值为 37 年；2013 年在流入地连续工作年数的平均值为 4.84 年，标准差为 4.32 年，最大值为 28 年；在筛选的处于义务教育学龄阶段的农民工子女样本中，作为调查对象的农民工本人外出打工总年数的平均值为 11.22 年，标准差为 5.98 年，最大值为 30 年；在本地流动年数的平均值为 6.15 年，标准差为 4.65 年，最大值为 27 年。这表明农民工流动更倾向于长期化，长期化的流动趋势促使其在家庭稳定、熟悉城市、文化整合等多方面为其子女随迁奠定了更为可靠的稳定性基础（黄乾，2009；段成荣等，2013）。

（3）农民工参保情况并不乐观。在有处于义务教育学龄阶段子女的农民工样本中，农民工在务工流入地参加或购买城镇养老保险、城镇职工医保、城镇居民医保、商业医保、工伤保险、失业保险、生育保险、住房公积金的比例分别为 20.4%、20.9%、2.5%、4.7%、23.2%、15.9%、6.1%、5.8%，作为父母的农民工平均参保的数目只有 0.933 年。在流出地即家乡的参保项目中，只有新农合的参保比较高，达到 67.5%；商业医保、工伤保险、

失业保险、生育保险、住房公积金的比例也很低，分别为 1.8%、
1.0%、0.4%、0.5%、0.3%；此外，在农村流出地享有农村低保
的比例为 1.7%。从理论上讲，参加各种社会保障可以为农民工本
人的健康和预防各种风险提供可靠保障，但其参保率普遍较低是
调查数据反映的现实情况，由此来看，农民工的参保意识与参保
行为不积极属于普遍情况（姚俊，2010）。

（4）农民工的受教育程度普遍以初中为主，但年轻农民工的教
育性人力资本显著提高。在本研究筛选的农民工子女样本中，其父
母的文化程度无论是父亲还是母亲，初中文化程度的比例都占样本
的六成以上，高中文化程度的占 20% 以上。但在大专及以上文化程
度的比例方面，有义务教育学龄阶段子女的农民工父亲、母亲分别
为 2.2%、1.2%；但在全部农民工子女样本中，这一比例分别为
5.2%、3.5%。这说明越年轻的农民工，其文化程度为大专及以上
的比例越高，农民工受教育水平提高是一个更为显著的社会现象，
即农民工的人力资本正在显著提升（石庆焱等，2014）。

（5）农民工普遍劳动时间较长。在无孩子的农民工群体中，
平均每周工作天数为 5.98 天，平均每天工作小时数为 9.15 个；在
有孩子的农民工群体中，平均每周工作天数为 6.37 天，平均每天
工作小时数为 9.66 个；在有义务教育学龄阶段子女的农民工群体
中，平均每周工作天数为 6.41 天，而平均每天工作时间为 9.71 个
小时。这表明农民工的总体工作时间较长，劳动强度较高，从工
作时段这个角度讲，三类样本周工作小时数分别平均达到 54.72
个、61.53 个、62.24 个，比每周 5 天、每天 8 小时工作制分别超
出 36.79%、53.84%、55.60%。本研究按照每天工作小时数计算
的加班指数即超出 8 小时工作制的比例均在 20% 以上，这一点对
农民工子女随迁是比较不利的因素，较长的工作时间导致其能够
照顾子女的时间与精力受到较多影响（潘泽泉等，2015）。

（6）农民工收入水平普遍较低，高收入主要分布在建筑业等艰
苦行业。农民工总体平均月收入额度、月支出额度、月剩余额度分
别为 3493.8 元、2786.2 元、707.6 元。其中，收入最高的行业是建
筑行业，每月平均收、支、剩余的额度分别为 4340.0 元、2715.6

元、1624.4 元；其次是交通运输和仓储行业，收、支、剩余的水平与建筑行业较为接近。但其他行业的剩余水平普遍较低，均在千元以下。农民工分布主要行业的月收支水平如图 10 - 1 所示。

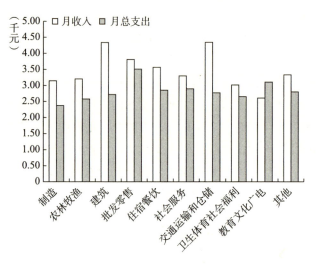

图 10 - 1　农民工分布主要行业的月收支水平

第三节　农民工子女随迁的影响因素

本研究根据研究目标和变量设计，以农民工子女有无随迁为因变量建构第一套回归模型，以义务教育学龄阶段的农民工子女有无随迁为因变量建立第二套回归模型。具体统计结果如表 10 - 2 所示。

（1）在区域影响方面，流入中部地区的农民工更倾向让子女随迁。统计结果表明，无论是所有农民工子女的随迁情况，还是义务教育学龄阶段的农民工子女随迁情况，均表明务工流入地为中部地区的农民工子女随迁的比例最高，其义务教育学龄阶段的农民工子女随迁发生比、所有年龄段子女随迁发生比分别高出西部地区 20.2%、68.6%。但务工流入地为东部地区的义务教育学龄阶段的农民工子女随迁发生比、所有年龄段子女随迁发生比分别比西部地区低 45.3%、28.8%。结合前述内容中流动人口的区域分布结构，这应该与东部地区流入人口较多有关，东部地区在接纳较多劳动力的过程中带来的人口密度高、基础设施与教育承载等方面的压力比较大，而流入地政府对解决农民工子女教育问题存在对"洼地效应"的担忧等（海闻等，2014；范先佐，2015）。综合生活成本考虑，中部地区成为人口密度与生活成本折中的区域，成为农民工子女随迁发生比较高的区域。

表 10 - 2　农民工子女随迁的回归分析

自变量	模型一：所有农民工子女随迁模型			模型二：义务教育学龄的农民工子女随迁模型		
	回归系数	标准回归系数	Exp（B）	回归系数	标准回归系数	Exp（B）
地区（以西部地区为参照）						
中部地区	0.522***	0.122	1.686	0.184***	0.042	1.202
东部地区	-0.340***	-0.092	0.712	-0.604***	-0.162	0.547
双亲流动情况（一人外出为参照）	3.533***	0.492	34.232	3.447***	0.484	31.396
流动时间	0.087***	0.211	1.091	0.106***	0.272	1.112
流入地参保指数	-0.046**	-0.046	0.955	-0.027	-0.025	0.973
流出地参保指数	-0.175***	-0.072	0.840	-0.238***	-0.099	0.788
父亲受教育程度（小学及以下为参照）						
初中	-0.312**	-0.084	0.732	-0.268*	-0.071	0.765
高中及中专	-0.329*	-0.078	0.719	-0.182	-0.041	0.834
大专及以上	-0.085	-0.010	0.919	0.016	0.001	1.016
母亲受教育程度（小学及以下为参照）						
初中	-0.051	-0.014	0.950	-0.083*	-0.022	0.920
高中及中专	-0.047	-0.010	0.954	0.103*	0.020	1.108
大专及以上	0.407***	0.041	1.502	0.999***	0.060	2.716
就业身份（以雇员为参照）						
雇主	0.696***	0.108	2.006	0.666***	0.106	1.946
自雇劳动者	0.750***	0.196	2.117	0.614***	0.163	1.847
加班指数	-0.715***	-0.187	0.489	-0.632***	-0.084	0.532

自变量	模型一：所有农民工子女随迁模型			模型二：义务教育学龄的农民工子女随迁模型		
	回归系数	标准回归系数	Exp（B）	回归系数	标准回归系数	Exp（B）
月收入对数	0.123**	0.032	1.131	0.025	0.007	1.026
常数	-3.701		0.025	-2.843***		0.058
-2LL 值	7626.571			4269.902		
拟 R²	0.184			0.182		
样本量	6916			3800		

注：* $p < 0.05$，** $p < 0.01$，*** $p < 0.001$（双尾检验）。

（2）夫妻共同流动与长期流动有助于促进农民工子女随迁。统计结果表明，农民工子女、义务教育学龄阶段的农民工子女随迁均受其父母是否共同外出的影响，而且发生比提高极为明显。这证明农民工子女随迁是家庭化趋势增长的一部分，但其以农民工夫妻共同外出为可靠的前提（盛亦男，2013；段成荣，2013）。同时，父母流动时间也有助于促进农民工子女的随迁，父母在流入地连续工作的年限每增加一年，其子女随迁的发生比提高9.1%，处于义务教育学龄阶段的农民工子女随迁的发生比则提高11.2%。

（3）农民工在流入地参与社会保障对其子女随迁影响较小。从流入地、流出地两个方面的参保情况可以看出，农民工参加流出地的社会保障对其子女随迁是较为明显的负影响，即农民工在家乡流出地参加社会保障的类型越多，子女随迁的发生比越低。但农民工在流入地参加社会保障也对其子女随迁存在负影响，在两套模型中每增加一种参保，其子女随迁的发生比分别减少4.5%、2.7%，但统计结果表明第二种影响并不显著。从前面的变量分布来看，农民工总体参保情况并不理想，这种普遍较低的参保率也是农民工参保对子女随迁影响力较弱的原因。

（4）母亲文化程度的提高更有助于义务教育学龄阶段农民工子女随迁。从农民工子女随迁受其父母文化程度的影响来看，受其母亲文化程度变化的影响比受其父亲文化程度变化的影响更为显著，尤其是母亲为大专及以上文化程度的人群随迁，其子女随迁的发生比明显提升，子女随迁、义务教育学龄阶段子女随迁的发生比分别增加 50.2%、171.6%，高中文化程度的母亲也更倾向于让义务教育学龄阶段子女随迁。这表明母亲文化程度的提高作为一种人力资本（刘士杰，2011）的社会影响有助于促进子女随迁，尤其是促进义务教育学龄阶段的子女随迁。

（5）从职业特征来看，雇主与自雇的个体户更倾向于让子女随迁。统计数据表明，雇主与自雇的个体户比普通雇员身份的农民工让子女随迁、让义务教育学龄阶段子女随迁的发生比都提高一倍左右。均值比较发现，雇主与自雇的个体户平均每周工作的天数分别为 6.72 天、6.68 天，每天平均工作小时数分别为 10.23 个、10.20 个，这比普遍雇员群体每周平均工作 6.18 天、每天工作 9.29 个小时的工作时段更长。但从劳动方式的自主性上讲，雇主与自雇的个体户比以普通雇员身份就业的农民工有更多的劳动自由和可以支配的时间。比如，开超市的个体户在遇到紧急情况或需要照顾子女时，随时可以调节自己的劳动节奏，工作间歇性比较大，因此，也有更充足的精力照顾孩子和家庭。国家统计局《2014 年全国农民工监测调查报告》显示，2014 年度中国自营就业的农民工所占比重为 17%，较 2013 年提高了 0.5 个百分点，这对农民工子女随迁来说是利好趋势。

（6）劳动时间加长不利于农民工子女随迁。统计结果表明，加班指数与农民工子女随迁、义务教育学龄阶段子女随迁都是显著的负相关，即加班情况导致农民工子女随迁的发生比减少在统计上非常显著（夏怡然，2010；潘泽泉等，2015）。

（7）农民工收入的提高对其学龄前子女随迁影响显著，但对义务教育学龄阶段子女随迁的影响并不显著。统计结果表明，农民工月收入水平对其义务教育学龄阶段子女的随迁并不具有统计学的显著影响，但对总体子女随迁的发生比有一定的提升功能，这表明农民工子女在义务教育学龄阶段可能更多受劳动方式和义务教育制度安排形成的教育资源获得等其他因素的影响。结合前述的农民工收入分布的内容，农民工高收入主要集中在建筑业等行业，这些建筑业的农民工往往劳动时间长、劳动条件艰苦、流动性更强，无论是从时间还是客观条件方面看，其子女随迁的可能性都较低（田丰，2010；王桂新，2011）。

第四节 农民工子女随迁的总结与讨论

综合以上统计分析，本研究主要发现了农民工随迁与否的影响因素。由于农民工往往是多个子女，因此，本研究没有讨论具体每一个孩子是否随迁，这是一个研究缺陷。从理论上讲，应该讨论每一个农民工子女是否随迁才能更准确地预测农民工子女的随迁率，但基于数据与统计分析的限制，本研究只分析了有子女的农民工家庭是否发生了子女随迁。对其随迁的因果分析模型，主要发现以下几点。

第一，农民工夫妻共同外出、农民工外出流动年数、职业形式、加班劳动强度是影响农民工子女随迁的最重要因素。在回归模型中，这四类变量的标准回归系数明显高于其他变量。这与杨舸、陶然等人的既有文献中关于父母流动形式、流动时间、职业身份等的讨论相吻合，也与这些相关文献中关于农民工收入、年龄等变量作为重要影响因素的结论有所不同（梁宏、任焰，2010；杨舸，2011；陶然，2011）。笔者认为，农民工性别、年龄等人口变量是不可能更改，也不能选择的社会属性，因此我们分析农民工的性别、年龄对子女随迁的影响是没有意义的。在经济方面，虽然农民工的收入有一定影响，但在目前农民工总体水平并不突出、农民工群体内部经济阶层分化并不明显的情况下，农民工的非经济因素对其子女随迁的影响可能更大。另外，农民工的经济条件是一个相对性强、弹性比较大的社会变量，农民工是否让子女随迁更多的不是跟城镇人口等进行横向比较（蔡禾，2009；胡荣，2010），而可能是根据自己的纵向比较和家庭发展目标、价值观念进行综合权衡。

第二，中国农民工子女随迁存在的区域分布的结构性不均衡问题需要引起重视。以往研究发现，农民工迁移距离是影响其子女随迁的重要因素（梁宏、任焰，2010），但笔者认为东部地区经济水平高、基础设施好是中国发展格局的既有事实，因此东部地区吸引更多的劳动力就是一个自然的结果。但本研究发现，东部地区作为劳动力主要流入地，其农民工子女随迁率有待提高。虽然东部地区面临人口密度高、教育和基础设施压力大的问题，但同时其产业增长快、经济发展好也是其优势所在。国家和地方需要共同努力，解决农民工子女随迁尤其是教育随迁中存在的财政激励不足的问题，让劳动力需求水平与农民工子女随迁水平相匹配；同时，全国性的结构布局也应当注意资源调配的均衡度，避免个别发达区域出现由于较好地解决农民工子女随迁导致超出其产业劳动力流入水平的"洼地效应"。

第三，农民工子女随迁应当与夫妻共同外出务工一起作为家庭化流动的双重维度。在以往的研究中，家庭化流动较多地强调夫妻共同外出，这主要是基于农民工婚姻关系协调、家庭和睦稳定而考虑的（盛亦男，2013）；但这只是横向的家庭关系，农民工流动的家庭化既包括横向关系的家庭化流动，也包括纵向亲子关系的家庭化流动。当然，农民工子女随迁的纵向亲子关系的家庭化流动是以横向夫妻关系的家庭化流动为前提的。反过来，农民工子女随迁也是夫妻婚姻关系稳定的重要支撑条件，纵、横两个维度的家庭化流动共同化解农民工流动有可能引起的婚姻危机、道德风险等。

第四，农民工的劳动时间和劳动方式需要进一步调整。一方面是政府应当加大对农民工创业、自由择业的支持力度，以鼓励农民工从事自由度高、可调节性强的职业类型；另一方面是政府应当在限定最低工资、加强社会保障、降低工作时长等方面，对在建筑业、制造业等产业中占工人主体的雇员性农民工进行组合政策的配套改革（王桂新，2011；段成荣，2013；潘泽泉等，2015），尤其是应当加强法定的工作时长的落实与执行环节的监督机制，强化和提高农民工参与医疗、养老、教育等方面的社保系统（黄乾，2009；杨舸，2011；范先佐，2015），为农民工子女随迁的人口城镇化奠定坚实的基础。

  总之，农民工子女随迁问题是一个系统工程，国家和各级政府应当在重视经济增长的过程中，从教育承载、社会融合、风险保障等多个社会角度审视人口城镇化政策，重点解决"人"的城镇化问题。

第十一章　寄宿与走读：农民工子女教育的就地转移

　　本研究所用资料主要是 2015 年 7～8 月在河南省 XC 市 3 个乡镇所做的田野调查。XC 市是一个县级市，位于黄河冲积平原东南部，在调查时有 15 个乡镇、6 个办事处、460 多个行政村，地域面积为 1000 多平方公里，人口为 120 多万人。对 3 个乡镇的选择是依据距离县城的地理位置采取方位抽样：距离县城较远的乡镇判断抽样一次，判断的标准主要是外出人口多、时间长；距离县城近的城郊乡镇（街道办事处）抽取一个，然后是对处于这两类乡镇中间的乡镇再判断抽取一个。3 个乡镇的外出人口、回流人口、生产发展、村庄面貌、子女教育等调查主题相同，然后再根据 3 个乡镇的调查资料进行汇总、归纳、整理分析。总体表明，农村留守的农民工子女在本地进入城镇私立学校，尤其是初中阶段的乡城教育转移已经成为一个普遍现象，即使经济条件等方面有限的家庭，转移到农村寄宿制私立学校也成为一种趋势。这表明农村外出农民工家庭的子女教育就地转移已经成为一种普遍选择，这有利于促进中西部地区的就地城镇化战略的实施。

　　农民工子女教育问题是中国城乡二元背景下伴随大量农村人口进入城镇务工引发的衍生性问题。这一问题既与中国城乡二元体制的社会结构、社会总体发展水平、国家有关农民工子女教育的政策等有关（刘成斌，2007），也与农民工作为父母对子女教育进行决策和安排的个人选择有关（刘成斌，2013；王水珍、刘成斌，2007；陈在余，2009）。早期的农民工子女教育研究主要关注流动儿童在城镇遭受的歧视，这一现象主要集中于 2006 年之前。2007 年及之后的农民工子女教育研究主要关注留守儿童的遭遇，尤其是留守儿童的家庭归属、亲子关系、心理健康、人身安全等成为研究热点。农民工子女教育研究在时间维度上的分野主要和中国农民工子女的实际变化有关,早期是因为一部分农民工子女跟着父母进入城镇,但文化冲突与社会排斥导致城镇人口对土里土气的农村人看不惯而产生文化歧视。同时,相对单调的总体性社会也对这一新的变化来不及调整,从而导致农民工子女学校因为教学硬件设施条件差、师资力量不规范等问题遭受城镇人群的大力抨击,尤其是新闻界的舆论导向更是将流动儿童的苦难进行放大,进而导致一定范围内的晕轮效应。但随着时间的推移,国家逐步改善了农民工子女教育的政策支持,规范了农民工子女学校的管理,同时这些流动儿童的家庭关系与教育条件比他们的迁出地还是相对更好,城镇人群的评价是以城镇公办学校为参照的。本研究将外出异地就业农民工子女的"流动与留守"选择视为农民工子女教育的第一轮选择(本书第十章的内容),本章将留守儿童在本地的教育选择进行细分以凸显当下的农民工子女在不发生人口外迁的情况下带来的就地教育转移,进而讨论其城镇化社会变迁趋势。

第一节　城镇公办学校

根据农民工子女进入学校的两个维度,我们将农民工子女在家乡接受教育的选择分为四类学校。两个维度:一是地理位置维度——学校所在地点是农村乡镇及村庄,还是县城及更高级别的城镇;二是属性维度——学校的举办主体是政府或是私人,前者为公办学校,后者为私立学校。这样就得到城镇公办、城镇私立、农村公办、农村私立四类学校(见表 11-1)。本研究主要通过实地调查来分析农民工子女对这四类学校的选择情况。

表 11-1　农民工可选择的学校类型

学校地域	学校属性	
	公办	私立
城镇	城镇公办学校	城镇私立学校
农村	农村公办学校	农村私立学校

公办学校一般根据划分片区收取学生，非寄宿制，有的不属于学校片区的学生想就读该类学校的话，交些钱或找熟人也可以办得到，所以在城镇公办学校就读的一般是学校片区的学生以及农村的学生。对于来自农村的学生来说，就读此类学校最大的一个问题就是住宿，所以，为了让孩子到城镇学校接受教育，家长往往在县城买房或在学校附近租房陪读。在城镇买房以方便孩子上学是农村精英的选择，一般家里经济条件比较好。在调查访谈过程中，我们发现青年农村干部为了给孩子创造一个优越的教育环境，普遍都已在城镇买房，这也说明村干部在村里的经济实力比较强。租房陪读的家庭有的是丈夫在外或在家工作挣钱，妻子陪同孩子在城镇上学，妻子在陪读的过程中，每天在照顾孩子的生活起居之外还有许多空余时间，她们往往会利用闲暇时间做做兼职、打打零工。还有一种租房陪读家庭是夫妻双方一起到城里边陪读边工作，这种家庭有的是丈夫在城里开三轮车，有的是夫妻双方在学校附近经营一家小餐馆，他们的工作赢利较少，有的只够一家人的生活开支，主要还是为了陪孩子上学。这类家庭是典型的陪读模式。

由于城镇公办学校划片招生，对户籍归属地域要求严格，所以一般农民工子女或农村儿童难以选择，只有个别有一定私人关系的才能够选择入学，但总量非常少。

第二节　城镇私立学校

城镇私立学校主要实行异地寄宿模式。个别农村孩子有亲戚关系可以依靠而在亲戚家寄宿或者是父母在城镇购买房屋，抑或者城镇本地学生有个别就近入学，但这三种非寄宿的情况在 X 市 HQ 学校不足 5%。本研究在实地调查期间选择了一所在农村入户调查过程中被村民普遍"点名"提到的 HQ 学校，作为城镇私立学校的典型个案，该校目前有 300 多名教师，7000 多名学生。学校董事长最开始在福建从事皮革加工生意，积累了一笔资金，他在福建做生意期间发现办私立学校势头正好，受到启发，正好 X

市为了改善教育现状，正在实行一项"民办公助"政策，也就是
争取拨款，从公办学校中抽取一部分教师到私立学校教学，以扶
持该地民办学校，这个政策被当地人称为"土政策"。2001 年投资
建立私立学校，开设 10 个初中班，每班 30 ~ 40 人，全校总共有
100 名教师，但招生难。2004、2005 年开始办小学，学校分为中学
部和小学部；2005、2006 年逐渐投资房地产。

从调查情况来看，农民工为子女选择城镇私立学校作为就读
目标，主要有三条理由，即城镇私立学校有师资优势、硬件条件
优势及教学管理优势。笔者对 HQ 学校的实地调查也证实了这三个
方面的优势确实明显。

1. 师资优势

城镇私立学校具有一定的师资优势，农村学校的教师大多年
龄大、学历低、教学方式固化、知识陈旧，而城镇私立学校的教
师一般年轻、具有正规学历、思维灵活、教学方式先进。

2001 年时全校有 100 名教师，其中有通过社会招聘的十几个
教师，这些教师其实也是外县或外乡的公办教师；十余个教师是
从附近的一所公办学校来的，还有一部分是从其他公办学校抽调
的。抽调到私立学校的教师保留其编制，工资由基本工资 + 绩效
（这两部分由政府发放） + 课时费 + 过节费（这两部分由学校发
放）构成。

在调查时，HQ 学校的小学部有 100 多个教师，其中 4 个是从
公办学校调过来的；中学部有 300 多个教师，其中 85 个是从公办
学校调过来的，其余都属于社会招聘。社会招聘的一般都是师范
学校毕业的大学生，这些教师没有编制，没有五险一金，一般不
签合同，相当于临时教师，流动性较大。社会招聘的教师工资由
基本工资、绩效（和调来的公办教师一样）、课时费以及根据教龄
每年增加 50 元，总共加起来每个月一般两三千元，这个工资比应
聘公办学校的教师平均每月高三四百元。但即使每月工资高几百
块钱，因为学校没有给教师买保险，所以教师普遍没有安全感，
工资上并没有很明显的优势。被访者表示在校教师一般都愿意去
公办学校或者当特岗教师，因为较公办学校而言，私立学校的教

师课时多，平均多出 50%，工作量大，时间不自由，收入相对不高。

目前招聘新教师有一定困难，社会招聘虽然报名的多，但优秀教师较少，尤其是理科教师非常难招，文科教师比较好招。招聘教师较注重应聘者的手写字如何、仪表、授课方式、职责等。2004～2014 年教师流失较严重，尤其是男教师流失较多。女教师较稳定，例如，被访者所在的语文组，近几年流失了十几个男教师，其中考走四五个，自己辞职的有四五个，大多是去外地私立学校，这些自己走的教师有的是有两个小孩，家庭压力较大；有的是趁着年轻，想出去闯一闯。出去闯比在该校的经济效益好，如该校有个数学教师去广东的一个私立学校，教两个班，一周共 14 节课，有双休，包吃住，月薪 12000 元；而本校教师只教一个班，一周 14 节课（相当于广东私立学校和本地公办学校两个班的课量），不包吃住，早上 6 点去学校，晚上 8 点回家，月薪才 3400 元。

关于教师的学历和职称，早期的时候专科多，最近 5 年该校招聘的基本都是本科生，初中部有 200 多名本科毕业生，总体而言，师资力量较强，学校教师素质好、比较敬业，去其他学校应聘都是免试。非在编教师没有参与评职称的机会，所以评职称只发生在这 85 个在编教师中。被访者表示，即使是这 85 人竞争职称，难度仍然比较大，前几年本校一级教师只有 2 个指标，现在一级教师有一两个指标，有时没有。相对而言，农村教师评职称容易一些，因为农村教师基数大、指标多、概率大，例如，农村 100 个在编教师，由于吃空饷的多，实际上岗只有 70 个，但指标是按 100 个教师名额确定，所以指标较多一些。评一级教师要求有优质课、获"优秀班主任"称号、申请省级课题（含金量大，较重要）、发表论文（现在评职称对论文发表没有太多要求）等。对于有些教师来说，他们愿意考研继续学习，但难度较大，尤其是英语门槛高，目前本校考研的教师比较少。学校严格按照职称发工资，不会提前按照高级教师发工资，所以，鉴于相对工资低、晋升难、工作量大、空闲时间少，许多教师只尽量做好自己的本职工作，其余的事情一概不管，有空余时间、有机会就自己做个小生意、创业等，对学生和教学的投入非常有限。被访者表示，对教师而言，农村比较受欢迎。首先，时间灵活，不用一整天守在学校，有双休，空余时间多；其次，压力小，农村生活成本低，现在农村交通方便，如果在农村有地的话，可以盖一栋房，而在城里只能买一套房；最后，农村晋级难度小。（当然这个观点比较带有个人色彩）

2. 硬件设施优势

城镇私立学校在硬件方面具有优势，具体包括教室条件、寝室寄宿条件、校园硬化场地等方面。

教室方面主要是城镇私立学校都建设有代表学校形象的教学大楼，而且一般是在进入校园的大门内最显眼的位置，因为占地成本高，城镇的学校地理范围一般都比较有限，教学楼成为校园最主要的标志性建筑，也是学校形象的最直接代表。所以，教学大楼往往是城镇私立学校最好的硬件。HQ 学校的教学大楼主要包括三部分，一是最早建设的一栋教学楼，二是在第一栋教学楼的基础上衔接补建的教学设施，三是新建的独立教学楼。这三部分都有室内卫生间——对于农村孩子及其家长来说，有无室内卫生间是一个评价教学楼好坏的标志，因为农村的学校在建设教学楼的时候一般不会在教学楼内建设卫生间，而是在距离教室较远的地方独立盖一个"别样"（与正式建筑不同）的专用厕所，大多只是一个围墙，并无实际"房屋"，也就是露天的厕所。城镇建设室内厕所本来首先是由于地理条件限制，其次才是出于方便的考虑。但教学楼是否带有室内卫生间成为农民判断教学楼是否现代、是否文明、是否高级的一个重要标准。

你看人家那城里的学校，上厕所不用出教学楼，平常还好点儿，特别是下雨天，咱这儿的孩子淋雨上厕所。再说了，人家城里的学校厕所上完了，用水直接冲一下就好了，干干净净的。你再看农村这学校，厕所都是带粪坑哩，那些苍蝇啥的到处乱飞，特别是夏天就这时候都嗡嗡响哩。你说哪个文明？哪个好？（SDL，42 岁，曾外出做防水补漏行当十多

年，现在有 3 个孩子，都在县城上学）

城镇私立学校不但在卫生条件上普遍先进，在教学设施尤其是网络、电教设施方面确实比农村学校普遍要好。农村学校大多不具备网络条件。

除教学楼外，寝室的寄宿条件也是城镇私立学校的重要筹码。HQ 学校拥有 5 栋男生宿舍、4 栋女生宿舍，可以容纳近万人学生住宿，而且都是新建的宿舍楼，卫生条件比较好。

城镇私立学校校园宽敞，各类教学和活动设施齐全以及具有相对于农村来说更好的寄宿条件。现在农村多留守家庭，夫妻双方在外面打工，孩子由爷爷奶奶照管，在这种家庭情况下，一方面，家长都希望孩子能够到城镇学校上学，接受良好的教育；另一方面，家庭又不具有陪读条件。所以，寄宿制正好满足了许多农村孩子能够到城里上学的需求，是吸纳农村留守学生至关重要的条件。

3. 教学管理优势

师资优势与硬件设施优势影响农民工对子女教育的选择是正常的。但农民在急切解决子女教育的过程中，由于对教育并不了解，尤其是对教育的全面身心影响、长远影响考虑不足，而过分注重孩子当下的分数高低，于是，"管理严"成为农民考虑的重头戏——农民认为教育管理越严厉越好。而这个所谓的严厉标准，具体操作起来就是上课时间长。在调查过程中，农民普遍反映城镇私立学校具有严格的日常管理方式，主要体现在时间和空间的管理上。时间管理严格是指学校对学生每天上课、吃饭、睡觉的时间有严格的控制；空间管理严格是指学校通过对学生时间的控制以缩小学生课余时间的活动范围，如学生的课余时间少，主要时间都用于上课，那么学生在校内的自由活动的时间自然减少，还有每天晚上按时查寝，到了睡觉的时间学生必须在寝室内。家长认为农村自由、开放、民主的教育方式太松，不利于孩子学习，严密的流程设计就是对孩子好。所以，城镇私立学校的寄宿制和严格管理更好地迎合了农村学生群体的需求。

从 HQ 学校的情况来看，该校作息安排确实是农民认为的"严格管理"。该校目前有 7000 人，两周休息一次，也就是上课 12 天，放假 2 天，每天共有 12 节课，从早上 6 点多到晚上八九点（不同年级，晚上下自习的时间不一样，七、八、九年级每个年级错开10 分钟左右）。X 市总共有 7 所私立中学，为了与其他私立学校竞争，该校设置了严密的、紧凑的学习流程，每天把学生的时间安排得非常紧密。

该校八年级目前的作息时间如下：

> 6：10　学生到班级
>
> 7：10～7：30　吃早饭
>
> 7：30～11：40　上课时间
>
> 11：40～12：00　午饭时间（吃饭时间每个年级错开 10 分钟）
>
> 12：00～12：30　做作业、交作业、休息，值日生开始值日
>
> 12：30～17：30　上课时间
>
> 17：30　晚饭时间（一般 20 分钟学生都能到班，相当于约定俗成的 20 分钟吃饭时间）
>
> 18：20～20：30　晚自习
>
> 20：50　熄灯

这种紧凑的时间安排，直接减少了学生的课余时间，学生大部分时间都在教室，缺乏锻炼和其他项目活动，久而久之，学生活力减少。长此以往，到了高中，高强度的学习更容易使之缺乏活力、后劲不足。中学阶段是学生思想、行为、理想的起步阶段，需要老师、家长等各方面的培养，在这个阶段如果缺乏悉心的引导，会带来各种问题；这种圈养式的教育方式不仅会给孩子身体造成一定的负面作用，更会对孩子的思想、心理产生不良影响。

第三节　农村私立学校

农村私立学校主要是本地寄宿模式。该类学校主要是模仿城镇私立学校，引进它们的管理方式。首先，相较于农村公办学校，农村私立学校在师资方面具有一定的优势，这个主要体现在年龄上，农村私立学校以年轻教师为主，学校有时会对教师进行培训，教师也有进修的机会。该类学校没有农村公办学校中的民办转正的老教师，有"少年班"教师。据了解，农村私立学校并不全是正规师资，有的教师是学校领导的亲属，多是裙带关系，并且教师没有大学生，没有编制，没有体制保障。总而言之，农村私立学校的师资优势只是在教师年龄方面，其他方面并没有太多明显的优势。其次，农村私立学校在日常教学管理方面优势较强，模仿和学习城镇私立学校。至于学校硬件条件方面，该类学校并无优势，有的学校是租用废旧的仓库，学校硬件设施甚至还不如农村公办学校。

> 我感觉农民愿意把孩子送到城镇私立学校的原因可以总结为三点：第一，农村家长在外打工，家庭经济收入增加，有将孩子送去城镇私立学校读书的经济基础，例如 HQ 校学生的花费有学费（2000 元/学期）＋生活费（男生一般 200 元/周、女生一般 100 元/周）＋买衣服等杂费；第二，家长常年在外打工，无法陪伴在孩子身边，对孩子有一种愧疚感，所以往往对孩子有一种补偿心理，希望把能力范围内最好的东西都给孩子，尽可能满足孩子在生活和金钱上的需求；第三，农村家长跟风严重。所以，有条件的就去县城，没有经济条件但又确实不愿意待在公办学校的，就进入乡镇上的私立学校了，其实就是由于经济条件达不到，就地实现进城上学的梦想。（FJ 镇教师，男，45 岁，中心校校长）

农村私立学校的最大优势就是其教学日常管理安排，较长的学习周期与寄宿条件既是模仿城镇办学的时尚，也是为农民工子女解决家长照顾难题——其父母外出打工，爷爷奶奶往往由于时间、精力不济，就选择进入私立学校。一般农村私立学校也是两周过一次周末，平时采用封闭式管理，除吃饭时间外，从早上6点到晚上8点不允许孩子乱跑，只能待在教室里上课。其上课时间长、寄宿条件成为吸引农民的两大亮点。

第四节　农村公办学校

对农村公办学校的调查，笔者总共选取了3个乡镇（各2所小学）的6所农村小学，并访问了农村小学生源流失比较严重的FJ镇中心校的负责人。中心校以前叫乡镇教改组。被访者之前是FJ教改组组长，现在担任中心校校长。该镇共26所学校，其中22所公立小学、2所公立初中、2所既含小学又含初中的私立学校，并且这2所私立学校共500人以上。该镇处于义务教育学龄阶段（7~15岁）的学生共7000人左右，而实际在读的只有4000人，学生流失严重，如2014年，初一的学生300人以上，但参加中考的只有144人，超过一半人数流失。这些流失的学生，一部分是小学阶段转到县城上学，另一部分是初中阶段转到县城上学，还有20%辍学后外出打工，20%既不上学也不工作，在家闲着。

FJ镇农村向县城教育转移的主要有两类，一类是学生自身成绩好，但家庭环境不太好，家长没有足够的经济条件将孩子送到城里，为了培养孩子，家长举债供孩子到城里上学，这一类普遍存在于农村家庭中，一般是非干部家庭。还有一类是学生自身成绩不太好，但家庭经济条件好，许多家长在县城买房，通过购房城镇化使小孩随迁到城里上学。在调研过程中，笔者发现许多村干部就属于此类；还有一部分家长在城里租房陪读。所以，这类教育转移被称作农村优胜劣汰精英教育的转移。

在城镇化的大背景下，国家对村镇的投入集中在城镇，对农村的投资虽然纵向比较有所增加，但总体上横向比较，城乡差距拉大。在这种情况下，农民的子女在教育上也越来越多地选择到城镇去。

相对于农村劳动力转移，我们不妨称其为教育转移。

有条件的家庭将孩子送到城镇上学可以理解，但为何没有经济条件的家庭就算借债也要让孩子到城镇去上学呢？师资问题是FJ镇生源发生转移的首要原因。

该镇农村公立教师共有 240 人左右，主要由民办转正教师、"少年班"教师和特岗教师组成。第一，目前民办转正教师 150～160 人，年龄大（一般 50 岁以上）、教龄长、知识陈旧、填鸭式教学，每年约有 30 个民办转正教师退休，预计 5 年能完全退休。这些民办转正教师一般是本地人，村民对其知根知底，了解他们的教学能力、教学态度，在村民的心中，民办转正老教师就是没知识、没能力没激情的形象，村民对这些老师缺乏一定的信任；同时，与年轻教师尤其是特岗教师相比，这些民办转正教师多数不会讲普通话、不会信息技术、教学思维固化、学习能力差，更加产生自卑和破罐子破摔的心理，想改变却心有余而力不足，所以这一老教师群体一般都是坐等退休。第二，1992～1995 年，连续四年，政府每年都从本地初中生（12～15 岁）中选拔一批成绩好、适合当老师的学生到武汉进行定向培养，以增加本地农村师资力量。这些被选拔的人多是干部子弟、干部家属或家庭有权有势，教师职业在当时是"铁饭碗"，为了农转非，许多人交 10000 元以保证被选上；当时全县每年共选拔 200 人，该镇每年选拔 40～50 人。这一批"少年师资班"教师现在一般是二三十岁，是当前农村教师队伍的中坚力量。但他们在村民中的印象并不好，村民认为这些教师虽然比较年轻，但没文化、没学历。所以，农村教育师资的"一老一少"都是县城不要，且在教师体系中被淘汰的两个群体，35～55 岁的教师是断层的。第三，特岗教师是中央财政补贴，选拔一批大学生到农村支教 3 年，3 年后无条件转为正式教师。从 2012 年开始，该校每年招进特岗教师 10 名左右，目前有 30 多人，主要教语、数、外。

所以，农民对农村公办学校师资结构的判断是农民子女教育转移的重要原因。在农民的判断中，城镇私立学校有这样几个优势：一是师资力量强、教育质量好；二是私立学校管得严，两周放一次假，每天的教学、生活时间安排紧凑；三是私立学校是寄宿制，农村家庭多留守儿童，寄宿制可以提供许多方便，教师陪伴可以弥补甚至是代替家长陪伴。

在教育师资的城乡分化中，国家在中等师范学校方面的政策也有一定影响。2002 年，国家取消了中等师范职业技术学校和中等专业技术学校，这两类学校不再招生，并且当时大学生是自由就业，无人愿意来到农村，这一政策相当于切断了农村的师资来源，使农村的师资没有得到补充和更新；同时，2002 年私立学校开始兴起，为了扩充县城学校的师资，该县将县城淘汰的教师转移到农村，并在农村挑选年轻、优秀的教师到县城。FJ 镇 2002～2012 年，农村教师只出不进，这十年没有支教和特岗教师，"一老一少"是农村教育师资的中坚力量，十年来没有任何的师资补给，在农民的心中，认为国家已经放弃了农村。

据我们调查，LHE 学校总共有 11 名教师，其中有 9 名是民办转正教师，年龄都处于 55～60 岁。FJB 校共有教师 14 人，民办转正的教师有 6 个，近几年退休了 2 个，现在学校有 4 个民办转正教师，都是 50 多岁。特岗教师 4 个，3 女 1 男，项城的 2 个，永丰的 1 个，去年来了 1 个，其中有两个女特岗教师未婚，剩余两个都已婚，特岗教师普遍工资低、满意度低。FC 校有 3 个特岗教师，2011 年进了 2 个，2012 年进了 1 个。D 校有 1 个特岗教师，男性，比较敬业。座谈人员表示，由于现在城里教师饱和，3 年后特岗教师转到城里难度较大，但特岗教师在思想上仍不太稳定。

综合 3 个乡镇 6 所小学的调查情况来看，农村公办学校的学生家长也知道城镇学校的师资与教育条件好，但基于学生家长既没有社会关系，也没有经济条件，被迫无奈才让孩子在农村公办学校就读。虽然是地理位置上具有优势，但由于师资老化、教学管理在农民眼中"不严格"等原因，它成为农村最不愿意选择的教育类型，因此可以称为"教育市场化体系中选择的剩余类"。其剩余的主要标志是，该类学校的师资是城镇学校在应用市场化手段选拔师资过程中优胜劣汰剩下的。一般都是年龄比较大的民办转正教师为主体构成部分，而且由于其年龄大导致知识体系陈旧、教学方法落伍等，整体上看可谓教育体系中最差的一部分。在我们调查的 6 所农村小学中，民办转正老师数量普遍在一半以上，有的学校甚至达到80%的占比。

关于学校经费和教师工资。国家按人头每年给小学阶段的学生补贴315元，其中有15元是师资培训；由于河南省投资建设信息设施时，资金周转不够，所以每人每学期从中扣除60元，也就是从国家补贴的315元中扣除75元，剩余的每人245元用于学校开支，学校支出主要包括学本费、办公支出，剩余的钱则为学校灵活支配。办公支出每年为3000～4000元，各项支出之后，一般剩下三四千元，这部分钱只允许用于基础设施建设，政府规定不可用于教师补贴。座谈人员纷纷表示，农村公办学校没有其他资源补贴教师，也就是没有激励手段来提高教师的工资，就像吃大锅饭一样，干好干坏都一样，这样教师缺乏动力。教师的工资扣除三险一金之后，每年差不多2万元，三险一金主要指3%养老保险+2%医疗保险+1%失业保险+5%住房公积金，总共占11%。假设老师外出打工，每年至少可以挣4万～6万元，比在公办学校的工资高出一倍多。但老师纷纷表示不愿意外出，愿意留在学校，首先是在公办学校有保障，为了长期的保障不愿去私立学校，其次是认为坚持了这么多年，弃之可惜，不弃的话，工资又太低。

这些因素共同导致农村公办学校的师资老化，特岗教师队伍不够稳定甚至总体教学管理松懈、职业倦怠普遍等问题。农村公办学校的教师普遍存在的问题还集中在职称上升空间狭小与收入水平低导致的替岗现象。

> 除收入水平相对较低外，农村师资的职称问题也是教师普遍不愿意待在农村的重要原因。农村教师晋升空间相对更小，一个乡镇每年只有五六个评小高指标，目前该镇共有教师350人左右。所以，不少小学教师要好几年才能轮到一个指标，这导致上升空间狭小成为一个普遍的感受。（DXZ，男，52岁，FJ中心校副校长）

上升空间狭小与工资普遍较低促使一部分大学毕业的年轻小

学教师选择下海经商或者去沿海地带教学，但保留本地的编制，即形成替岗现象。从总体调查来看，保留编制和福利去其他城市工作的小学教师替岗的约占 10%。还有的教师应聘到城镇私立学校，找一个比其廉价的劳动力代上该乡的课程，自己在农村学校拿到的工资付一部分或全部给替岗教师，这样既可以达到将自己的编制和名额保留在该镇的目的，也可以从中赚取更多的钱。教育局、原单位、私立学校基本知道有这样的情况，但都心照不宣。替岗问题从私立学校兴起之时开始，近两年逐渐盛行。

第五节　农村义务教育的本地转移趋势

一　农民工或农民为子女教育安排的选择逻辑

根据前述调查内容可知，农民工为子女教育的选择安排基本呈现四个逻辑依次选择。首先是在经济与社会关系方面均能达到较好程度的农民会选择让孩子在城镇公办学校就学，成为异地陪读型；其次是只有经济条件但没有社会关系的，主要是选择城镇私立学校，成为异地寄宿型；再次是经济条件相比前两类稍差，虽然处于中等但相对不是最差的农民，会为孩子选择本地私立学校，成为本地寄宿型；最后是经济条件差、更没有社会关系资源的农民，成为本地走读型，这是教育市场化改革过程中淘汰的剩余型（见表 11-2）。

表 11-2　农民工对子女教育的选择逻辑顺序与类型

学校地域	学校属性	
	公办	私立
城镇	城镇公办学校：异地陪读型	城镇私立学校：异地寄宿型
农村	农村公办学校：本地走读型	农村私立学校：本地寄宿型

（1）异地陪读型。公办学校不允许学校办食堂及住宿寝室，

所以，学生必须走读；而农民工及其他农村孩子的家长要想让孩子进入城镇公办学校读书，就必须租房或买房以满足居住条件。买房的一般是家庭实力较强的农民工或本地乡村干部。X市做防水补漏行当的农民工比较多，外出比较早、踏实肯干的农民工一般一年可以挣10万元以上，如果能够自己承包小型工程，进行包干劳务，年收入可达数十万元甚至百万元。所以，X市有相当一部分农民工在县城买房进而为子女创造教育条件，即使暂时没买房而在城镇公办学校走读的农民工子女，在经济条件上也普遍较好，家庭经济能力高于后面的三类。走读的农民工子女所属家庭大都至少有一个家属陪伴孩子，接送孩子上学放学。如果是老年人接送孩子，就纯粹是为孩子服务，即全职型陪读，具体陪读的活动主要包括接送孩子上学放学，为孩子做饭、洗衣服等；如果是农民工中青年夫妻的一方陪读，一般都会兼职陪读。兼职陪读首先是保证全职陪读的活动——接送孩子上学放学，为孩子做饭送饭、洗衣服等家务；其次是一般会做一项兼职，有的是骑电动车或摩托车等载人、运客，有的是经营小饭馆、流动餐饮摊位等，还有的是在本地做开锁、配钥匙等技术工，这些兼职都有一个共同特点：经营方式灵活，时间节奏自主性强，当孩子需要的时候，他们可以随时调整，甚至提前做好准备。因此，兼职型的虽然不是全职陪读，但也是以打工为辅、以陪读为主。

（2）异地寄宿型。城镇私立学校的优势主要有三点：一是师资；二是硬件设施；三是教学管理模式。但私立学校的真正优势除硬件设施外，其他优势并不一定成为"农民想要的教育效果"，主要的问题就在于私立学校时间过长、教学安排过于严厉。从早上6点10分到晚上8点多，孩子除吃饭时间外，其他时间全部被安排在教室学习，每天累加的学习时间在12个小时以上。而且连续两周才休一次周末，这种长时间、高负荷的运转方式使教师感觉教学压力过大，教学时间、精力、教学质量得不到保障。

同时，学校的招生规模也对老师与学生的教与学质量产生严重影响。现在私立学校招生以经济条件为标准，不以成绩为标准；私立学校主要以营利为目的，为了增加收入，扩大招生，用被访者的话说就是"只要交钱，是个人就收"。目前该校每班一般 80 人左右，之前办学的时候没有想到生源会这么多，教室建设得比较小，现在教室非常拥挤，被访者调侃说"我在过道都得侧着身"。

农民希望把子女送到县城读书已经成为一个"流行文化"或教育时尚。这种流行文化导致农村家长攀比心理强，村里有家长把孩子送到城里读书，其他家长也跟风让孩子到城里读书，认为孩子不到城里读书就没面子，当然这是以一定的经济实力为前提条件的。

（3）就地寄宿型。其主要优点是教学管理模式。农村私立学校的师资一般都是学校举办者的亲戚或者当地干部的子女，其优势是年轻，但学历、知识方面与农村公办学校相比并不一定具有优势。正是由于年轻，他们在信息化尤其是电脑使用、多媒体教学方面具有明显优势。是否具备这一点，被农民判断为一个学校是否能搞好教学的重要变量。

（4）本地走读型。它属于教育市场化优胜劣汰的选择剩余。

二 私立学校招生规模成功扩张的原因

私立学校的硬件设施确实是普遍优于公办学校，尤其是显著优于农村公办学校。其师资优势和教学管理方式成为农民心目中的"严"字挂帅，进而形成一种教育时尚性选择。

第一，私立学校招生和招聘教师的方法。2002～2003 年，兴华、正太、红旗等私立学校刚起步，招收了一批年轻的农村教师，并用给钱的方法给这些从农村到私立学校的教师下指标，充分动员老师说服自己在农村的学生、熟人到城里的私立学校上学。当时一个老师能带走十几个学生，农村第一批流失教师和学生的情形就这样在私立学校的兴起中产生了。

农村私立教师和城镇公立教师的工资差异大。被私立学校招走的教师，基本工资由 FJ 镇发放，课时费由私立学校发放，当时农村公办学校的教师工资为 640 元/月，被招到私立学校的教师的工资每月有 1400 多元，两者差了两倍多。现在农村公办学校教师的工资由一千多一点涨到两千多元，同时私立学校教师的工资也在涨，私立教师学样的工资基本是公立的两倍。如 C 校李老师，之前在兴华学校（项城市的一所私立中学）教过几年，做得好的话，工资比公立教师高出一两倍。现在私立学校教师有课时费，当班主任也有津贴，一月基本 4000 多元；农村公办学校教师没有课时费，没有班主任津贴，学校剩余的经费只能用于修建基础设施等，不能用于发放教师福利，所以农村公办学校教师的工资每月总共 2000 多元一点。

第二，私立学校的教学方法，在家长心中形成立竿见影的效果，并在村里形成晕轮效应。私立学校在考试之前先让学生做一遍考试题，并事先讲一遍，也就是考试之前先"彩排"一次，还有的学校更改学生的考试成绩，这样孩子分数高、成绩提高，家长认为城里的私立学校的教育质量好。

第三，农村家长攀比心理强，认为送孩子到城里上学就有面子，让孩子在农村上学没面子，从 2006 年开始，农村学生转移到城镇私立学校蔚然成风。

第四，农村家长多外出打工，学生大部分属于留守儿童，家长无法培养和辅导孩子，所以对私立学校的寄宿制有一定的需求。

第五，政策支持。项城市的"民办公助"政策将公办教师调到私立学校，从 2002、2003 年一直到 2011 年，每年都有农村公办教师被调到私立学校，这些被调走的教师编制跟着一起到了私立学校，不再归本地镇政府管。

三 寄宿制学校中学生的身心健康问题

由于学习时间长、封闭式管理等，寄宿制学校学生的高负荷运转的学习生活成为一种常态。从高中阶段学生的反应来看，除个别学生外，大多数在小学与初中为寄宿制的学生普遍缺乏后劲，学习兴趣弱、动力小，没有潜力甚至厌学。

同时，由于寄宿制学校较长时间的封闭性学习和生活，学生普遍带有手机，用来跟家长联系沟通。

我们在调查中发现，学生课余生活单一、兴趣少，普遍不会安排课外活动，周末放假在家，主要是睡觉和上网，缺乏少年应有的娱乐活动。之前学校纪律明确要求，不允许带手机，现在为了与时俱进，也为了方便学生与家长联系，规定可以带手机到学校，但不允许带进教室和寝室，手机要交给班主任保管，自己需要用的时候再向老师要。虽然学校有这样的规定，但目前该校私自用手机的现象较普遍。例如，被访者之前带一个八年级奥赛班，学生都很尊敬老师，学习认真，言行举止规矩，从未想到班里有学生偷用手机；但有次不经意间发现有个学生在上课时总是低着头，才发现该学生在偷偷玩手机，被访者这才意识到事情的严重性。班里表面上看起来风平浪静、学生都很乖，之后被访者用这种方法在班里依次当场发现了28人私自带手机在教室玩，被访者表示被当场没收的就有28部手机，实际数量就更大了。老师把学生手机没收之后，以前学生会自己写份检讨，态度诚恳地到老师办公室请求老师将手机还给自己，但现在很多学生找老师要手机，去掉写检讨这一过程，直接站在老师办公室不说话，潜台词就是"把手机还我"；还有种情况是，老师把学生手机没收之后，学生告诉家长，家长给老师打电话要求老师将手机还给学生，这就凸显了两方教育主体在教育理念上的冲突。所以，总而言之，对于学生在学校玩手机一事，首先是家长的教育方式、对孩子玩手机的认知有问题；其次就是学生本人非常抵触和抵抗老师没收手机，有时会顶嘴、拍桌子要手机，即学生自己不理解老师的用意。

被访者认为城里的和有条件的孩子家里都有电脑，现在该校七年级80%的学生都上网。中学生上网主要是聊天和玩游戏，网络对其思想、行为、心理、价值观念的影响非常大，目前学生的生理和心理正处于成长期，心智不够成熟，很容易受到各种不良信息的侵害。如被访者的体会：为了方便交流，班级建了一个QQ群，老师也在里面，被访者说自己很少在群里讲话，但会默默关注同学在群里的动态，他发现现实生活中安静、斯文的学生在QQ群中的语言竟会如此让人惊讶，也发现学生在群里喜欢恶意骂老师。

家长对孩子上网、在学校玩手机持纵容态度，有这样三个原因。第一，来自农村的学生，家长文化程度普遍比较低，很多都在外面打工，家庭经济条件能够满足孩子上网玩手机这一需求。第二，家长在外面打工，为了方便与孩子联系，也为了不麻烦老师给孩子传话，所以有些家长给孩子配备手机。第三，家长让老师把手机还给学生，一方面是家长溺爱孩子，缺乏正确的教育观念，一切都以孩子为主，尽可能地满足孩子的要求；另一方面是家长对孩子的内心、行为表现关注较少，一个非常明显的细节就是有时候家长来学校看孩子，不关注孩子的内心情感需求，不关注孩子的学习成绩，不关注孩子在学校的人际关系，也不关注孩子在学校的言行举止，较关注孩子生活方面，往往是带孩子在外面大吃一顿，这就是家长表达关心的方式。例如，被访者所带的班，一共 70 多人，其中有十几个家长没有指望孩子考大学，在家长的眼里老师就是高级保姆，只有几个家长关注孩子的学习和心理发展；家长普遍较忽视孩子的心理成长，所以被访者表示作为班主任，70% 的精力都放在关注和辅导学生心理健康成长上，只有 30% 的精力放在教学上。

四　农村公办学校教师的职业倦怠及其调动

农村学校的教师的教学质量之所以不如城镇，一方面是农村公办学校教学时间短，另一方面是教师大都按照正常的教学程序进行，不会对学生分数"放水"等。但不能否认，农村公办教师的职业倦怠也是普遍存在的影响因素。职业倦怠具体又跟收入、上升空间、分配激励机制等有关。

首先，收入问题。农村教师普遍对自己的收入不满意，在农村公办学校，不仅三类教师之间对于收入问题有攀比心理，而且和其他职业也有比较。①民办转正老教师每月 1500 元基本工资 + 低于 1500 元绩效，平均每月工资 3000 元左右，这虽然比特岗教师和"少年班"教师工资略高，但比乡镇干部、公务员的工资低，比外出打工的工资低，心理有种不平衡感，同时也比临近贫困县的民办转正教师每月低 500 元，不平衡感更强烈。②"少年班"教师心理不平衡，认为当初被挑选做老师，奉献了自己的青春，现在却没有得到满意的回报，反而遭嫌弃和淘汰；同时与民办转正教师相比，"少年班"教师认为自己学习互联网、信息技术、多媒体教学方式快，更加与时俱进，绩效每月却只有七八百元，比民办转正的老教师少四五百元。虽然"少年班"教师对现状不满，但因为有编制，为了长效利益仍不会放弃，并且当年被选拔时交了1万元，弃之可惜。③特岗教师一般是毕业之后找不到合适的工作，为了拿到编制，到农村支教3年，得到编制之后就会想方设法回到县城；特岗教师有能力、有知识、有信息技术，但没编制，工资比"少年班"教师少一些。这些工资甚至无法满足教师的生存需求，教师的教学态度倦怠就不难理解了。

其次，职称问题。农村公立教师上升空间小，只有老教师有评副高级职称的资格，难度大、指标少，一般30进1，如近5年，该镇只有3~5个名额。评副高级教师的条件有年龄限制，必须有县级以上的科研项目（申请上的少），在学术期刊上发表过论文，有专业的教学实践、教学竞赛。评职称的难度大，一是在于指标少，二是评职称的条件高。所以，许多教师基本对职称没有什么期待，认为无论怎么办都评不上，相当于大多数都已经放弃了。

再次，缺乏适当的收入分配机制。农村公办学校的教师上课是没有补贴的，上课是分内的责任与义务，但由于私立学校除了正常工资外，还有上课补贴，一般私立学校一节课补助5~8元不等。相对于私立学校的收入分配，公办学校的教师会产生自己的劳动不值钱的相对剥夺感。同时，学校内部不同年龄、不同水平的教师之间也有比较，除工资收入外，他们干好干坏一个样，干多干少一个样，这样就导致教师认为多一事不如少一事。甚至有的教师改作业都是让学生相互修改，自己只修改极少一部分学生的作业。这种情况最终导致教学质量低下，教学质量低下导致农村公办学校的生源流失。反过来，生源流失又导致教师的职业倦怠加剧。

在调查中笔者发现，农村公办学校也有比较有干劲、有想法的老师，如新来的特岗教师中就有"想干出个样子来"的热情青年教师。但学生少，剩余的少量学生还有的有性格叛逆、学习态度敷衍等问题，即使教师认真备课、教课，上课过程却没有那种充实感和满足感；有时老师给学生布置作业，学生喜欢向家长告状。所以有老师调侃："现在学生少了，课堂讲到精彩的地方，鼓掌都鼓不起来。"

要打破农村公办学校教师的职业倦怠，必须首先改革分配体制，建立一套有保证基础工资、提倡按劳分配等原则的分配激励机制，以提高农村公办教师的积极性。

第十二章　就地还是异地：农民工
购房城镇化的选择

　　农民工最终要终结流动或漂浮状态，最主要的不是户籍问题，而是住房问题。因为户籍改革主要是一个政策问题，如果国家考虑到政策的配套落实，最多是农民工转换成城市居民身份后会享受到城镇居民的医保、低保等福利待遇，虽然会比农村合作医疗、农村低保待遇等有所改善，但住房作为安身立命之所，是农民工城镇化稳定的重要保障。而且有研究表明，居住在单位集体宿舍或租房寄居是农民工犯罪的重要原因，给社会稳定秩序造成不良影响，但购房后安居可以给农民工增加安全感、归属感，所以说购房比户籍身份的转换更重要（叶鹏飞，2011）。

　　虽然购房城镇化比户籍制度改革更重要，但中国农民工实现购房城镇化的比例还是相当低的。有学者根据调查估算上海的外来人口（包括农民工与城城之间流动人口）有 10%～15% 的比例会稳定地留在上海，而农民工转移到城镇更多的只是职业转移，居住只能是租房暂居或跟随建筑工地的工棚流动居住。因此，从居住角度来看，农民工难以实现完整意义上的城镇化（蔡昉，2001；任远、姚慧，2007）。本研究拟从住房的角度探讨农民工城镇化的趋势。

　　现有研究文献在探讨农民工购房城镇化的问题时，大多只关注农民工"是否在城市定居"或"是否在务工地定居（进城落户）"（李楠，2010；叶鹏飞，2011；张翼，2011；李树苗，2014），而对农民工在务工地购房与返回家乡所在地的城镇购房没有区分。但事实上，农民工城镇化与返乡回流的区别不仅仅表现在是否在务工地购房落户，还表现在农民工返乡后是愿意回农村还是愿意在家乡本地城镇化的区别。当然，农民工返乡后的城镇化也有多种可能——如果是按照城镇化的人口主体的群体性与选择性来划分：一种是集体性的成建制城镇化，即一个村庄整体一次性转变成城镇，如城郊村的村庄改制；另一种就是单个家庭的个人城镇化。前者是强制性的，后者是个人自由选择。本研究所指的就地城镇化就是指农民工返回家乡所在地主要在县城购房城镇化，也包括在本地的地级市购房城镇化，是与在务工地购房城镇化一起作为回流农村的对比类型。集体性的成建制城镇化即村庄改制的探讨，另立一章单独讨论。

因此，本章以回流农村为参照，依据城镇化人口的区域选择路径将其城镇化路径划分为就地城镇化与异地城镇化两种类型。就地城镇化是指流动人口在家乡脱离农村进入城镇（在国家卫计委数据调查问卷中属于问题 Q533 中的 2~4 项）；异地城镇化就是在流入地城镇化（在国家卫计委数据调查问卷中属于问题 Q533 中的第 5 选项）。

第一节　数据、理论假设与统计技术

本研究采用国家卫计委调查的流动人口监测数据。笔者经申请获得的是 2013 年度抽样数据，基于统计数据变量分析需要，采用 2013 年农民工样本库（流动人口的户籍为农业户口）中 8 个城市流动人口融合状况数据进行分析，其样本来源地区分别为上海市松江区、苏州市、无锡市、武汉市、长沙市、西安市、泉州市 7 市（区），各抽取 2000 名流动人口；陕西省咸阳市，抽取 1000 名流动人口。

因为本研究的主题是农民工购房意愿，所以重要的是对农民工人群的筛选。在国家卫计委 2013 年的流动人口动态监测数据中，如果不考虑流动人口的户籍性质，则流动人口的样本规模是 13219 个；如果筛选出户籍性质属于农业户口的流动者，样本规模是 11700 个。我们就用 11700 这个农村流动人口样本。根据国家卫计委 2013 年调查数据的变量设置，本研究将农民工购房意愿划分为三类：第一类是回流到家乡农村自建住房，在样本中有 5389 个，占样本的 46.1%；第二类是回流到家乡的城镇购房即就地城镇化的有 2674 个，占样本的 22.9%；第三类是在务工流入地购房即异地城镇化的有 3637 个，占样本的 31.1%。

在现有研究中，通过统计模型分析农民工是否愿意定居城镇及其影响因素的文献居多，综合这些文献来看，影响农民工购房城镇化意愿的因素主要包括以下八个方面。

第一，经济收入水平。无论是理论假设的预期收入水平还是现实中职业收入或家庭总收入，收入都被认为是影响农民工购房意愿的主要变量（章铮，2006；李培林、田丰，2011；魏后凯，2013）。

第二，以教育、技术为主的人力资本变量。学者普遍认为教育水平与专业技术能力是影响农民工购房落户城镇的主要能力，其实教育与技术等人力资本也直接与收入相关（李强、龙文进，2009；李培林、田丰，2011；董延芳等，2011；费喜敏、王成军，2014）。

第三，承包田地的数量。例如，张翼的研究结果表明，农村原有的承包田是影响农村流动人口城镇化的重要因素，绝大多数农民工不愿意转变为非农户口；如果要求农民工交回承包地，则只有 10% 左右愿意转为非农户口（张翼，2011）。其他学者的数据也证实了这一因素的影响（董延芳等，2011）。

第四，迁移距离与地域因素。例如，蔡禾和王进分别用放弃土地、户口迁移作为因变量，讨论了农民工对城市生活方式的追求作为迁移动力因素的影响、流出地与流入地之间的距离远近及其带来的迁移成本对购房意愿的影响（蔡禾、王进，2007）。

第五，社会保障情况。已有研究主要关注国家对农民工制定的劳动、子女教育等政策的落实情况，以及医疗保险、养老保险等方面的享受情况等，认为这是影响农民工城镇化的重要因素（蔡禾、王进，2007；魏后凯，2013；秦立建、陈波，2014）。

第六，是否夫妻共同外出或举家外出（费喜敏，2014）。

第七，社会网络。钱文荣、黄祖辉的研究分析了农民工在城市的社会交往情况及农民工感受的城市居民在与之交往过程中的社会态度是倾向于融合还是倾向于排斥（钱文荣、黄祖辉，2007）。

第八，务工年限。有的学者通过实证研究表明，务工年限对农民工进城落户有显著的影响（李强、龙文进，2009）；但也有学者通过实证调查认为，务工年限对农民工购房城镇化没有影响（夏怡然，2010）。

推拉理论是人口流动与迁移研究中的重要也是成熟的理论学说。它认为影响劳动力迁移的因素大致可以划分为流入地因素、流出地因素、中间因素、个人因素四个方面（Lewis WA，1954）。其实，推拉理论在人口研究中可以追溯到1880年列文斯坦发表的《人口迁移规律》一文，列文斯坦在文章中指出了迁移距离、性别、城市发展水平等因素对人口迁移的规律性影响，比如，迁移人口往往是先在城镇的郊区地带居住，再迁移到城镇，越是大城市迁移距离越远，人口流动总体上呈现农村人口向城镇集中趋势，人口流动过程都会伴有回流，城市居民比农村居民更倾向于稳定居住、女性比男性更倾向于迁移等特点。

在列文斯坦之后，巴格内（D. J. Bagne）提出人口流动的目的是改善移民自身的就业与生活，而城镇作为流入地在改善就业机会、提升生活水平方面具有显著优势，因而可以称为"拉力"，流出地因就业机会少与提升生活水平困难而成为移民迁移的"推力"。他是最早提出"推拉"概念的学者。随后，经济学与人口研究的相关学者如迈德尔（G. Mydal）、贝斯（Base）、特里瓦撒（Trewartha）、索瓦尼（Sovani）都对推拉理论进行了补充或修正，美国学者李（E. S. Lee）在这些学者的基础上提出了中间障碍因素，与推拉因素一起综合作用于流动人口的迁移决策。

综合以上学术文献与推拉理论的视角，本研究在控制人口学变量的基础上，重点探讨流出地因素与流入地因素影响农民工购房城镇化的方向，即"推"或"拉"。从其推拉的影响方向中分析我国在制定城镇化战略与政策过程中考虑哪些社会因素。结合国家卫计委调查数据，本研究设计的变量如下。

因变量：购房倾向。具体变量的分类为三分，即回流（作为参照项）、就地城镇化（研究项1）、异地城镇化（研究项2）。

自变量：基于简化模型的考虑，本研究将个人变量因素作为控制变量放入模型——因为这些自变量主要是自然而然形成的，国家政策等因素基本不能改变这些控制变量。本研究重点分析流出地因素与流入地因素的影响，这两类研究变量都可以通过政策改革对其实现调控。所以，自变量包括三类变量：一是控制变量，具体包括年龄、年龄平方（主要考虑倒 U 型关系）、性别、受教育程度、婚姻状况等；二是流出地变量，具体包括户籍地耕地面积、户籍地住房面积、流出地社会保障指数（类型数总和）、流出地区域；三是流入地变量，具体包括共同流动人数、流入城镇的时间、流入地的区域、流入地社会保障指数、语言交流能力、就业身份、劳动强度、月收入水平等。

基于因变量是三分变量，本研究的统计方法采用多项 Logistic 分析。

第二节　购房城镇化意愿分布

根据国家卫计委 2013 年调查数据的变量设置，本研究将农民工购房意愿划分为三类：回流到家乡农村自建住房，占样本的 46.1%；回流到家乡的城镇购房即就地城镇化，占样本的 22.9%；在务工流入地购房即异地城镇化，占样本的 31.1%。

从农民工购房意愿的比例分布来看，我们可以得到三点结论。

第一，在三种选择倾向中，农民工的主流趋势还是回流到农村自建住房，接近总体的一半。

第二，如果将就地城镇化与异地城镇化结合起来看，两种城镇化倾向的比例高出回流倾向的比例8个百分点，也就是说农民工总体意愿还是更倾向于城镇化而不是回流。

第三，农民工希望在流入地购房落户的比例高出返回家乡所在地城镇购房城镇化的比例8.2个百分点，这表明总体上愿意将定居与职业转移统一起来的农民工更多。

在控制变量中，年龄作为影响农民工购房城镇化的因素，有着非直线影响，即无论是异地购房还是就地购房，农民工购房意愿都与年龄不是直线因果关系，而是倒 U 型关系：农民工在打工早期随着年龄增长，其购房意愿会增强，但随着年龄进一步增长，其购房意愿会削弱。通过曲线估计发现，农民工购房城镇化意愿最强烈的时候是 33 岁，从 16 岁至 33 岁是购房城镇化意愿的上升期，但 33 岁以后就呈现逐步下降趋势。

作为人力资本，教育在农民工购房城镇化意愿中具有显著影响。无论是异地购房意愿还是就地购房意愿，文化程度越高的农民工，其购房意愿越强烈，这表明教育在农民工购房城镇化过程中具有正相关的积极影响，这一点与现有文献观点相一致（李强、龙文进，2009；李培林、田丰，2011；董延芳等，2011；费喜敏、王成军，2014）。

婚姻状况对就地城镇化意愿没有显著影响，对异地城镇化的影响是负向，表明已婚农民工比未婚农民工购房城镇化的意愿下降了。从笔者的调查经验来看，农民工在结婚前考虑问题，更多的是"我怎么样"；而结婚以后农民工考虑问题，更多的是"我家怎么样"。这种考虑逻辑的差异体现了已婚农民工更多的思维逻辑是家庭逻辑，牵涉老人、孩子等各个层面的家庭因素。

第三节　异地城镇化模型

1. 在流入地变量中，对异地城镇化起拉力作用的变量

（1）家庭共同流动人数。共同流动人数越多，异地城镇化的拉力作用越明显。从中国农民工流动的家庭化趋势来看，越来越多的农民工选择夫妻共同外出务工，子女随迁共同外出的家庭化流动对其购房城镇化具有积极的推进作用。

①流入时间。流入时间越长，异地城镇化的拉力效果越明显。

②流入区域。流入区域为中部地区的，异地城镇化倾向更明显。这一点跟前面农民工子女随迁的研究结论一致，即流入地为中部地区的农民工更倾向于家庭化流动、购房城镇化。这可能主

要和中部地区的消费水平相对于东部地区较低、房价较低等因素
对于农民工来说更容易承受有关，这与流动人数的影响结论相
吻合。

③流入地的参保指数。流入地的参保指数越高，即参加保险
类型越多，农民工越倾向于异地城镇化。这与已有研究文献中关
于农民工在流入地的社会保障变量的研究结论相一致（蔡禾、王
进，2007；魏后凯，2013；秦立建、陈波，2014）。这表明，农民
工在务工地的社会保障享有力度对促进农民工购房城镇化具有显
著的推动作用。

④对流入地的语言掌握程度。对流入地的语言掌握得越好，
拉力越明显，这一点与费喜敏等人的研究结论一致（费喜敏，
2014）。

⑤就业身份。雇主和自雇者比普通雇员劳动力更倾向于异地
城镇化。就目前的实际就业情况来看，农民工自雇主要是个体经
营户，相对于自雇的规模来说，雇主作为企业经营主体在量上要
少很多。但国家鼓励包括农民工在内的全民创业，让更多的农民
工走向自雇或成为雇主，更有利于农民工购房城镇化。

（2）收入水平。流动农民工的收入越高，对异地城镇化倾向
的拉力作用越明显。这一点与已有研究文献的相关结论一致（章
铮，2006；李培林、田丰，2011；魏后凯，2013）。

2. 在流入地变量中，对异地城镇化起推力或阻碍作用的变量

（1）劳动强度。劳动强度越高，其购房城镇化倾向越弱。劳
动强度与城镇化倾向之间是明显的负相关。这表明，通过法律途
径规范劳动市场与过程来降低农民工的劳动强度是促进农民工购
房城镇化的有效路径。

（2）流入区域。流入东部地区的农民工城镇化倾向更弱，低
于流入中西部地区的农民工城镇化倾向。这可能主要与东部地区
的房价、消费水平有关，即农民工在东部地区购房城镇化的成本
过高、承受能力有限，导致其在东部购房城镇化的意愿受阻。

3. 在流出地变量中，对异地城镇化起拉力作用的变量

在流出地变量中，对异地城镇化起拉力作用的主要是区域变量，

来自东、中部地区的农民工比来自西部的农民工更倾向于异地城镇化。这表明，从流出地来看，来自西部地区的农民工更倾向于回流，而东、中部地区外出的农民工更倾向于在务工地购房落户。

4. 在流出地变量中，对异地城镇化起推力或阻碍作用的变量

在流出地变量中，对异地城镇化起推力或阻碍作用的变量包括住房面积与参保指数，这表明以下两点。

（1）户籍所在地的住房面积越大，异地城镇化的倾向越弱，即农民工在家乡拥有的住房面积越大，"拉"其回流的力度越强。农民工可能会出于对其家乡拥有的住房多少、房屋价值等因素的考虑而选择是否回流到家乡。

（2）户籍所在地参保类型越多，异地城镇化倾向越弱。从在流入地参保情况来看，表明社会保障是影响农民工城镇化或回流的重要指标：农民工在城镇参保指数越高，城镇化倾向越强烈；农民工在家乡参保越多，其异地城镇化的可能性越小。

第四节　就地城镇化模型

1. 在流入地变量中，对就地城镇化起拉力作用的变量

（1）流入地参保指数。流入地参保指数越高，农民工就地城镇化倾向越明显。这跟异地城镇化模型的结论一致：即农民工参加城镇的社会保障不但对其异地城镇化有影响，对返回家乡就地城镇化也有影响，即参加城镇社会保障对其两种城镇化都有拉力作用。

（2）收入水平。农民工收入越高，就地城镇化的倾向越明显。这一点与异地城镇化的结论一致。这表明，农民工就地城镇化与异地城镇化都需要收入水平提高作为重要前提。

2. 在流入地变量中，对就地城镇化起推力或阻碍作用的变量

（1）劳动强度。劳动强度越高，农民工就地城镇化倾向越弱。这表明，相对于回流来讲，农民工在城镇的劳动强度更高，无论是异地还是就地城镇化，劳动强度都是农民工考虑的重要指标。

（2）流入区域。流入东部地区的农民工比流入中西部地区的

农民工就地城镇化倾向更弱。这一点与异地城镇化的模型结论一致，即流入东部地区的农民工可能基于房价与消费水平，购房城镇化的意愿更低。

（3）共同流动的家庭人数。农民工共同流动的家庭人数越多，就地城镇化的倾向越弱。这与前面所说的异地城镇化倾向相吻合，即家庭化流动不但有利于异地城镇化，也有利于就地城镇化。农民工家庭化流动的人数越多，其城镇化意愿越强烈，回流的可能性越低。

3. 在流出地变量中，对就地城镇化起拉力作用的变量

（1）农民工在流出地参保指数越高，越倾向于就地城镇化。这一点与异地城镇化模型的数据结论一致，即农民工在流出地参保程度越高，对其异地城镇化的推力影响越显著，对其就地城镇化的拉力影响越明显。

（2）东部地区流出的农民工就地城镇化倾向更明显。

4. 在流出地变量中，对就地城镇化起推力或阻碍作用的变量

在流出地变量中，没有对就地城镇化起阻碍作用的显著变量（见表 12 - 1）。

表 12 - 1 购房意愿的多项 Logistic 回归分析（以回流农村为参照）

| | 异地城镇化模型 | | | | 就地城镇化模型 | | | |
| | 模型 1 | | 模型 2 | | 模型 1 | | 模型 2 | |
	系数 B	Exp (B)	系数 B	Exp (B)	系数 B	Exp (B)	系数 B	Exp (B)
控制变量								
年龄	0.153***	1.166	0.009	1.009	0.055*	1.057	0.039	1.040
年龄的平方	-0.002***	0.998	0.000	1.000	-0.001*	0.999	-0.001	0.999
性别（以女性为参照）	0.005	1.005	-0.075	0.927	-0.059	0.942	-0.092	0.912
教育程度（以小学为参照）								
初中	0.763***	2.144	0.461***	1.586	0.246**	1.279	0.126	1.134
高中及中专	1.490***	4.437	1.006***	2.734	0.610***	1.840	0.364**	1.440

续表

	异地城镇化模型				就地城镇化模型			
	模型 1		模型 2		模型 1		模型 2	
	系数 B	Exp（B）	系数 B	Exp（B）	系数 B	Exp（B）	系数 B	Exp（B）
大学及以上	2.570***	13.070	1.998***	7.374	0.938***	2.556	0.515***	1.673
婚姻状况（以未婚为参照）	0.159	1.173	-0.636***	0.530	-0.158	0.854	-0.195	0.823
流出地变量								
户籍地土地面积			0.008*	1.008			0.005	1.005
户籍地住房面积			-0.001*	0.999			0.000	1.000
流出地参保指数			-0.149***	0.861			0.114**	1.120
中部地区流出			0.174*	1.190			0.140	1.150
东部地区流出			0.771***	2.161			0.590***	1.805
流入地变量								
共同流动人数（包括本人）			0.407***	1.503			-0.069	0.933
流入时间			0.069***	1.071			0.013	1.013
中部地区流入			0.573***	1.774			0.010	1.010
东部地区流入			-0.290***	0.748			-0.219*	0.803
流入地参保指数			0.213***	1.237			0.148***	1.159
本地话掌握程度（以不懂本地话为参照）								
听得懂一些但不会讲			0.470***	1.600			-0.001	0.999
听得懂会讲一些			0.936**	2.550			0.136	1.146
听得懂且会讲			1.209***	3.350			-0.039	0.962
就业身份（以雇员为参照）								
雇主			0.769***	2.158			0.077	1.080
自雇劳动者			0.745***	2.106			0.143	1.154
劳动强度			-0.391***	0.676			-0.179*	0.836
收入对数			0.333***	1.395			0.232***	1.261

续表

	异地城镇化模型				就地城镇化模型			
	模型 1		模型 2		模型 1		模型 2	
	系数 B	Exp (B)	系数 B	Exp (B)	系数 B	Exp (B)	系数 B	Exp (B)
截距	− 1.714***		− 3.013***		− 1.714***		− 2.472***	
− 2LL 值	2693.68		15749.9		2693.68		15749.9	
拟 R²	0.078		0.24		0.078		0.24	
样本量	8456							

注：1. * P < 0.05，** P < 0.01，*** P < 0.001（双尾检验）；系数 B 是 Logistic（P）的回归系数，Exp（B）是优势比（odds ratio），括号里为回归系数的标准误（standard error）。

2. 拟 R^2 是基于 Cox 和 Snell（1989）所开发的 Logistic 模型回归拟合劣度算法，目的是把当前模型与只包含截距项的零模型进行比较，计算 G2（−2LL）的改进程度。

第五节 两种购房城镇化的综述

综合以上两套模型的统计结果，我们可以得出如下结论。

第一，在流出区域方面，东部地区流出的农民工比西部地区流出的农民工更倾向于接受异地、就地两种城镇化。中部地区流出的农民工比西部地区流出的农民工更倾向于接受异地城镇化，但并不倾向于接受就地城镇化。在流出地的土地面积上，户籍地土地数量的多少对农民工异地城镇化、就地城镇化均没有显著影响，这表明农民工户籍地土地数量对其城镇化路径的选择没有实质性影响。农民工户籍地的住房面积大小对就地城镇化没有影响，对异地城镇化有阻碍作用。这说明家乡户籍地住房面积越大，越倾向于回流而不是城镇化。

第二，农民工在家乡流出地的参保类型数越多，越倾向于回流或就地城镇化，而不是异地城镇化。这表明，农民工在家乡农村的参保程度是农民工回流到本地的显著拉力。流入地参保类型数量对两类城镇化均有正向的作用。

第三，农民工的家庭化流动趋势有利于促进其异地城镇化，但阻碍其就地城镇化。这表明，农民工流动出来的家庭人口越多，越可能选择在务工地异地城镇化，而不是回到家乡就地城镇化。农民工在流入地的工作时间越长，越倾向于异地城镇化，但对就地城镇化的影响不明显。

第四，在流入区域方面，流入东部地区的农民工更倾向于回流而不是城镇化，流入中部地区的农民工比流入西部地区的农民工更倾向于异地城镇化。这表明，东部地区可能由于其生活成本高、房价高、人口密度大等因素，农民工更倾向于选择在中部地区购房落户城镇化。

第五，对流入地的语言掌握得越好，越能促进异地城镇化。

第六，雇主或自雇型的农民工比以雇员身份就业的农民工更倾向于异地城镇化。劳动强度对两种城镇化都是一种显著的推力，即劳动强度越高，农民工购房城镇化意愿越弱。

第七，收入水平对两种城镇化都是正向的拉力，即收入水平越高，越倾向于异地、就地城镇化。

关于流入地和流出地研究变量的推拉影响如表 12-2 所示。

表 12-2 研究变量的推拉影响

	异地城镇化	就地城镇化
流出地变量		
户籍地土地面积	±	±
户籍地住房面积	−	±
流出地参保指数	−	+
中部地区流出	+	±
东部地区流出	+	+
流入地变量		
共同流动人数（包括本人）	+	−
流入时间	+	±
中部地区流入	+	±
东部地区流入	−	−
流入地参保指数	+	+

	异地城镇化	就地城镇化
本地话掌握程度（以不懂本地话为参照）		
听得懂一些但不会讲	+	±
听得懂会讲一些	+	±
听得懂且会讲	+	±
就业身份（以雇员为参照）		
雇主	+	±
自雇劳动者	+	±
劳动强度	−	−
收入对数	+	+

注：+为城镇化拉力，−为城镇化推力，±为不确定。

综合以上研究内容可以发现，影响农民工就地城镇化或异地城镇化的主要变量包括家乡拥有住房与土地情况、在流入地与流出地的参保情况、共同流动人数、就业身份、劳动强度与经济收入等方面。因此，促进与推动进一步的城镇化进程，应当从以下几方面着手进行相关改革或改进。

第一，如果不改革农村土地与房产的产权性质，即仍然保持集体所有等现有产权属性，应该加大力度推进就地城镇化，因为就地购房城镇化受农民工在家乡拥有的土地、房屋数量的影响不显著。换句话说，农民工可以在保持现有土地、房屋产权现状的前提下顺利进行就地城镇化，但异地城镇化受流出地土地、房屋拥有数量的影响显著。因此，要推进农民工异地城镇化的进程，就应该考虑允许农村房产进入市场化流通，甚至允许土地产权属性的改革，让农民工在家乡的房屋、土地等财物进入市场流通则可能会消除其异地城镇化的阻力，从而进一步加快城镇化进程。

第二，加强农村社会保障建设有利于就地城镇化，增加农民工享有的城镇社会保障类型有利于促进两种城镇化，所以不同城镇化方向均必须促进农民工享有社会保障的程度得到提升。具体来讲，农民工在城镇化享有的社会保障类型数与力度，会促进农民工异地城镇化的加速推进；通过城镇间社会保障体系的互相衔接与续接，流入地社会保障享受指标也会促进农民工就地城镇化；但农村享有社会保障水平只促进农民工就地城镇化，而不促进异地城镇化。所以，如果不能促进城乡之间的社会保障体系互通、续接，政府就应该加大力度促进农民工在城镇享有社会保障水平的建设与提升；同时，基于就地城镇化成本更小、阻力更小的现实基础，加快农村社会保障体系的推进与提升，对于推进就地城镇化进程更为有利。

第三，促进农民工流动的家庭化、长期化。农民工家庭化共同流动人数对其异地购房城镇化与就地购房城镇化都有显著的促进作用。这与前面对农民工子女随迁的研究结论一致。农民工候鸟式流动是一种漂泊甚至漂浮状态，尤其是留守儿童问题、夫妻两地分居问题，更是中国人口流动衍生的重大社会问题（刘成斌，2013；刘成斌，2014）。社会保障与购房城镇化有利于农民工流动的家庭化、稳定化、长期化，反过来，农民工流动的家庭化、长期化更有利于实现社会秩序的稳定，减少犯罪概率与农民工及其子女犯罪的机会与概率。

第四，东部与中西部地区的城镇化模式应当有所区分。东部地区的城镇化普遍呈现"高大上"的特征，即人口密度高、城市规模大、消费水平高高在上，这一点在农民工选择购房城镇化方面显得更倾向于中部甚至西部，而东部的高大上则阻力明显。因此，国家应当对东部、中西部采取不同的城镇化战略，东部可能更适合收入更高、市场竞争能力更强的城际流动人口购房落户，农民工购房城镇化应当以中西部地区为主。

第五，应当鼓励农民工创业，通过促进农民工自雇或成为雇主来促进农民工购房城镇化进程。农民工在最初的劳动力转移属性被定性为"剩余劳动力转移"，意即农民工是在土地劳动内卷化日益严重的背景下转移到城镇的，这一概括在理论上并没有错。中国农民工从农村转移到城镇的初衷确实是解决农村劳动力过剩的问题，但进城之后，农民工不再从事第一产业的生产，而以从事工商业劳动为主的劳动过程导致农民工尤其是新生代农民工越来越脱离甚至是隔离农业生产，即农民工回到农村恢复农业生产越来越不可能了。在这种情况下，农民工购房城镇化并在城镇长期、稳定地就业与生活成为必需的选择，而无论是就业身份还是劳动强度都表明，农民工从被雇用的雇员角色转变到自雇或雇主角色，都更有利于其购房城镇化。

第六，在异地城镇化进程中，需要对农民工的语言融入、文化融合加强指导与推进。应当通过语言培训、促进日常生活接触等途径提升农民工对流入地语言的掌握能力，通过语言交流促进文化融合，进而消除农民工异地购房城镇化的阻力，实现城镇化进程的提升。

第十三章　农民工市民化与身份认同

没有子女共同外出的流动体现的是横向家庭观念，即以夫妻轴为主；有子女共同外出的流动体现的是纵向家庭观念，即以亲子轴为主。本研究通过实证数据表明，仅仅有夫妻二人共同外出的家庭化流动并不对其身份认同产生显著影响，但有子女随迁、有老人随迁的家庭化流动则明显地提升其城市居民的身份认同。这表明，以纵向血缘关系为轴心的家庭观念更有利于农民工的移民身份认同。因此，家庭化流动的理想类型应该是"夫妻在外出打工的同时将子女、老人共同随迁"，则可能形成真正意义上的"移民"概念。同时，家庭化租房居住、购房居住均比居住集体宿舍更有利于产生城市居民身份认同，这说明居住方式供给与选择能力提升是实现家族化居住格局，进而提高移民认同感的有效手段。因此，国家应该在农民工的子女与老人等家庭人口随迁、居住方式供给方面给予更多的支持性改革，这样才能更好地促进农民工"移民化"。

第一节　移民身份认同——农民工 市民化的心理标志

农民工是当前中国城市化进程的主体构成部分，农民工市民化也就成了当下中国新型城镇化战略实现的关键步骤。所以，当前对农民工市民化的研究成了经济学界、社会学界等领域的重要话题，其中，城市居民或移民的身份认同是作为"移民化"过程建构的一个心理标志而展开的。有的学者从以户籍、土地产权等为基础的制度障碍、社会交往圈与社会歧视等方面的社会推拉或排斥等角度，分析农民工在劳动力角色转换之后不能顺利进行身份转换的原因（项飙，2000；甘满堂，2001；孙立平，2003）。有的学者以农民工意识里是否仍然保留农民身份认同探讨了务农时间、家庭支持外出的程度、入城前居留意愿、在城镇从事职业数、月收入满意度、传媒接触情况等变量的影响（彭远春，2007）。还有学者从系统论的视角出发，认为城市化应当是经济体系、社会体系、文化体系及制度体系的有机整合，而当前的流动人口，尤其是农民工群体，仅仅在经济体系上被接纳，在其他体系上却受到排斥，在心理认同上也缺乏对城市社会的归属感（王春光，2006）。其他学者也分别从城市适应、社会交往、定居选择等角度对外来务工人员的社会融合进行了实证研究（张继焦，2004；杨黎源，2007；王嘉顺，2010；李强，2011；刘建娥，2011）。

总体而言，现有农民工市民化研究的文献主要包括宏观与微观两个方面，具体内容主要包括经济水平、社会支持、行为方式、思想观念、生活方式等维度。但对农民工市民化过程中的家庭因素关注不够。关于农民工家庭的研究模型主要是将家庭作为农民工流动的因变量——家庭变化是农民工流动的一种结果——进行的，即农民工家庭成员的迁移现状及其影响因素（刘成斌，2016），或者是分析农民工非家庭化流动的留守儿童、留守老人等现象。但家庭化流动在受经济实力、城镇教育政策等客观因素影响的同时，也是一种主观上的选择方式（刘成斌，2013）。那么，农民工家庭化流动作为客观与主观因素的合成结果，对其移民身份认同的作用是否构成影响，目前仍然是一个模糊的问题。

本章拟将家庭流动类型作为理解农民工身份认同的一个自变量，来探讨如何推进农民工移民化身份认同。

第二节　研究方法与家庭随迁类型

考虑到研究对象的样本适合性，本研究选择国家卫计委 2013

年流动人口动态监测调查数据来进行数据分析与模型建构。

1. 样本选取

根据本研究的主题，从国家卫计委数据中筛选出农村户口的流动人口个案，并剔除未婚、离婚、丧偶（这三种情况无法讨论配偶随迁）、未育个案（无法讨论子女随迁），但没有剔除"全部子女均成年的个案"，主要是考虑到两个方面：一是因为这一部分个案的样本规模比较大；二是父辈与成年子女如果都外出打工，说明家庭成员处于完整的迁移状态，移民的可能性更大。

2. 因变量的设置

调查问卷的身份认同题目为 Q535，本研究将其处理成二分变量，即将原有的 1、2 项合并为"认同移民身份"（赋值为 1），将 3 处理为"否认移民身份"（赋值为 0），剔除其他。

3. 控制变量的设置

基于相关研究，我们将有可能影响农民工身份认同，但本研究并不着重关注的变量设置为控制变量，具体包括年龄、性别、受教育程度（因为未上过学的样本量很小，因此划分为小学及以下、初中、高中及中专、大学及以上）、流入区域、本地连续工作年限、收入对数、职业类型（技术及管理类、商业服务类、生产类、无固定职业及其他）等。

4. 核心自变量的设置

家庭随迁类型是本研究关注的重点维度，也是本研究的核心自变量，利用调查问卷中家庭成员在本地共同居住表信息分别生成配偶、子女、老人随迁的类型。

（1）配偶随迁情况：随迁、未随迁（已经剔除没有配偶的个案，所以没有缺失值）。

（2）子女随迁情况：全部未成年子女均随迁、部分未成年子女随迁、所有未成年子女都没有随迁、没有未成年子女（以上四种情况包含了样本中所有的情况）。

（3）老人随迁情况：至少有一人随迁（双方父母四人）、所有老人均没有随迁［因为原始问卷对于家庭关系的考察着重于同在本地的家庭关系，不在本地的家庭关系只考察子女和配偶的，因此，不需要判断老人在哪里住，只要问卷中与被访者关系为"5"（父母、公婆、岳父母），即可认为老人随迁]。因为个案太少，所以将一个老人和两个老人随迁的情况合并，只要有一个老人随迁，则认为老人是随迁的。

（4）家庭随迁类型构建：通过分析，家庭随迁类型有十二种可能的类型。

①个人流动

②个人 + 配偶

③个人 + 部分子女

④个人 + 全部子女

⑤个人 + 老人

⑥个人 + 配偶 + 部分子女

⑦个人 + 配偶 + 全部子女

⑧个人 + 配偶 + 老人

⑨个人 + 配偶 + 部分子女 + 老人

⑩个人 + 配偶 + 全部子女 + 老人

⑪个人 + 部分子女 + 老人

⑫个人 + 全部子女 + 老人

考虑到某些情况的个案数过少，因此进行合并而得到以下五种类型。个人流动：①；夫妻二人流动：②；夫妻（或个人）携部分子女流动：③、⑥；夫妻携全部子女流动：④、⑦；全家带老人流动：⑤、⑧、⑨、⑩、⑪、⑫。因此，最终构建的家庭随迁类型变量为五类：个人流动、夫妻二人流动、夫妻携部分子女流动、夫妻携全部子女流动、全家带老人流动。

由于家庭成员的随迁，农民工的居住情况成为一个值得关注的衍生问题，即有家庭成员随迁的农民工居住在集体宿舍的可能性较小。由此，我们同步分析了农民工家庭居住方式的问题，即农民工的住房情况。

Q301 是调查时询问农民工的居住房屋的性质，具体包括租住单位用房、租住私房、政府提供廉租房等十一种类型，根据其性质进行归类、合并，本文得出三种类型：已购或自建房、租房、免费住房。

第三节　农民工身份认同的数据分析

根据研究方法的样本选取标准，本研究实际得到的统计样本为9768个。其中性别分布表明，男性调查对象明显多于女性，这表明农民工群体的性别构成中的体力劳动特征仍然明显。在流动的家庭化类型方面，主要流动类型是夫妻共同流动（子女与老人留守）、夫妻携带全部子女流动，这两种主体类型的样本占比分别为41.8%、43.5%。单个人流动的比例较低，不足一成。夫妻在多子女的情况下仅仅带部分子女流动的只有3.8%，值得注意的是，带老人流动的比例只有2.2%。这表明农民工市民化主要是中青年劳动力携带子女外出，而老人基本留守在家乡，老人随着子女共同市民化的可能性非常小。由此，我们可以发现，农民工流动过程中的家庭观念主要呈现两种特征。

首先，横向家庭观念与纵向家庭观念均占据主流形态。一是以横向家庭关系即夫妻关系为轴心的家庭观念；二是以纵向亲子关系为轴心的家庭观念。两者均占据总样本的四成左右，个人流动或子女选择性随行（在多子女家庭中只有部分子女流动）的比例较低。

其次，纵向家庭观念中是以向下的亲子关系为主轴的。数据表明，携带子女外出流动的比例达到43.5%，而携带老人外出流动的比例只有2.2%。这说明在纵向家庭关系当中，流动农民工的血缘观念主要是向下，而非向上，同时也说明农民工家庭在流动过程中考虑问题的重心下移是普遍样态。

家庭住房状态的分布表明，农民工居住的主体类型首先是自己租房居住，占总体的79.6%；其次是免费住房的类型，为13.1%；最后是购房，比例只有7.4%。其样本的基本情况分布结果如表13-1所示。

表 13 - 1　样本概况

	均值或比例	标准差		均值或比例	标准差
身份认同情况			本地连续工作年限（年）	5.509	4.535
否认移民身份	0.503	0.500	月收入（元）	3508.741	2262.173
认同移民身份	0.497	0.500	月收入对数	8.036	0.482
年龄	35.731	7.820	**职业类型**		
年龄平方	1337.877	580.828	无固定职业及其他类	0.027	0.162
性别			生产类	0.420	0.494
女	0.430	0.495	商业服务业类	0.494	0.500
男	0.570	0.495	技术及管理类	0.059	0.235
受教育程度			**家庭随迁类型**		
小学及以下	0.151	0.358	个人流动	0.087	0.282
初中	0.588	0.492	夫妻二人流动	0.418	0.493
高中及中专	0.212	0.409	夫妻携部分子女流动	0.038	0.192
大学及以上	0.049	0.217	夫妻携全部子女流动	0.435	0.496
流入省份			全家带老人流动	0.022	0.146
上海	0.095	0.293	**住房类型**		
江苏	0.384	0.486	免费住房	0.131	0.337
福建	0.131	0.337	租房	0.796	0.403
湖北	0.120	0.326	已购或自建住房	0.074	0.261
湖南	0.107	0.309			
陕西	0.164	0.370			

　　在农民工身份认同的控制变量统计中，我们得出如表 13 - 2 所示的结果。统计结果表明，人口学变量对其身份认同的影响各不相同。年龄与性别作为基本人口学变量，并不影响农民工身份认同。而且年龄的平方项也在统计模型中很显著，这表明年龄与农民工身份认同也不存在曲线关系。婚姻状况在统计中也未突出表

明农民工结婚后对其移民身份的认同并不发生显著改变。

农民工的受教育程度对农民工身份认同有显著影响，初中、高中、大学及以上三类文化程度人群的移民身份认同分别比小学高出 19.2%、34.0%、78.7%。这表明在移民身份认同方面，文化程度是一种有效的正向人力资本。

在经济因素方面，流入东部地区的农民工更倾向于产生移民认同，而中西部地区之间没有显著差异。农民工在流入地的工作年限对其移民身份认同产生正向的促进作用，即工作年限时间越长，农民工移民身份认同越显著。但这一点与前面的城镇化购房倾向数据结论不一致：流入中部地区的农民工比流入东部地区的农民工更倾向于购房城镇化，而在心理认同上，流入东部地区的农民工更倾向于从心理层面认同自己的移民身份。这一点需要更多、更细致的经验研究来验证。农民工雇主或自雇的从业身份比雇员身份群体更倾向于产生移民身份认同。

表 13 - 2　农民工移民身份认同的控制变量模型

	回归系数	标准误	发生比
年龄	0.012	0.019	1.012
年龄平方	0.000	0.000	1.000
性别（女性为参照）	-0.023	0.043	0.977
受教育程度（小学及以下为参照）			
初中	0.176 **	0.066	1.192
高中及中专	0.292 ***	0.078	1.340
大学及以上	0.581 ***	0.108	1.787
配偶情况（无配偶为参照）	0.110	0.067	1.116
流入地区（西部地区为参照）			
中部地区	0.090	0.068	1.094
东部地区	0.503 ***	0.075	1.653
本地工作年限	0.043 ***	0.005	1.044
就业身份（雇员为参照）			
雇主	0.265 **	0.085	1.303
自雇劳动者	0.138 **	0.053	1.148

续表

	回归系数	标准误	发生比
月收入对数	0.110 *	0.047	1.116
流入地社会保障指数	0.089 ***	0.013	1.093
社区类型（农村社区为参照）			
城乡接合部	− 0.157 **	0.057	0.854
城中村或棚户区	0.053	0.084	1.055
未改造老城区	0.125 *	0.076	1.134
城市社区	− 0.007	0.056	0.993
本地社会交往体验（不融洽为参照）			
一般	0.531 ***	0.123	1.701
融洽	1.254 ***	0.118	3.505
本地话掌握程度（不懂本地话为参照）			
听得懂一些但不会讲	0.559 ***	0.059	1.749
听得懂也会讲一些	1.072 ***	0.070	2.921
听得懂且会讲	1.602 ***	0.079	4.961
常数	− 3.805 ***	0.479	0.022
− 2LL 值	14619.770		
拟 R^2	0.111		
样本量	9768		

注：* P < 0.05，** P < 0.01，*** P < 0.001。

　　在流动的社会支持方面，流入地的社会保障有助于农民工产生移民身份认同。农民工居住的社区类型对其移民身份认同不产生显著影响。交互分类数据表明，认同移民身份的农民工在农村社区、城乡接合部、城中村或棚户区、未改造老城区、城市社区中所占比例分别为 45.8%、46.6%、52.5%、56.6%、50.5%；卡方值（$\chi^2 = 57.86$）检验显著。在回归模型中，未改造老城区的回归系数显著度小于 0.05，影响显著，从交互分类与回归统计结果来看，居住在不同社区类型的农民工群体的身份认同存在一定的差异，但其因果关系不够显著。农民工社会交往体验的融合程度对其移民身份认同产生显著影响。本地交往融洽的农民工群体比交往不融洽的群体倾向于移民身份认同的发生比高出 2.5 倍。

在控制模型的基础上，我们对农民工家庭流动的影响进行了新的模型分析，其统计结果如表 13 - 3 所示。

表 13 - 3　农民工身份认同的 Logistic 回归模型

变量	模型一	模型二	模型三
控制变量	已控制	已控制	已控制
家庭随迁类型	系数（标准误）	系数（标准误）	系数（标准误）
夫妻二人流动	0. 228（0. 133）	0. 148（0. 134）	0. 205（0. 364）
夫妻携部分子女流动	0. 343 *** （0. 082）	0. 281 *** （0. 083）	0. 374 * （0. 162）
夫妻携全部子女流动	0. 730 *** （0. 083）	0. 621 *** （0. 084）	0. 835 *** （0. 173）
带子女、老人全家流动	0. 798 *** （0. 163）	0. 653 *** （0. 165）	1. 438 ** （0. 472）
住房类型			
已购或自建住房		1. 297 *** （0. 118）	1. 608 ** （0. 552）
租房		0. 270 *** （0. 069）	0. 444 ** （0. 162）
家庭随迁类型与住房类型交互项			
夫妻二人流动/已购或自建住房			- 0. 333（0. 583）
夫妻二人流动/租房			- 0. 139（0. 189）
夫妻携部分子女流动/已购或自建住房			- 1. 028（0. 808）
夫妻携部分子女流动/租房			- 0. 059（0. 392）
夫妻携全部子女流动/已购或自建房			- 0. 355（0. 577）
夫妻携全部子女流动/租房			- 0. 280（0. 197）
全家带老人流动/已购或自建住房			- 0. 663（0. 900）
全家带老人流动/租房			- 0. 950（0. 505）
常数	- 3. 665 *** （0. 570）	- 3. 557 *** （0. 578）	- 3. 691 *** （0. 587）
伪 R^2	0. 057	0. 067	0. 068
有效样本量	9，768	9，768	9，768

注：括号中为标准误。*** p < 0. 001，** p < 0. 01，* p < 0. 05。

模型 3 的统计结果表明，在有子女的农民工家庭中，仅仅有夫妻二人共同外出的家庭化流动并不对其身份认同产生显著影响。也就是说，相对一个人流动而言，夫妻共同外出而家人留守在农村的情形不会增加农民工的移民身份认同，但有子女、老人随迁的家庭化流动则显著提升其城市居民身份认同。因此，家庭化流动的理想类型应该是"夫妻在外出打工的同时将其子女、老人共同随迁"，则可能形成真正意义上的"移民"概念，而那些将家人留守在家乡的"夫妻二人共同外出"不会在心理上形成移民身份的认同。同时，与居住集体宿舍相比，租房、购房居住均对城市居民身份认同产生显著影响，这表明居住方式供给与选择能力提升是提高"移民认同感"的有效手段。因此，国家应该在农民工的子女与老人等家庭人口随迁、居住供给方面给予更多的支持性改革，才能更好地促进农民工"移民化"。

交互项都不显著，说明家庭随迁类型、住房类型主要是主效应的影响，即家庭随迁类型与住房类型之间并不存在对身份认同的交互影响。由此可见，在促进移民化的过程中，家庭成员的随迁特别是携带子女随迁、老人随迁均与住房类型的变化不存在明显的交互影响，这与人们普通的理解有异：一般人们会认为随着流动人数的增加，住房条件会变化，并且二者共同影响移民化进程。但本研究表明，家庭随迁类型在促进身份认同的影响方面是独立于住房情况之外的，而住房情况对移民身份的认同影响也独立于家庭成员随迁的情况。外出务工劳动力携带子女、老人，在移民化认同的问题上并不必然与住房情况存在交互影响。例如，租房居住的农民工在携带子女前后都是租房居住，即在住房类型本身的影响中，租房比居住在免费居住点更有利于移民化身份认同，购房对移民化身份认同的影响也明显高于免费居住类型。但这二者移民身份认同的影响是独立于携带子女或老人之外的。购房或自建住房类型的农民工虽然与租房都是显然影响移民化，但从回归系数来看，购房与自建住房的移民化影响明显高于租房的影响。这表明购房与自建住房更有利于移民化身份认同。

第四节　总结与讨论

目前，农民工家庭化流动的主要类型是夫妻共同流动（子女与老人留守）（41.8%）、夫妻携带全部子女流动（43.5%），这两种主体类型占到样本的85.3%。个人流动的比例较低，不足一成，但同时值得注意的是，带老人流动的比例只有2.2%。这表明农民工市民化主要是中青年劳动力携带子女外出，而老人基本留守在家乡，老人随着子女共同市民化的可能性非常小。

从本研究的控制变量模型来看，教育是促进农民工认同移民身份的有效人力资本，所以应该尽量提高农民工的教育水平与文化知识。中西部地区应该推出更多的促进农民工社会融合与文化交融的举措，以促进农民工心理认同的城镇化。鼓励农民工创业、就业身份多元化，有利于促进农民工心理认同层面的城镇化。基于农民工心理认同城镇化的需要，应该增强农民工参加社会保障方面的意识。农民与当地居民的社会交往、语言互动是促进农民工心理认同城镇化的有效途径。因此，应当对农民工开展多元化的流入地交往互动，通过语言培训与促进日常交流，提高农民工对流入地的语言掌握水平与应用能力。

关于农民工家庭化流动的讨论有以下几点。第一，横向家庭观念与纵向家庭观念均占据主流形态。一是以横向家庭关系即夫妻关系为轴心的家庭观念，二是以纵向亲子关系为轴心的家庭观念，两者均占据总样本的四成左右。个人流动或子女选择性随行（在多子女家庭中只有部分子女流动）的比例较低。

第二，纵向家庭观念中是以向下的亲子关系为主轴的。数据表明，携带子女外出流动的比例达到43.5%，而携带老人外出流动的比例只有2.2%，说明在纵向家庭关系当中，流动农民工的血缘观念主要是向下，而非向上，同时也说明农民工家庭在流动过程中考虑问题的重心下移是普遍样态。

第三，在家庭化流动中，农民工移民化或市民化身份认同主要受纵向家庭关系的完整性影响，而不受横向夫妻共同流动的影响。这说明什么？本研究认为农民工的家庭观念仍然是比较传统的"家"思想：现代家庭观念更强调以夫妻横向为轴心，而传统的家庭观念强调以纵向的老人与子女为轴心，农民工在家庭化流动过程中，仅仅有夫妻共同流动并不能促进其移民化身份认同，这表明农民工"移民"或市民化的观念中是以纵向家庭为主的。这与普遍的以横向家庭关系为轴心的所谓现代家庭观念不同，即农民工群体仍然是以传统家庭观念为主。具体如图 13-1 所示。

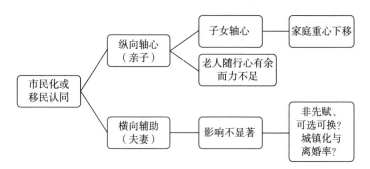

图 13-1 农民工市民化的家庭观念影响分析

第四，在纵向家庭化流动中，农民工选择家庭成员随迁时，子女随迁的比例远高于老人随迁，而且子女随迁对移民身份认同影响显著，这说明家庭化随迁的亲子关系主要是向下，而非向上。这如何解读？这表明农民工在家庭化流动过程中的纵向家庭轴心主要是以向下的亲子关系为主，而向上的养老关系较弱。农民工在迈进现代化的进程中，其家庭观念在纵向与横向的比较中仍然保留传统的纵向的同时，也产生了不再以老人为轴心而是以子女为轴心的向下转移家庭观。

第五，老人随迁比例低对家庭成员的移民认同有显著影响，这说明老人如果能够随迁，可以显著提升转移劳动力的移民化，即老人随迁也是家庭化流动完整性的重要构成部分，尤其对劳动力的心理转化具有显著意义。

第十四章　农民工的终结

第一节　农民工过早打工的逻辑之反思

农村青少年过早打工的影响首先是中断学业，个人发展和未来就业空间受到较大限制。大多数过早打工的青年缺乏一技之长，其提前外出属于牺牲个人长远发展而"抄近路"挣钱的短期行为。抛开上大学等上升流动的机会成本不讲，在子承父业的农二代群体内，不同外出年龄分组的农二代显示出不同发展空间：15 岁之前外出打工的农二代具有专业技术资格证书的比例为 18.2%，而在 16~18 岁、19 岁以后外出打工的农二代者当中的比例分别是 39.3%、41.7%。较多的辍学打工者也加剧了农村劳动力结构空心化，农村的空心化和衰败反过来又加速了辍学的发生，形成了恶性循环。在过早打工的解释上，已有研究主要归因于两种：一种是经济说和家庭因素的解释——家庭经济贫困，或者家庭教育观念、教育方式等非经济因素而导致辍学（张士菊，2003；苏群、丁毅，2007；张明水，2011；刘国瑞，2001），这是将微观因素视为主导的分析思路；另一种是社会归因，有学者分析了国家人口流动政策导致农民工子女不得不留守、农民在教育投入水平与收益期望水平之间的差距较大等（王志中、胡萍，2010；唐佩、冉云芳，2008）。

本研究结果表明，社会宏观因素确实是影响辍学打工的重要原因，家庭因素却不显著，个人观念、理念（虽然其形成也受社会、家庭的影响）是最显著的自致因素。过早打工的青年在个人行动理念中具有较强的经济诉求，而且这种诉求对打工的直接效益期望值超越了进一步接受教育和完成基本义务的期望值，这表明 35 岁以下的青年农民工在思维方式上与父辈追求风险最低而非利益最大的逻辑基本相同，即没有跳出恰亚诺夫所形容的小农思维模式（恰亚诺夫，1996：187）。如果中学生的父母抱有"迫不及待地挣钱"这一观念，就会认定"读书无用论"，进而主张孩子过早辍学打工；如果是中学生自己较早地意识到这一"效益"，也会直接导致主动辍学。这表明在社会大环境的变迁过程中，辍学提前外出的打工者及同意孩子过早外出打工的父母，把手段当成了终极目标，把非正式的边缘性职业当成了正式职业来追求。但这种个人的经济观念强度直接或间接受宏观的社会结构、文化环境、价值导向等力量的约束，也受城乡结构背景下的社会距离意识的影响。因此，农村青少年过早打工的原因，归根到底可以归结为价值理念的导向与形成问题。

过早外出打工的农民工在思想上具有明显的认知缺陷和理解偏差，借用阿马蒂亚·森的说法，其理性是"理性化的傻子"，意指其观念的偏执、过度。

第一，青少年本人及其父母对利益维度把握的单一性（纯经济理性）。过早提前打工的青少年在计算自己人生道路的投入与产出效益时，只核算直接可以看得到、接触到的经济投入与产出数，只看到那些赚到钱的打工者，而对那些"带着失落的情绪和空空的钱袋返乡者"（墨菲，2009：187）却缺乏反思的能力。笔者在农村调查的过程中，确实感觉到有相当一部分农村父母与孩子的偏执一致：对于孩子未来的个人发展空间、社会地位等问题不重视或者是认为不可能；对于某一个人家的孩子考上了重点大学，而自己的孩子则只能打工的问题，大多数农民工并不着急，也不觉得没有面子。他们的理由主要有二：一是"没上大学的人多了"（从众，随大流），不上大学也不丢人，甚至觉得自己都不识字，孩子能够认识字已经不错了；二是打工挣钱盖房子是他们可以把握的，只要想改变立马就可以动手做，而且三五年就完全可以实现，而且过程可控——想多挣点儿的时候就多加点儿班，无非是多干些挣钱的重活儿，多吃点儿苦。上大学不但要花费大笔的学费，将来工作的问题也没有把握，即使上班了也不一定有多高的工资，有的家长甚至计算大学生的平均工资多少年才能挣回"上学的成本"，并且加入了上大学期间不能打工的机会成本。这种单一的经济理性思维在越是年轻的农民工身上越显得浓厚，其形象正如马尔库塞所描述的单面人那样，具有"单向度的思想和行为方式"（马尔库塞，1989：12）。

第二，对事情发展把握的短期性。只看到现在的住房、生活消费等眼前利益，看不到也顾不了长远发展。过早打工的青少年及其家长在选择过早打工的考虑过程中，往往把诸如住房、家庭日常开支运转等眼前的事项列为"当紧的"内容，认为这些问题"非解决不可"：没有新房子的农民往往非常着急，他们一般认为别人有房子就有面子，而自己没有新楼房就是没有面子，哪怕孩子能够上大学，盖房子也是当紧的。因为房子不但是面子的体现，而且是能力的象征——别人都可以挣到钱，盖新房子，你为什么不能？那不是你没有本事吗？对于下一代的未来将会怎么样，他们往往认为那是多年以后的事，"谁说得了"。

第三，对风险认知的片面性。多数农民工对家庭劳动力投入的计算，只算一个人从事某一行业时的经济投入和劳动力的个数，而对家庭整体的投入成本及机会成本往往考虑得不周全。比如，农民在核算农业与打工之间的风险与收益的比较时，只核算同样一个劳动力如果在家一年需要购买的化肥、农药、种子的钱等，而外出打工除了车费外，不需要再投入了。而相比之下，农业的收入则是非常低的，一年按照两季种植的话，一个劳动力从事农业的纯收入平均在 2000 ~ 3000 元，而打工的话一个月的纯收入就有这么多，而且还是现金，大多情况下当月或本季度就可以兑现，而农业收入则要等一年。但对这两种劳动的强度、具体的劳动时间的多少、体力支出的量，他们是不计较的；孩子的教育、老人的照顾这种由于打工而衍生出来的风险成本也是被忽视的，甚至根本不予以考虑，而且理所当然地认为既然要外出打工，那么家庭就照顾不了，"这没有什么好说的"。这表明农民工确实具有"既为家庭生产又为社会生产"的双重理性，但越来越多的青年农民工在计算劳动投入的成本时，倾向于忽略长远、全面的发展而更重视短期的、直接的效益。而且农民工认为，在他们不能改变命运的情况下，这种选择又是合理的，这种辩证正如马尔库塞批判资本主义"不合理性中的合理性"一样。

第四，从过度理性化到物化、异化。物化是指农民的劳动观念越来越具有工具理性——不给钱甚至是钱给少了就不干，而不管对方有什么具体危急情况。农民本来是很乐于助人的，我国见义勇为、救助他人于危急时刻的"英雄"多是农民和农民工，在农业生产过程中的农民互助也是经常性的。但在效率观念普及之后，大多农民工似乎越来越急功近利，不论是客观的能力造成的，还是主观愿望的改变，结果是农民不再那么朴实，不再那么乐于帮助别人。这种帮助不但会在经济生产上弱化和消失，也会在人情互动上弱化甚至消失。富士康员工跳楼的一个重要原因是心理问题、精神问题——其员工缺乏一个有效的心理互助平台，在人际交往上缺乏工友之间的精神支持网也是重要原因。这正是体现出了理性化的牢笼效应。

第二节　关于农二代的社会分化方向之反思

农民工对子女教育和生活的安排样式到底是选择哪一种形式，表面看起来好像是农民工个人的选择行为，但实际上是国家和政府进行社会管理的问题。社会管理的宗旨就是要使个人行动选择在社会制度安排当中体现家庭成本与社会成本、风险最低而综合成效最高的原则。鉴于具体个人选择行为的理性偏差或短期行为特征，农民工子女教育与生活类型的选择应当提升到国家的社会管理制度层面来讨论。

第一，流动经历儿童在向上流动（考大学）的概率上并没有比留守经历儿童更高的发生比，鼓励家庭化流动的倡导或建议应该对此给予更科学的反思、验证。人口流动的家庭化结论肯定的往往是家人团聚，而且实证调查也发现农民工流动的家庭化趋势确实也在增加（翟振武等，2007；侯佳伟，2009）。如果从家庭决策及家庭成员直接的行动收益来看，家庭化的增长无疑是理所当然的，因为其预期的家庭经济收益明显增长，在一些欠发达国家还存在即使收入期望水平低于农村仍然会发生乡城迁移的现象，因为在城市就业可以更好地抵御各种不可预料的风险（Katz & Stark，1986），这是迁移动力学分析的主要结论（Douglas，1993，转引自侯佳伟，2009）。但问题是作为衍生问题的流动儿童的重要性往往被家庭决策低估，特别是中国的流动儿童接受的教育事实上并没有以公办学校为主，而往往是以民工子弟学校为主。公办学校接收民工子女，只有在那些本地生源明显下降而又要保证学校规模的公办学校才能够实现。在民办的民工子弟学校的师资、教学设施等局限的背景下，流动儿童接受的教育并不一定就比在家乡的教育质量更高，当然，这中间还面临教育周期是不是完整的问题，比如，有的流动儿童可能在入学手续上遇到问题而拖延、耽误学习。还有重要的一点可能是我国的高考制度影响了流动儿童，使他们没有更好的升入大学的机会，因为对跨省流动的农民工子女来讲，流动儿童在义务教育学龄阶段接受的是父母务工所在地的教学，而高考是要返回户籍所在省份参加的。由此教学内容、考试内容之间有可能出现一定的脱节，并且孩子的教育过程、学习环境、生活方式等都有可能因转回家乡上学而发生较大变动，这些变动最终都有可能影响到孩子是否成功考取大学。所以，在国家政策没有做出重大改革的情况下（农民工子女不能保证进入公办学校，也不能在流动地参加高考），提倡农民工选择家庭化流动、鼓励家长携带孩子去打工（辜胜阻等，2011）的政策建议值得考量。就本研究的结果来看，流动儿童在向上社会流动（上大学）方面并没有优势或更高的发生比，那么，在父母必须外出打工的前提下，如果不是简单地从家庭互动、亲子关系角度切入，而是从农民工子女与父代的阶层流动的上升可能性这一最终目标来讲，民工子女的教育选择作为一个衍生问题，不一定应该选择（提倡）家庭化流动。

第二，双亲外出的留守儿童是风险最高的教育形式，国家应当从政策上引导或限制农民工在子女教育问题上的选择路径。比如，义务教育阶段的儿童，必须至少有父母中的一方留在家里履行生活照顾、学习教育的责任。留守儿童的风险在以往的文献中多有验证，但大多缺乏对单亲外出留守与双亲外出留守的区分，即使进入大学的农民工子女，其留守经历也往往在心理健康负性情绪、社会交往障碍等方面存在一定的影响（李晓敏等，2009；杨曙民等，2008）。而这些由教育和生活路径造成的负性因子才是新生代农民工走向犯罪的根本原因。但以往的研究只强调农民工越来越成为犯罪人群的主体（陈刚等，2009；张清郎，2010），这种研究取向似乎借鉴了西方移民研究的做法和结论：在西方国家的人口迁移和流动的研究中，对移民与犯罪关联性的研究不但在学术界成为一种主流领域，在公众舆论中也是一个被普遍接受的假设，这一点在最近十多年的相关研究中比较明显（Tanton and Lutton，1993；Chapin，1997；Tonry，1997；Butcher and Piehl，1998；Hagan and Palloni，1999；Martinez，2000；Mears，2001；Wadsworth，2004；Reid et al. 2005）。例如，美国在 1965 年实施的移民政策导致大量的拉丁美洲移民涌入，进而加剧了美国低端劳动力市场的就业竞争，并导致城市黑人犯罪率明显上升（Shihadeh & Barranco，2010）。社会学和相关学科在研究农民工犯罪的心理动机、年龄（年轻化、低龄化）趋势等方面的同时，更应该关注其社会化过程的影响，尤其是可选择、可改变的社会化因素更应该深入研究。本研究结果表明，双亲外出打工的留守儿童的犯罪发生比高于其他任何一种教育形式，而且高出的发生比非常显著。农民工当中双亲外出的留守儿童越多，其二代子女"下滑"的比例就越高，犯罪就会越多，社会和谐的难度也越高。目前虽然个别地方也出现了农民工为了孩子教育与安全而主动选择回流到家乡的现象，但这种农民工毕竟是少数。国家应当把避免双亲外出的留守儿童的出现作为一个社会管理和风险控制的制度设计。欧洲在城市化进程中也出现过向城人口迁移，但进城打工的年轻父母与年幼的孩子基本不分开，核心家庭占据主导地位，甚至有相当一部分老年人跟随进入工厂的子女一起生活。在中国城乡差距的大背景下，我们不可能要求农民工为了子女教育全部不得外出打工，但是，无论是从农民工家庭综合收益的角度，还是从国家社会管理与风险控制的长期循环角度看，我们都应当避免双亲外出的留守儿童的出现。而现实是这一趋势可能还在增长、加剧，双亲外出的留守儿童的增加不但会增加农民工家庭自身的风险与代价，也会直接导致社会犯罪率的大幅度提升与维护和谐发展的稳定成本的增加。"制度的阻隔使我国的人口流动表现出与其他国家不同的历程"，我国留守儿童产生的主因是制度及农民工经济承受能力问题（辜胜阻等，2011）。日本在现代化进程中也曾出现过为了子女生活与教育，大量工人"单身赴任"的现象（张晓华，1996），但是往往有明确的年限，比如3～5年即可返回。宏观上讲，国家可以通过政策调节来鼓励或吸引甚至是强制农民工周期性回流——农民工如果有子女正在上小学或初中，父母至少有一方留在家里照顾孩子的生活与教育，到底是父亲或母亲哪个外出、哪个留守，可以视家庭具体分工情况而定。有研究表明，"留守儿童监护人为其父亲或母亲对留守儿童教育并没有显著的正面影响"（胡枫、李善同，2009）。鼓励单亲外出打工、单亲留守，还可以通过教育补贴、新农村建设专项支持经费等辅助人口流动引导政策来执行。

第三，从城镇化和降低社会风险的角度考虑，国家可以考虑农民工夫妻双方均能够在城市就业的，其子女应当在流动地接受教育并可以直接参加高考。关于中国城市化进程太慢和农民工市民化不足的研究文献大多认为，中国需要进一步促进农村剩余劳动力的转移及其家庭人口的流动（Solinger，1999；林燕，2009；宋立刚等，2010）。但笔者在调查中发现，即使国家通过政策协调，完全无条件地支持农民工子女流动到务工地，部分农民工仍表示不一定让孩子流动出来。为什么？一是经济成本问题，二是时间和精力问题，三是担心子女的适应问题，最重要的考虑是子女的教育终端问题：子女接受教育的最终目标是考上大学，而考大学必须经过高考，但高考是国家分区域对待的，不是全国范围竞争，是分省级单位的区域性竞争。如果国家不改革高考的区域化竞争这一差异性招生体制，农民工将子女流动出来，到高中又必须回到家乡，其间会遇到诸多问题，如教材的衔接不一致，不同省份的教材不一样，不同省份的教育环境和竞争激烈程度也不一样，更重要的是孩子体验到的心理压力也不一样。如果一个孩子在城市里习惯了城市生活，最终又要回到家乡上农村或县城的中学，他会非常不适应或心理上接受不了。那样的话，流动出来反而是毁坏了孩子的未来。而让流动儿童参加高考则可以化解农民工的顾虑，也明显降低双亲外出的留守经历儿童的犯罪风险，促进和谐社会建设，是维护稳定的治本之策。虽然国家和地方政府意识到了这一点，但并没有从根本上解决这一问题。笔者发现流入地政府的主要担心是，如果政府先解决农民工子女的教育问题，就会形成洼地效应；在其他地方没有解决的情况下，可能会导致不少农民工为了孩子的教育问题而流入"解决了子女教育问题"的某个地方，洼地效应的结果是有一部分劳动力并不是此地需求的劳动力，而且流入总量将超过本地承载能力。目前的情况是，国家应当让双亲外出打工的留守儿童无条件地转移到他们父母务工流入地，无论国家财政与地方财政如何协调，那只是国家行政的"艺术"，这不能成为流入地拒绝的理由。这只是国家教育改革的一部分，国家是否进行高考"一碗水端平"的改革就是另外一个大的议题了。

第四，留守经历与农二代大学生的心理健康问题。20世纪80年代社会转型与中国的城乡二元经济体制的共同作用带来了大规模的人口流动，进而衍生出了留守儿童问题，但留守儿童的问题主要是双亲外出的留守经历导致农民工子女犯罪概率增加等（刘成斌，2013）。农民工外出打工形成的群体示范效应作为一种拉力，促使广大的农村青少年在初中辍学（刘成斌，2014），以致贵州和四川等劳动力输出地的乡镇政府通过竖立"磨刀不误砍柴工，读过初中再打工"的标语牌来劝导学生及其家长。无论是犯罪概率的提高，还是辍学规模的积累，都表明国家和社会在为农民工双亲外出而子女留守的人口流动模式付出巨大的成本和代价，同时也为后来的社会健康发展埋伏了隐患。

　　同时，从农二代自身来看，双亲外出的留守儿童群体承受太多、牺牲太多。多数国内研究认为留守儿童普遍存在教育、生活、安全事故、心理不健康、偏差甚至犯罪行为等一系列问题（谭深，2011），这些都是未成年时期的负面影响。但成年之后，那些看似向上流动的农二代大学生，由于特殊的留守经历而产生心理问题突出、归属感低下并进而导致的心理健康潜变量是一个隐性的社会性问题。说其隐性，是因为其心理机能受损状态不易被正常人发觉——包括其父母更关注的是他们通过考取大学实现了向上流动，这意味着他们将摆脱农村贫困的代际传递。留守儿童安全事故、犯罪率等已经是被显化的社会事实，那么具有双亲外出留守经历的大学生的心理健康问题是一个潜在的社会事实。说其社会性，是因为这些潜在的问题是一个超越个人人口特征的社会群体性事实，这个人群相似的集体历史决定了他们的相似命运。由于其社会性，这一隐性的问题一旦发作，其破坏威力不亚于那些显化的问题，比如，由一些看似很小的人际交往矛盾导致的大学生杀人、自杀事件频繁发生，背后应该不仅仅是那些个人的人际交往矛盾在起作用，那只不过是导火索。

　　因此，笔者认为农民工在流动决策过程中应当理性选择和利用所拥有的机会和条件，为子女提供完整的家庭共同体，以保证这个第一社会化场所的功能正常发挥，创造有效促进子女身心健康发展的生活环境。从社会结构的宏观角度讲，政府须制定更合理、科学的人口流动政策，避免双亲外出的留守儿童出现：一个努力方向是推进更科学、更人性的城市化战略，对农村转移劳动力实施城市化移民，促进劳动力的整体家庭迁移而非仅仅劳动力的漂泊；另一个努力方向是通过提高农村的生产与发展水平，引导、鼓励、支持农民工合理回流，使其在农村也能够享受有质量的生活而健康发展。总之，结束农民工的钟摆或漂泊状态，才能使家庭这个社会基础单元的细胞更健康，也才能进一步促进社会有机体的健康发展。

第三节　农民工再生性犯罪的总结与思考

第一，农民工的流动性是犯罪率升高的根源之一。从本研究的研究结论来看，农民工"再犯是规律而不是例外"（菲利，2004：109），从法院审判农民工犯罪的处罚理念到监狱交叉感染，再到处置为社区矫正的操作障碍等一系列因素构成了农民工再生性犯罪的"社会逻辑"。2013 年 4 月 2 日，最高人民法院通报了《最高人民法院最高人民检察院关于办理盗窃刑事案件适用法律若干问题的解释》，其中对于多次盗窃由 1998 年"一年内入户盗窃或者在公共场所扒窃三次以上"的规定改为"二年内盗窃三次以上"，这既是加大打击力度的反映，也是犯罪多发高发的反映。但现在学术研究文献及相关部门均笼统强调对犯罪的整治及预防，或者是强调原生犯罪并且在处罚上强调"罪有应得"，较少顾及再生性犯罪的化解与切断。即使在犯罪学与刑法学两个司法学科之间也存在"虽鸡犬之声相闻，却老死不相往来"的困境——基于自由选择和个人责任假定，刑法研究一般不会重视犯罪学已经研究得比较成熟的社会原因（白建军，2010）。农民工再生性犯罪的社会逻辑与治理方向如图 14 – 1 所示。

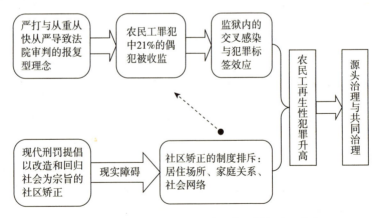

图 14 – 1　农民工再生性犯罪的社会逻辑与治理方向

再生性犯罪的预防与化解应当重视关口前移的源头治理思想，

在偶犯的审判环节推进社会管理战略，从源头上预防和减少农民工再生性犯罪的发生。

第二，在现有人口流动制度下宜采用"企业＋社区"的矫正制度。从原生犯罪到本研究的再生性犯罪，农民工犯罪的最根本原因是经济问题、生存问题，无论是文化水平低，还是法律意识薄弱，都在就业与收入问题中形成犯罪，"不充分就业与犯罪之间存在直接的因果联系"（何景熙，1999）。如果农民工能够工作得好，也就生活得好，犯罪尤其是走向侵财型犯罪的概率就会大大降低。法院的"报应"导向、监狱里的群体同化都只不过是农民工再犯过程中的强化剂，起了推波助澜的作用，到底还是一种外因。农民工成功就业与安稳生活才是改变农民工犯罪的内因。因此，在主次矛盾方面，社区矫正环节如果仅仅是不收监，可能还难以达到改造犯罪民工回归社会的目的，应当首先解决农民工的就业问题。

新生代农民工的流动性强，进城愿望强烈，不愿意返回农村。在社区矫正环节，考虑到既不增加城镇社区的财政压力，又可以培养犯罪农民工的自强自立精神，可以考虑实行"社区＋企业"的矫正模式：以犯罪地为标准的每个司法所、街道、社区与本地企业挂钩，企业解决矫正犯的就业、住房等基本生存问题，适当给予报酬及技术培训。"我们通过树立人们的自尊和培养兴趣比威慑和限制所取得的收效还要大。"（菲利，2004：194）应该建立专业的社区矫正社工人才队伍，以给予矫正对象思想感化、社会支持；矫正犯的改造考核不包括企业，企业只按照市场用工原则进行劳动力利用；社区与街道给予政治教育与监管，上级可以归属政法委机构直接管辖；改造考核只包括社区街道、社会工作人员的工作情况。具体考虑可以由政法委机构直接负责，主要是基于此乃社会治安综合治理的范畴。

第三，法庭审判应当在农民工偶犯中推广和强化社区矫正制度。应当在司法机关和政府部门中推广对偶犯执行以"矫正与回归"为宗旨的处罚理念，提高社区矫正比例。打个比方，偶犯好比假性近视——如果及时矫正很容易恢复正常，但如果戴上近视镜可能固化为近视眼。如果偶犯脱离正常社会而进入监狱,则既面临标签污名效应,又面临交叉感染等风险。从社会结构与文化整合来看,目前新生代农民工并不比老一代农民工在城市的社会融合程度有明显改善,而且农民工社会融入的经济-社会-心理-身份四个层次不存在递进关系,经济层次的融入并不必然带来其他层次的融入(李培林、田丰,2012)。可见,我们对农民工整体社会融合的关注与建设力度不足。针对农民工尤其是青年农民工的犯罪,审判应当坚持以改造目的论为导向,实施"事实判断与价值判断"相结合的刑法思想,因为刑法行为的构成要件被发现后"愈加具有规范和评价的色彩"(柯耀程,2003:16),尤其是对于"没有给被害人造成严重伤害""为了给自己和家人提供生活必需品"的初犯。

在偶犯农民工当中推广和强化社区矫正需要一系列条件:首先是社区矫正机构的可得、可行、可靠,由此需要我们加快推进社会工作尤其是社区矫正工作的建设力度,同时也推进国家对社区矫正服务的购买。社会文化氛围与舆论导向也需要改革、引导,在各种媒体与公众舆论中几乎形成了农民工与犯罪主体二者之间可以画等号的对应关系,由此不难理解在城市推进农民工社区矫正将受到流入地本地居民的抵制。美国等发达国家也存在类似问题:社区矫正的反对声音被夸大,公众对犯罪的第一反应就是监禁,媒体的量刑报道中经常出现暴力犯罪与监禁刑罚等呼吁(Roberts,1998:143-149)。但我们仍然必须加强这一社会建设方向,因为把这些人放到社会上放任自流或者是收监后交叉感染,将来会对整体社会的安全稳定构成更大、更严重的安全威胁。这一点必须用国家权威超越流入地的局域观念来整合推进。

第四,狱务公开。针对罪犯在监狱内的交叉感染,应当考虑改善监狱的社会化参与。无论是亲情感化,还是社会帮扶,尤其是对于轻刑罪犯的改造应当考虑广泛的社会参与、社会互动,以防止这些人群向再犯的方向发展。当然,也不能对罪犯过度宽容,否则,社会安全与公众安全受到的风险威胁也会增加。其中度的把握还需要犯罪学、刑罚领域的学者进一步展开研究论证。

总之，"刑法上的行为，不是仅仅引起空气震动的自然现象，而是有社会、文化意义的人类举止"（周光权，2013）。本研究表明，除改革社区矫正制度外，还需要推进身份改革与公民社会建设，农民工也是公民，但不是二等公民；教育必须更严格地执行九年制义务教育，尽可能推行十二年义务教育，因为教育年限太短不但对原生犯罪有影响，对再生性犯罪也有显著的影响。这些议题在相关研究中已经多有涉及，在此不再赘述。

第四节　关于农民工打工政策的讨论

农民工在做打工决策时，往往只算经济账，长远规划、子女教育质量等非经济问题或者说社会成本对于农民工个人来说往往是无法核算清楚的。但国家和人口流动政策的管理部门不应该把农民工的打工时间选择只看作农民工个人的事情。在 2010 年 5 月 19 日举行的中国人口与发展咨询会上发布的《中国劳动力变动趋势及判断》指出，中国人力资本对经济增长的贡献率仅为 35%，远低于发达国家 75% 的平均水平，而在当前 14 ~ 35 岁的青年人口中，就有 2000 万 ~3000 万的义务教育学龄阶段辍学者，部分地回答了中国人力资本贡献率较低的问题。

第一，在打工政策的导向上，必须矫正过度功利、单一的经济导向，正视打工的短暂性、过渡性等根本特征。自从以经济建设为中心的方针确定以来，我们国家和主流的经济学将经济增长当成一种不可否定的社会指导理念（加尔布雷思，1980：Ⅶ），虽然现在提倡经济与社会协调发展，但经济霸权思维仍是主流。无论是维护全面的社会稳定，还是促进城乡社会的可持续健康发展，都应该结束打工的"超长期"，要么向正式的人口迁移转变，要么促进农民工合理、适度地回流。最基本的底线是保证未成年人不过早外出务工。而要实现这一目的，农业收入水平怎样提高才能让农民不再过度打工应当成为一个政策顶层设计。农民过早、过度打工的根源在于过度的利益导向，制约了农民和农村青少年的选择方向。

第二，改革现有的人口流动政策，实施梯度人口流动，并通过进一步完善义务教育制度（制度应当引导农民更多地把子女教育放在家庭决策的首位），如通过家庭奖励制度、流动年龄梯度规定来引导农村人口合理、有序地流动，而不是所有自认为有劳动能力的人都可以外出打工，来促进劳动力供求结构（杜绝提前性过度打工、子女成长关键期父母至少一方不得外出打工等）的合理化发展。

这里应当指出，阶段或阶梯性地限制农民外出打工，并不等于促使农民"贫困化"。近年来发展中国家贫困率（每天 1 美元标准）的下降（从 1993 年的 28% 降至 2002 年的 22%），主要就归功于农村贫困率下降（农村贫困率从 37% 降至 29%，而城市贫困率基本维持不变，为 13%）。而农村贫困人口的减少中，80% 以上归功于农村地区的条件改善，而不是贫困人口的迁出。因此，农村人口向城市迁移并不是农村（及全球）减少贫困的主要手段——这与人们的一般感觉刚好相反（《2008 年世界发展报告》，"概要"第 3 页）。

第三，对于已经形成的过度打工结果，应建立应急性农民工救助机制。由于早期人口流动政策不够完善，留守儿童辍学等形成了很大的历史遗留问题，农村青少年犯罪率、流动青年民工犯罪率上升，成为一个突出的社会问题（陈刚等，2009）。从应急的当下情境考虑，我们还应该针对农民工建立一个危机应急救助体系，主要是由民政、团委、妇联等部门进行协调，或者是增加社会工作人员以提供专门救助，专职社工人员主要提供的危机支持应该是"遇到什么样的困难找哪些人解决"。当求助者碰到没钱吃饭的生存底线时，必须马上解决其吃饭问题；否则，他们可能随时会滑入犯罪歧途。

第五节　城镇化与回流——终结农民工体制的两个方向

（一）　因城镇化而终结

根据国家统计局公布的数据，2013 年中国农民工达到 2.6 亿人，同时根据《国家新型城镇化规划（2014—2020）》，2013 年中国城镇常住人口达到 7.3 亿人，常住人口城镇化率达到 53.7%。京津冀、长江三角洲、珠江三角洲三大城市群，以 2.8% 的国土面积集聚了全国 18% 的人口，创造了 36% 的国内生产总值，已成为我国产业工人的主体构成部分，但是"被统计为城镇人口的 2.34 亿农民工及其随迁家属，未能在教育、就业、医疗、养老、保障性住房等方面享受城镇居民的基本公共服务，产城融合不紧密，产业集聚与人口集聚不同步"。这表明中国人口城镇化速度远远落后于土地城镇化。基于这种现状，中国提出了"三个 1 亿人"战略：国务院总理李克强于 2014 年 3 月 5 日在十二届全国人大二次会议上作政府工作报告时指出，政府从 2014 年开始推进新型的"以人为核心"的城镇化战略，其中重点强调以人为本、生态文明、优化布局等特征，着重解决"三个 1 亿人"问题，即促进约 1 亿农业转移人口落户城镇，改造约 1 亿人居住的城镇棚户区和城中村，引导约 1 亿人在中西部地区就近城镇化。

　　"三个 1 亿人"战略既是对当下已经成为产业工人主体构成部分的农民工身份问题的切实回应，也是加速推进中国经济与社会进一步均衡发展的必由之路，还是促使中国减少转型风险、社会秩序稳定有序的重要保障。但同时，我们通过中国社会综合调查数据（CSS）的分析可以发现，农村人口转移到城镇居民获得非农户口的路径在新中国的发展历程中的不同阶段具有不同的结构分布。在 1978 年改革开放之前，招工提干和军人转业是农业人口获得非农户口进而城镇化的主要途径，教育虽然重要，但影响力远不及招工提干与军人转业等用工口径。随着中国改革开放的推进，1979～1999 年，教育对中国农业人口获得非农户口的作用大大增加，招工提干所占非农比例大大减少，通过购买城市住房而获得城镇非农户口成为一个"抬头"的趋势。到 2000 年以后，教育对农业人口非农化的作用在总体分布中所占比例有所下降，招工提干与军人转业的比例进一步减少，通过购买商业住房等途径获得城镇户口的比例进一步扩大。同时，从这三个阶段的比较可以看出，通过国家征收土地、集中建制性将农业人口集体转变为城镇户口的比例逐渐增高。这表明中国城镇化道路一方面是分散、个体选择的城镇化路径中市场化趋势明显；另一方面是整体建制性的集体城镇化逐步加强。具体如图 14 - 2 所示。

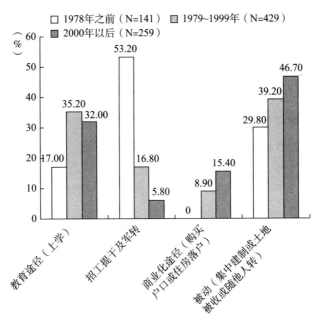

图14 - 2　中国农业人口非农化路径的变化比较
资料来源：根据 2011 年中国社会综合调查（CSS）数据整理。

"三个 1 亿人"战略首先是在结合现代化城镇化发展的普遍规律与中国特有的人口规模、城乡体制等背景的前提下，将中国城乡人口转移分为"农民非农化"和"农民工市民化"两步走的本土路径，农民工市民化是农民劳动职业上非农化之后必须跟进的改革方向。美国人口学家梅西曾从移民迁移时间延续长度、迁移动因（个人或社会结构）、分析单位（个人或家庭）等角度提出移民研究的主题（Massey，1990）。下面具体分迁移意愿、迁移制约结构、迁移量三个方面进行综述。

第一，迁移意愿。在微观层面分析个体迁移行动的著名研究当属托达罗的理性化公式（Todaro，1969：138）：

$$ER(0) = \int no[\,P1(t)P2(t)Yd(t) - P3(t)Y0(t)\,]e - rtdt - C(0)$$

公式中 $ER(0)$ 是决定迁移前所计算出来的迁移会带来的预期净收益，大致是通过计算在可预见的一个时间范围内迁移所可能带来的收益 $P1(t)$ $P2(t)$ $Yd(t)$，减去不迁移所可能有的收益 $P3(t)$ $Y0(t)$，再减去迁移成本 $C(0)$ 得出的（具体公式的解释请参见 Massey et al.，1993）。在个人的迁移决策与行动选择上，如果 $ER(0)$ 是正的，则个人就会倾向于迁移，否则不迁移或者不确定（Massey et al.，1993）。关于农民的传统性、经济理性及生存底线伦理有诸多争论（斯科特，2001；恰亚诺夫，1996；舒尔茨，1987）。具体到中国农民工个人迁移意愿的研究，实证调查发现年龄越小、文化程度越高的农民工迁移到城镇的意愿也就越强烈，即使要求放弃土地，也愿意城镇化（侯红娅等，2004）；居住时间的长短也是影响迁移决策的主要原因（任远，2006）；工作稳定程度、家庭成员是否一起流动、住房条件、收入条件、保障水平、对制度安排的满意程度等是影响迁移决策的重要原因（陈映芳，2004；朱宇，2004；赵艳枝，2006）。蔡禾的研究区分了是否愿意迁移、是否愿意永久迁移、是否愿意迁移户口（蔡禾，2007）。

第二，迁移制约结构。迁移和留守是一个家庭为了分散风险而采取的多样化经营策略（Massey et al.，1993；Stark & Bloom，1985；Stark & Taylor，1989；Stark & Taylor，1991），按照迁移影响因素的制约方向，主要分为推力与拉力。从宏观结构层面来看，研究的主流观点认为，中国二元分割的劳动力市场结构下的劳动力迁移更多是流入地的需求拉动的，而不是流出地劳动力过剩推动的（Massey et al.，1993；Piore，1983，1986；Wachter et al.，1974）。勾德斯坦、吴等将中国户籍制度下的人口迁移，按照是否打算返回原居住地区分出循环迁移和永久迁移，然后又根据是否已经（或者打算）获得迁入地的户口将不打算返回原居住地的永久迁移分为合法性永久迁移和事实性永久迁移（Goldstein，1987，1990；Woon，1993，1999）。

第三，迁移量。朱宇于 2002 年在福州、泉州、厦门、漳州和晋江五地的研究显示，愿意全家迁移到城市的流动人口只占被调查者的 24%（朱宇，2004）；侯红娅等人于 2003 年在全国 25 个省份完成的 1182 份问卷调查显示，有 46% 的农村流动人口愿意放弃土地市民化（侯红娅等，2004）。曾旭辉等人于 2000 年对成都农民工测量结果显示，愿意市民化的比例为 56.1%；农民工月均收入水平为市民人均收入水平的 87.2%。李强于 1999~2002 年在北京等地进行的农民工调查则显示，农民工愿意市民化的比例为 37.2%；农民工与市民月均收入的比值为 57.2%。中国人民大学于 2004 年在全国进行的抽样调查则表明，农民工愿意市民化的比例为 23.1%，农民工与市民月收入均值比为 49.1%。徐建玲在对农民工市民化进程的测量过程中只关注有意愿市民化的人群，而忽略"有能力无意愿"市民化的人群，并假设制度、环境静止无影响，而只看重农民工个体的选择（徐建玲，2008）。

前述研究的主要立场是经济补偿论，但农民市民化是一个综合经济与社会多元因素的社会转型过程，尤其是迁移意愿与迁移能力是否匹配的问题没有得到重视："有能力也有意愿"的农民工不是问题所在，问题在于那些"有能力但不愿意"迁移的人群和"有意愿但不具备迁移能力"的人群。本研究重点探讨这两类人群的比例、人口学特征及其政策需求。

结合上述城镇化研究的基本理论认识，本研究认为，"三个1亿人"战略的落地实施首先应该调研、核实不同类型城镇中"有能力无意愿""有意愿无能力"的农民工的比例及发展趋势，因为农民工具有土地权益等的特殊背景不同于西方的人口迁移背景，所以应当摸清农民工对自己的土地权属、宅基地等利益的认知状况与行动选择倾向，以及人口生育政策的城乡调整，在此基础上调整相应的城镇化政策。比如，生育政策变革为城镇允许生育二胎，"有能力无意愿"的人群有多少比例会发生转向？那些"有能力无意愿"的人不应当继续享受国家对农村帮扶性的倾斜政策，无论是宅基地还是承包田地及相关福利，而这些人如何识别（阶层、职业、家庭特征）应当成为研究议题。具体来说，通过城镇化而终结农民工体制，应当厘清以下五个方面的问题。

第一，农民工城镇化的主观意愿和客观条件。主观意愿主要是依据个人、家庭（子女）等角度来判断其市民化的意愿方向及其强度，客观条件主要是就业稳定性、购买住房、消费等能力因素。

第二，依据主客观条件划分的农民工城镇化类型为有意愿又有能力、有意愿无能力、有能力无意愿、无意愿又无能力四类，并计算出各层次城镇、各行业类型内所占比例。

第三，农民工在面临市民化选择时考虑的机会成本：生育政策差异、子女教育权益尤其是高考政策、养老保障、农村宅基地及土地相关权益、人际关系网络与社会支持等。

第四，农民工在国家改革机会成本各因素的预期下可能发生选择路径的变化，由此推算农民工城镇化的政策诉求。

第五，依据中国经济与社会综合发展形势，综合农民工市民化的主客观条件、城镇类型、机会成本、政策诉求等多元变量，在建构中国城镇化过程中推进农民工市民化的速度、概率。

在研究因城镇化而终结农民工体制的过程中，应当充分注意三个问题。其一，农民工市民化作为"人的城镇化"，是对中国土地城镇化的必然跟进，但农民工市民化的机会成本在不同类型城镇、不同行业人群中的具体现状是必须调查和研究的重要课题。其二，农民工市民化的机会成本在推拉作用机制下形成对改革的政策诉求，这些政策改革能够促进一定比例的农民工选择市民化，但这种多因素促进机制需要科学量化的分析与计算。其三，农民工市民化"有意愿无能力"的人群中通过政策改革仍然无法实现市民化的部分，将成为中国城市建设与和谐发展的难点。市民化"无意愿又无能力"者是否回流农村？市民化"有意愿无能力"者可能面临较大的生存压力，对社会发展甚至是整体社会的和谐稳定构成威胁。

但是，无论如何，我们必须清楚，农民工这种非城非乡的劳动力用工制度必须终结，无论是从长远的经济增长需求、社会秩序的稳定，还是从人力资源的代际再生产来看，我们都需要城市实施"劳动力"农民工到"社会人"农民工的转变，即城市不能只要劳动力，而不要具有社会支持系统的社会人。农民工作为社会人，是有自己的生存、安全、家庭生活、精神支撑、情感支撑、业余休闲等一系列社会关联因素的；但以前由于中国劳动力过剩，城市只要劳动力，其他的一概不管，现在的民工荒证明这样是不行了。企业追求效率没有错，但在中国劳动力结构发生变化、人口红利微弱的情况下，"劳动力"农民工到"社会人"农民工的转变就是必然的，即从人口流动体制转变到整个家庭迁移的移民体制。

（二）因回流而终结

终结农民工的另外一个方向就是本研究中展现的回流路径。当下建设新农村要想使生产发展有更大的推进，一定要使新农村不但适合居住，更要适合发展。现在的农村除城郊村之外，离城市较远的农村在生产条件、生产利润、生活条件、教育条件等方面都非常不利于农民工回流。依靠绿色农业、农业收益提升等才能把农民工吸引到农村。只有农业综合效益问题（经济收入的相对水平高、环境好、空闲时间多、生活方式熟悉、人际关系好）而不是民工子女教育问题成为民工回流的第一位因素，才能促进农民工更健康地回流。

农民工回流首先是有利于家庭团聚和减少农村青少年辍学的发生，进而也就降低了农二代犯罪的概率，并由此在源头治理的意义上降低整体社会的转型风险。当下农民工是否回流，一方面是受城乡经济体制导致的城乡收入差异和收入机会不公平的影响；另一方面是广大农民工对子女的教育观念和家庭观念还有待改进。我们在调查中感觉到，总体上农民工的子女生育观念已经有比较大的变化，不再追求多子多福，而是追求孩子的教育、成长、未来。国家应该大力鼓励和宣传这种现代化的生育观念，并结合新农村建设的项目配备，激励农民工为了家庭而树立全面的、健康的发展理念与生活理念。无论生活富有还是贫穷，对孩子的教育不应再是只关注成绩，而是开始注重孩子的全面发展，包括为了孩子的身心健康不再让其单独留守。在务工地的选择与务工目标上，应该把家庭的团结、一起生活和包括农民工自己在内的休息权、社会福利、生活状态的稳定性、身体是不是受到过重度劳动而影响健康、身心是否会太累，甚至噪音、空气污染等都纳入农民工生活观念的判断范畴。总之，应当鼓励农民工考虑家庭效用最大化的社会标准，弱化经济收入在流动或迁移中的决策权重。

从宏观层面上看，中国需要发展城乡均衡的城镇化而不是乡村衰落的城镇化，需要有农业安全做保障的工业化而不是"工业像欧洲、农业像非洲"的工业化。这就要求我们建设更加现代化、更加有科技含量、更加有效率，还更加有风险抵御能力的现代安全农业。而现代安全农业的建立首先需要"一部分年轻人留在农村"，可是，"386199部队"留守农村转变到现在的部分农村青年妇女都外出，只剩下"6199部队"了。这样的"部队"能建设出什么样的农业呢？农业的安全靠什么来保障？新农村怎么可能焕发活力？如果没有一定规模的年轻人留在农村，农村的衰弱和凋敝是必然的。但是，大量的农村年轻人要么通过获得高等教育机会而离开农村，要么通过外出务工而到城市"见世面""开眼界"。这是现实，也是必须肯定的，由此，让年轻人留守在农村的含义并不是不让农村青年进入城市，而是使他们中的一部分人通过进入城市获得教育和职业技能后再回流到农村。

值得注意的是，新生代农民工已经由第一代农民工心甘情愿充当"城市的过客"，转变为强烈追求融入城市生活方式的"准移民"。说其"准"，是因为他们并没有条件享受城市居民可以享有的重要福利。虽然现在一再强调农民工的平等，国家也正在户籍制度上做进一步的探索和努力，但从国家体制或管理规范上讲，农民工还是不属于城里人，城市居民也不认可他们是"我群体"，而是认为农民工是外来务工的"他群体"。说其"移民"，是因为新一代的农民工已经不再把挣钱或"寻求经济生存"作为第一目标，而是把开眼界、见世面、了解社会、了解城市作为自己进入城市的重要出发点。如果年轻人仅仅从经济上考虑，也许他们在农村的收入更高，生活更方便，如住房更为宽敞、干净，生活节奏更为轻松、舒适，人际交往更为熟悉、广泛，子女教育更为方便、周到，医疗保障也更为实惠、有利……但是，这些在青年农民工的眼里都已经不再是第一位的，他们把在城市的生活方式和未来城市可能会拥有的机遇放在第一位。从唱歌、看报纸杂志，到看电视节目时可选择频道的多少，再到逛商场、买日用品的方便程度，哪怕是看病可选择的医院的质量高低，都成为他们留在城市的理由。但无论是从就业能力、购房能力，还是从消费水平、保障水平方面来看，大部分新生代农民工并不能真正在城市落户生根，尤其是在大城市落户是相当困难的。然而，新生代农民工又嫌弃小城市，只愿意落户大城市。由此，在尊重客观现实的情况下，大部分农民工必然最终走向回流。但本研究表明，被动回流一方面是因回流时间晚而丧失返乡发展的机遇；另一方面是回流者主观上缺乏积累意识与发展能力。鼓励他们尽早主动回流，可以促进农民工的经济积累与人力资本积累，进而实现更全面健康的发展与生活。

综上所述，无论是从农民工个人的家庭健康发展，还是从国家的农业安全战略，或是从城乡均衡的协调关系来看，都应该鼓励一部分农民工回流、一部分农民工进入城镇落户，通过这两种路径终结农民工这一"准身份"。在当下中国特有的城乡差距背景下，国家尤其应该在推进实施城镇化战略的同时，通过新农村建设政策的调整与倾斜，鼓励主动回流，无论是创业、家庭照顾，还是子女教育，都应该在制定相应引导政策的前提下鼓励回流。否则，将来中国面临的不仅仅是由大量辍学和教育回报率较低等带来的劳动力市场的替代困境并进而导致产业转型困难，还有诸如犯罪率增高等严重威胁社会秩序安全与稳定的风险增加。

参考文献

阿马蒂亚·森，2001，《贫困与饥荒》，王宇、王文玉译，商务印书馆。

安德烈·比尔基埃，1998，《家庭史》（第三卷），生活·读书·新知三联书店。

安莉娟、丛中、王欣，2004，《高中生的安全感及其相关因素》，《中国心理卫生杂志》第10期。

白南生、何宇鹏，2002，《回乡，还是外出？——安徽四川二省农村外出劳动力回流研究》，《社会学研究》第3期。

白建军，2010，《从中国犯罪率数据看罪因、罪行与刑罚的关系》，《中国社会科学》第2期。

白建军，2001，《刑罚轻重的量化分析》，《中国社会科学》第6期。

白建军，2003，《犯罪轻重的量化分析》，《中国社会科学》第6期。

白建军，2013，《司法潜见对定罪过程的影响》，《中国社会科学》第1期。

包路芳，2007，《北京市流动人口犯罪问题调查研究》，载戴建中主编《2007年：中国首都社会发展报告》。

布赖恩·贝利，2010，《比较城市化：20世纪的不同道路》，商务印书馆。

丛梅，2012，《重新犯罪具有极高社会危害性》，《中国社会科学报》9月5日，第A07版。

陈兴良，1998，《刑事政策视野中的刑罚结构调整》，《法学研究》第6期。

陈文航，2011，《社区服刑人员在管理中存在的问题及矫正对策》，《法制与社会》第 18 期。

蔡昉，2007，《中国流动人口问题》，社会科学文献出版社。

蔡昉，2009，《劳动经济学——理论与中国现实》，北京师范大学出版社。

曹晶，2007，《教育社会分层功能的弱化》，华东师范大学。

陈刚、李树、陈屹立，2009，《人口流动对犯罪率的影响研究》，《中国人口科学》第 4 期。

陈锡文，2009，《中国农村制度变迁 60 年》，人民出版社。

翟振武、段成荣、毕秋灵，2007，《北京市流动人口最新状况与分析》，《人口研究》第 2 期。

段成荣、梁宏，2004，《我国流动儿童状况》，《人口研究》第 1 期。

段成荣、周福林，2005，《我国留守儿童状况研究》，《人口研究》第 1 期。

段成荣、吕利丹、郭静、王宗萍，2013，《我国农村留守儿童生存和发展基本状况——基于第六次人口普查数据的分析》，《人口学刊》第 3 期。

董海军、风笑天，2003，《城乡家庭人力资本投资差异的原因辨析》，《岭南学刊》第 5 期。

恩里科·菲利，2004，《犯罪社会学》，郭建安译，中国人民公安大学出版社。

冯卫国，2003，《行刑社会化研究——开放社会中的刑罚趋向》，北京大学出版社。

范方、桑标，2005，《亲子教育缺失与"留守儿童"人格、学绩及行为问题》，《心理科学》第 4 期。

辜胜阻、易善策、李华，2011，《城镇化进程中农村留守儿童问题及对策》，《教育研究》第 9 期。

郭志刚，1999，《社会统计分析方法》，中国人民大学出版社。

F. A. 冯·哈耶克，2003，《个人主义与经济秩序》，邓正来译，生活·读书·新知三联书店。

黄祖辉、许昆鹏，2006，《农民工及其子女的教育问题与对策》，《浙江大学学报》（人文社会科学版）第 4 期。

郭继强，2005，《中国城市次级劳动力市场中民工劳动供给分析——兼论向右下方倾斜的劳动供给曲线》，《中国社会科学》第 5 期。

郭力，2011，《产业转移与劳动力回流背景下农民工跨省流动意愿的影响因素分析》，《中国农村经济》第 6 期。

国家人口计生委流动人口服务管理司，2009，《提前返乡流动人口调查报告》，《人口研究》第 2 期。

国家统计局，2010，《新中国六十年统计资料汇编》，中国统计出版社。

葛炳瑶、徐祖华、孔一，2009，《关于社区矫正立法若干问题的思考》，载刘强、姜爱东、朱久伟主编《社区矫正理论与实务研究文集》，中国人民公安大学出版社。

何景熙，1999，《不充分就业及其社会影响》，《中国社会科学》第 2 期。

何兰萍，2000，《社会网与农村中的新读书无用论》，《社会》第 7 期。

郝文武，2009，《新读书无用论的根源及其消除》，《中国教育学刊》第 9 期。

韩俊、崔传义，2007，《农民工回乡创业热潮正在兴起——百县农民工回乡创业情况调查之一》，《中国经济时报》12 月 27 日。

韩俊，2009，《现阶段我国农民工流动和就业的主要特点》，《发展研究》第 4 期。

黄余国，1999，《关于农民工问题的研究》，《华东交通大学学报》第 12 期。

黄宗智，2000，《华北的小农经济与社会变迁》，中华书局。

黄宗智，2013，《如何阅读学术著作和做读书笔记》，社会学视野网。

黄平，1998，《对农业的促成或冲击：中国农民外出务工的村级研究》，《社会学研究》第 3 期。

黄月胜等，2010，《初中留守儿童的安全感、行为问题及其关系的研究》，《中国特殊教育》第 3 期。

侯佳伟，2009，《人口流动家庭化过程和个体影响因素研究》，《人口研究》第 1 期。

胡枫、李善同，2009，《父母外出务工对农村留守儿童教育的影响》，《管理世界》第 2 期。

加尔布雷思，1980，《经济学和公共目标》，商务印书馆。

马尔库塞，1990，《单向度的人——发达工业社会意识形态研究》，重庆出版社。

蒋中一、戴洪生，2005，《降低农村初中辍学率和义务教育体制的改革》，《中国人口科学》第 4 期。

江立华，2002，《英国人口迁移与城市发展：1500－1750》，中国人口出版社。

江立华，2002，《转型时期农民工犯罪与控制》，《江苏社会科学》第 3 期。

江伟人，2004，《社会转型期重新犯罪的综合治理》，《社会》第 8 期。

姜玉，2009，《农民工犯罪现状及预防对策》，《长春理工大学学报》第 2 期。

吴霓，2004，《农村留守儿童问题调研报告》，《教育研究》第 10 期。

柯耀程，2003，《变动中的刑法思想》，中国政法大学出版社。

梁雄军、林云、邵丹萍，2007，《农村劳动力二次流动的特点、问题与对策——对浙、闽、津三地外来务工者的调查》，《中国社会科学》第 3 期。

雷忠勇，2005，《贵州省农村初中学生辍学问题及对策研究》，浙江大学硕士学位论文。

李丰等，2012，《谁给农民工家庭养老找个出路》，《工人日报》7 月 19 日，第 5 版。

李培林，2013，《当代中国城市化及其影响》，社会科学文献出版社。

李强，2013，《多元城镇化与中国发展》，社会科学文献出版社。

李晓敏、罗静、高斌、袁娟，2009，《有留守经历大学生的负性情绪、应对方式自尊水平及人际关系研究》，《中国临床心理学杂志》第 5 期。

李林，2010，《法治蓝皮书》，社会科学文献出版社。

李本森，2010，《破窗理论与美国的犯罪控制》，《中国社会科学》第 5 期。

李培林、李炜，2010，《近年来农民工的经济状况和社会态度》，《中国社会科学》第 1 期。

李素琴，2012，《美国社区矫正制度对我国的借鉴》，《中国人民公安大学学报》（社会科学版）第 5 期。

李培林、田丰，2012，《中国农民工社会融入的代际比较》，《社会》第 5 期。

梁宏、任焰，2010，《流动，还是留守？——农民工子女流动与否的决定因素分析》，《人口研究》第 2 期。

林南、卢汉龙，1989，《社会指标与生活质量的结构模型探讨》，《中国社会科学》第 4 期。

柳翠、殷飞、徐艳，2005，《留守儿童成长状况的调查研究——基于对江苏省如皋市林梓小学的调查》，载中国家庭文化研究会、全国妇联宣传部编《中国农村留守儿童社会支援行动研讨会论文汇编》，河南人民出版社。

卢德平，2006，《"留守儿童"面临的问题与挑战——基于中国青年政治学院的专题调查结果》，《美中教育评论》第 1 期。

吕绍清、张守礼，2001，《城乡差别下的流动儿童教育——关于北京打工子弟学校的调查》，《战略与管理》第 4 期。

吕开宇、王桦、金莲，2006，《不发达地区父母外出非农就业对子女教育的影响——从儿童辍学原因谈起》，《农业经济问题》第 4 期。

林燕，2009，《二元结构下的劳动力非家庭化转移研究》，浙江大学博士学位论文。

林宏，2003，《福建省"留守孩"教育现状的调查》，《福建师范大学学报》（哲学社会科学版）第 3 期。

林斐，2004，《对 90 年代回流农村劳动力创业行为的实证研究》，《人口与经济》第 2 期。

兰靖、张念蒙，2009，《异化与危机——隐性辍学论》，云南大学出版社。

刘成斌，2007，《在中央与地方之间：民工子女教育政策的操作化》，《青年研究》第 10 期。

刘成斌，2013，《农民工流动方式与子女社会分化》，《中国人口科学》第 4 期。

刘成斌，2014，《农村青少年辍学打工及其原因》，《人口研究》第 2 期。

刘成斌、王舒厅，2014，《留守经历对农二代大学生心理健康的影响》，《青年研究》第 5 期。

刘铮，2006，《劳动力无限供给的现实悖论——农民工回流的成因及效应分析》，《清华大学学报》（哲学社会科学版）第 3 期。

刘纯阳，2005，《贫困地区农户的人力资本投资：对湖南西部的研究》，中国农业大学。

刘铮，2006，《劳动力无限供给的现实悖论——"农民工回流"的成因及效应分析》，《清华大学学报》（哲学社会科学版）第 3 期。

吕利丹，2014，《从留守儿童到新生代农民工——高中学龄农村留守儿童学业终止及其影响研究》，《人口研究》第 1 期。

卢德生、赖长春，2009，《从学生自愿性辍学看我国"控辍"政策的调整与转变》，《教育学术月刊》第 1 期。

罗芳，2007，《基于推－拉理论的农民工回流的实证分析》，《经济师》第 2 期。

罗小锋，2011，《时空伸延：半流动家庭中的夫妻关系维系策略》，《内蒙古大学学报》（社会科学版）第 2 期。

牛端、黎光明，2010，《家庭环境特征对主观幸福感"调节－缓和"模型的调节效应》，《心理研究》第 1 期。

牛建林，2012，《农村地区外出务工潮对义务教育阶段辍学的影响》，《中国人口科学》第 4 期。

保罗·诺克斯、琳达·迈克卡西，2009，《城市化》，顾朝林、汤培源等译，科学出版社。

A. 恰亚诺夫，1996，《农民经济组织》，萧正洪译，中央编译出版社。

秦琴，2004，《从"推－拉效应"看农村中新读书无用论》，《辽宁教育研究》第 6 期。

秦晖，1996，《当代农民研究中的"恰亚诺夫主义"》，载《农民经济组织》，中央编译出版社。

钱志鸿、黄大志，2004，《城市贫困、社会排斥和社会极化——当代西方城市贫困研究综述》，《国外社会科学》第 1 期。

瑞雪·墨菲，2009，《农民工改变中国农村》，黄涛、王静译，浙江人民出版社。

史蒂文·塞德曼，2002，《有争议的知识——后现代时代的社会理论》，刘北成等译，中国人民大学出版社。

盛来运，2008，《流动还是迁移——中国农村劳动力流动过程的经济学分析》，上海远东出版社。

孙红云，2005，《农村中小学生流失问题初探》，吉林大学硕士学位论文。

孙长永，2005，《比较法视野中的刑事强制措施》，《法学研究》第 1 期。

孙立平，2002，《实践社会学与市场转型过程分析》，《中国社会科学》第 5 期。

斯科特，2001，《农民的道义经济学：东南亚的反叛与生存》，程立显、刘建等译，译林出版社。

苏群、丁毅，2007，《初中阶段农户子女辍学行为影响因素分析——以闽北农村地区为例》，《中国农村经济》第 6 期。

西奥多·W. 舒尔茨，1987，《改造传统农业》，梁小民译，商务印书馆。

谭深，2011，《中国农村留守儿童研究述评》，《中国社会科学》第 1 期。

涂尔干，1995，《社会学方法的准则》，商务印书馆。

宋立刚、吴江、张永生，2010，《农民工市民化与扩大内需》，《中国社会科学》（英文版）第 3 期。

徐勇，2006，《再识小农与社会化小农的建构》，《华中师范大学学报》（人文社会科学版）第 3 期。

万筱平，2003，《民工犯罪的特点及原因分析》，《犯罪研究》第 4 期。

吴宗宪，2003，《非监禁刑研究》，中国人民公安大学出版社。

王西玉，2003，《打工与回乡：就业转变与农村发展——关于部分进城农民工回乡创业的研究》，《管理世界》第 7 期。

伍振军，2011，《中国农村劳动力返乡——基于人力资本回报的理论与实证分析》，《经济理论与经济管理》第 11 期。

王文龙、赵艳，2011，《农村读书无用论：非理性的理性》，《继续教育研究》第 12 期。

王身佩、徐宏升、王连照，2006，《从官方数据看辍学——河南省农村义务教育阶段辍学问题研究》，《教育研究与实验》第 3 期。

王宏玉，2006，《社区矫正模式的理念：矛盾冲突中的选择》，《中国人民公安大学学报》（社会科学版）第 3 期。

王大为，2002，《对一个少年犯罪团伙的调查与思考》，《中国人民公安大学学报》（社会科学版）第 3 期。

王水珍、刘成斌，2007，《流动与留守——从社会化看农民工子女的教育选择》，《青年研究》第 1 期。

王玉琼、马新丽、王田合，2005，《留守儿童　问题儿童——农村留守儿童抽查》，《中国统计》第 1 期。

王军、王钰，2010，《缺失与生成：农民工犯罪问题研究——社会资本理论视角的分析》，《犯罪研究》第 3 期。

王东宇、王丽芬，2005，《影响中学留守孩心理健康的家庭因素研究》，《心理科学》第 2 期。

文军，2001，《从生存理性到社会理性选择：当代中国农民外出就业动因的社会学分析》，《社会学研究》第 6 期。

韦伯，2005，《社会学的基本概念》，广西师范大学出版社。

邬志辉，2008，《农村义务教育质量至关重要》，《教育研究》第 3 期。

吴亚东，2013，《农二代涉黄赌案件多发亟待关注》，《法制日报》11 月 5 日，第 8 版。

吴毅，2007，《记述村庄的政治》，湖北人民出版社。

项继权，2005，《农民工子女教育：政策选择与制度保障——关于农民工子女教育问题的调查分析及政策建议》，《华中师范大学学报》（人文社会科学版）第 3 期。

刑文杰，2007，《社区矫正中的公益劳动问题》，《中国监狱学刊》第 1 期。

刑占军，2002，《主观幸福感测量研究综述》，《心理科学》第 3 期。

刑占军，2008，《城市幸福感——来自六个省会城市的幸福指数报告》，社会科学文献出版社。

薛在兴，2005，《社会排斥理论与城市流浪儿童问题研究》，《青年研究》第 10 期。

叶静怡、李晨乐，2011，《人力资本、非农产业与农民工返乡意愿——基于北京市农民工样本的研究》，《经济学动态》第 9 期。

叶敬忠、王伊欢、张克云、陆继霞，2006，《父母外出务工对农村留守儿童学习的影响》，《农村经济》第 7 期。

杨曙民、李素敏、李建秀、龚晓会，2008，《某高校留守大学生抑郁症患病率调查》，《中国卫生统计》第 4 期。

杨菊华、段成荣，2008，《农村地区流动儿童、留守儿童和其他儿童教育机会比较研究》，《人口研究》第 1 期。

杨宝宏，2007，《农民工犯罪问题——社会心理失衡与犯罪》，《甘肃行政学院学报》第 4 期。

姚红梅，2012，《狱内罪犯交叉感染与重新犯罪》，《湖北警官学院学报》第 2 期。

章铮，2006，《进城定居还是回乡发展——农民工迁移决策的生命周期分析》，《中国农村经济》第 7 期。

章铮，2009，《从托达罗模型到年龄结构——生命周期模型》，《中国农村经济》第 5 期。

张宗益，2007，《西部地区农村外出劳动力回流：动因及其对策》第 12 期。

张晓敏，2007，《低龄民工犯罪的隐忧》，《人民法院报》4 月 24 日，第 3 版。

张清郎，2010，《中国转型期流动人口犯罪研究》，西南财经大学博士学位论文。

张晓华，1996，《"单身赴任"与日本现代社会》，《外国问题研究》第 4 期。

张艳萍，2005，《农村"留守子女"的教育问题及对策研究》，《当代教育科学》第 13 期。

赵鼎新，2006，《东周战争与儒法国家的诞生》，华东师范大学出版社。

赵泉，2000，《人力投资与再就业——兼评"腾笼换鸟"政策》，《人口与经济》第 1 期。

郑风田，2000，《制度变迁与中国农民经济行为》，中国农业科技出版社。

郑和，2008，《知识与权力的当代状况：透视"新读书无用论"》，《中国青年研究》。

邹进泰、覃国慈，2009，《农民工回流的经济学分析》，《江汉论坛》第 3 期。

朱群、王梦南、杨照山，2003，《北新泾监狱刑释人员重新犯罪率研究》，《中国监狱学刊》第 1 期。

朱国宏，1991，《经济改革中的人口质量问题："流失生"形成的原因及对策》，《人口学刊》第 1 期。

朱宇，2004，《国外对非永久性迁移的研究及其对我国流动人口的启示》，《人口研究》第 3 期。

朱科蓉、李春景、周淑琴，2002，《农村"留守子女"学习状况分析与建议》，《教育科学》第 4 期。

周丽红、欧华军，2008，《文化冲突与行为越轨——对城市农民工犯罪问题的实证研究》，《经济与社会发展》第 12 期。

周光权，2013，《价值判断与中国刑法学知识的转型》，载刘强、姜爱东、朱久伟主编，2009，《社区矫正理论与实务研究文集》，中国人民公安大学出版社。

周光权，2013，《价值判断与中国刑法学知识的转型》，《中国社会科学》第 4 期。

周文娇、高文斌、孙昕霙、罗静，2011，《四川省流动儿童和留守儿童的心理复原力特征》，《北京大学学报》（医学版）第3 期。

周伟，2005，《三成留守孩直言恨自己父母，江西盘古山镇的这项调查揭示了解决留守孩问题的紧迫性》，《新华每日电讯》3月 29 日，第 6 版。

周宗奎、孙晓军、刘亚、周东明，2005，《农村留守儿童心理发展与教育问题》，《北京师范大学学报》（社会科学版）第 1 期。

中国儿童中心（国务院妇女儿童工作委员会办公室），2005，《中国流动人口中儿童状况抽样调查》，《中国妇运》第 6 期。

Amuedo – Dorantes, Catalina and Pozo, Susan, 2006. *International Migration, Remittances and the Education of Children: The Dominican Case, Working Paper, Department of Economics*, Western Michigan University.

Becher, G. 1976. *The Economic Approach to Human Behavior*, University Press.

Harri, J. R. 1995. "Where is the Child's Environment? A Group of Socialization Theory of Development." *Psychology Review* 102（3）：458 – 489.

Boyd, M. 1989. "Family and Personal Networks in Inter – national Migration: Recent Developments and New Agendas." *International Migration Review*, 23, 638 – 670.

Bradley R, Jenei J, Westen D. 2005. "Etiology of Borderline Personality Disorder: Disentangling the Contributions of Intercorrelated Antecedents." *Journal of Nervous and Mental Disease*193（1）：24 – 31.

Bryant, John. 2005. *Children of International Migrants in Indone-sia*, *Thailand and the Philippines*: *A Review of Evidence and Policies*, *Innocenti Working Paper No.* 2005 – 05. Florence, UNICEF Innocenti Research Centre.

Butcher, Kristin, and Anne M. Piehl. 1998. "Cross – City Evi-dence on the Relationship Between Immigration and Crime." *Journal of Policy Analysis and Management* 17 (3): 457 – 93.

Chapin, Wesley. 1997. "Auslander Raus? The Empirical Relation-ship Between Immigration and Crime in Germany." *Social Science Quar-terly* 78 (2): 543 – 58.

Coleman, J. S. 1988. "Social Capital in the Creation of Human Capital." *American Journal of Sociology* 94, S94 – S120.

Cox Edwards, Alejandra and Ureta, Manuelita. 2003. "Interna-tional Migration, Remittances, and Schooling: Evidence from El Salva-dor," *Journal of Development Economics*, Vol. 72 (2): 429 – 461.

Dornbusch, S. M. 1989. "The Sociology of Adolescence." *Annu-al Review of Sociology* 15, 233 – 259.

Edward S. Shihadeh., Raymond E. Barranco. 2010. "Latino Employment and Black Violence: The Unintended Consequence of U. S. Immigration Policy." *Social Forces* 88 (3): 1393 – 1420.

E. G. Ravenstein Source. 1889. "The Laws of Migration." *Jour-nal of the Royal Statistical Society*, Vol. 52, No. 2, pp. 241 – 305.

Eliakim Katz, Oded Stark. 1986. "Labor Migration and Risk Aver-sion in Less Developed Countries." *Journal of Labor Economics* 4 (1): 134 – 149.

Goldstein, Alice & Sidney Goldstein. 1992. "Migration in China: Methodological and Policy Challenges." *Social Science History* 11 (1): 85 – 104.

Goldstein, Alice, Sidney Goldstein & Shenyang Guo. 1991. "Temporary Migrants in Shanghai Households, 1984." *Demography* 28 (2): 275 – 291.

Grotevant, H. , & Cooper, C. 1986. "Individuation in Family Relationships: A Perspective on Individual Differences in the Development of Identity and Role – taking Skill in Adolescence. " *Human Development*, 29, 82 – 100.

Guido Dorigo and WaldoTobler Source. 1983. "Push – Pull Migration Laws. " *Annals of the Association of American Geographers*. Vol. 73, No. 1, pp. 1 – 17.

Hagan, John, and Alberto Palloni. 1999. "Sociological Criminology and the Mythology of Hispanic Immigration and Crime. " *Social Problems* 46 (4): 617 – 32.

Hagan, J. , MacMillan, R. & Wheaton, B. 1996. "New Kids in Town: Social Capital and the Life Course Effects of Family Migration on Children. " *American Sociological Review* 61, 368 – 385.

Harri, J. R. 1995. "Where Is the Child's Environment? A Group of Socialization Theory of Developmen. " *Psychology Review* 102 (3): 458 – 489.

J Chen, H Liu, Z Xie. 2010. "Effects of Rural – Urban Return Migration on Women's Family Planning and Reproductive Health Attitudes and Behavior in Rural China. " *Strdies in Family Planning* 41 (1): 31 – 44.

Jennifer Lauby and Oded Stark, . 1988. "Individual Migration as a Family Strategy: Young Women in the Philippines. " *Population Studies*, Vol. 42, No. 3, pp. 473 – 486.

Julian V. Roberts. 1998. "American Attitudes about Punishment: Myth and Reality. " in Joan Petersilia (ed.), *Community Corrections: Probation, Parole, and Intermediate Sanctions*, Oxford University Press.

Kandel, William and Kao, Grace. 2001. "The Impact of Temporary Labor Migration on Mexican Children's Educational Aspirations and Performance ," *International Migration Review* 35 (4): 1205 – 1231.

Kevin E. McHugh and Robert C. Mings. 1996. "The Circle of Migration: Attachment to Place in Aging. " *Annals of the Association of A-*

merican Geographers, Vol. 86, No. 3, pp. 530 – 550.

Kim, I. K. and E. H. Choe. 1992. "Support Exchange Patterns of the Elderly in Korea." *Asia – Pacific Population Journal* 7 (3). Kim, I. K. et al. 1996. "Population Aging in Korea: Changes since the 1960s." *Journal of Cross – Cultural Gerontology.* Kim, I. K. 1999. "Population Aging in Korea: Social Problems and Solutions." *Journal of Sociology and Social Welfare.* Vol 26. No. 1. 转引自宋健、金益基, 2009,《人口政策与国情——中韩比较研究》, 光明日报出版社。

King, R. and J. Strachan. 1980. "The Effects of Return Migration on a Gozitan Village." *Humna Organizations*39 (2).

King, R. 1979. "Post War Migration Policies in Malta, with Special Reference to Return Migration," *European Demographic Information Bulletin*10 (3).

Knight, John Reform. 2008. "Growth and Inequality in China." *Asian Economic Policy Review* Vol. 3 (1): 140 – 158.

Kuhl, J., Jarkon – Horlick, L., & Morrison, R. F. 1997. "Measuring Barriers to Help Seeking Behavior in Adoles – cents." *Journal of Youth and Adolescence*26, 637 – 650.

Maccoby, E. E., & Martin, J. A. 1983. "Socialization in the Context of the Family: Parent – child Interaction." In P. H. Mussen & E. M. Hetherington, *Handbook of Child Psychology: Vol. 4. Socialization, Personality, and Social Development* (4th ed: 1 – 101). Wiley.

Martinez, Ramiro. 2000. "Immigration and Urban Violence: The link Between Immigrant Latinos and Types of Homicide." *Social Science Quarterly* 81 (1): 363 – 74.

Mears, Daniel. 2001. "The Immigration – Crime Nexus: Toward an Analytic Framework for Assessing and Guiding Theory, Research, and Policy." *Sociological Perspectives* 44 (1): 1 – 19.

Minzenberg MJ, Poole JH, Vinogradwv S. 2006. "Adult Social Attachment Disturbance Is Related to Childhood Maltreatment and Current Symptoms in Borderline Personality Disorder." *Journal of Nervous and*

Mental Disease 194 （5）: 341 - 348.

Oi, Jean C. 1999, *Rural ChinaTakes off*: *Institutional Founda-tions ofEconomic Reform*, University of California Press.

Popkin, S. 1979, *The Rational Peasant*, University of California Press.

Parke, R. D. , & Bhavnagri, N. P. 1989. "Parents as Man - ag-ers of Children's Peer Relationships. " In D. Belle （Ed. ）, *Children's Social Networks and Social Supports* （pp. 241 - 259）. Wiley.

Partridge, Mark D. Rickman, Dan S. 2008. "Distance from Urban Agglomeration Economies and Rural Poverty," *Journal of Regional Sci-ence* Vol. 48 （2）: 285 - 310.

Portes, A. & Rumbaut, R. G. （Eds. ）. 1990. *Immigrant Amer-ica*: *A portrait*. University of Califor - nia Press.

Reid, Lesley W. , Harald E. Weiss, Robert M. Adelman and Charles Jaret. 2005. "The Immigration - Crime Relationship: Evidence Across US Metropolitan Areas. " *Social Science Research* 34 （4）: 757 - 80.

Raenstein, G. 1885. "The Laws of Migration. " *Journal of the Roy-al Statistical Society*48.

Richard Stansfield, Scott Akins, Rubén G. Rumbaut and Roger B. Hammer. 2013. *Assessing the Effects of Recent Immigration on Serious Property Crime in Austin, Texas*. Sociological Perspectives, Vol. 56, No. 4, pp. 647 - 672.

Roberts, K. 2000. " China's ' Tidal Wave'of MigranVt Labor: What Can We Learn from Mexican Undocumented Migration to the Unit-ed States. " *International Migration Review*31 （2）.

Scott, M. Myers Source. 1999. "Childhood Migration and Social Integration in Adulthood. " *Journal of Marriage and Family* 61 （3）: 774 - 789.

Sidney Goldstein. 1990. "Urbanization in China. 1987: Effects of Migration and Reclassification. " *Population & Development Review*. 16 （4）: 673 - 701.

Solinger, D. J. 1999. "Citizenship Issues in China's Internal Migration: Comparisons with Germany and Japan. " *Political Seience Quarterly* 114 (3): 455 – 478.

Stark, Oded and Bloom, David E. 1985. "The New Economics of Labor Migration," *American Economic Review*, 75 (2): 173 – 178.

Stark, Oded and Taylor, J. Edward. 1991. "Migration Incentives, Migration Types: The Role of Relative Deprivation. " *Economic Journal* 101 (4): 1163 – 1178.

Tonry, Michael. 1997. " Ethnicity, Crime and Immigration. " *Crime and Justice* 21: 1 – 29.

Tanton, John, and Wayne Lutton. 1993. "Immigration and Criminality in the U. S. A. " *Journal of Social, Political and Economic Studies* 18 (2): 217 – 34.

Wadsworth, Tim. 2004. "Industrial Composition, Labor Markets, and Crime. " *Sociological Focus* 37 (1): 1 – 24.

YF Woon. 1993. "Circulatory Mobility in Post – Mao China: Temporary Migrants in Kaiping County, Pearl River Delta Region. " *International Migration Review*, 27 (3): 578 – 604.

YF Woon. 1999. "Labor Migration in the 1990s: Homeward Orientation of Migrants in the Pearl River Delta Region and Its Implications for Interior China. " *Modern China*, 25 (4): 475 – 512.

附录一　农民工调查问卷

农村人口流动调查问卷

亲爱的朋友：

　　您好！

　　为了解农村人口流动和新农村建设方面的相关情况，探索我国人口流动政策的改革条件，我们在全国农村人口当中开展了这项调查。本调查不用填写姓名，只会耽误您大约 20 分钟的时间。请您根据自己的实际情况填写。您的回答将代表众多与您一样的返乡朋友，请您认真完成。

　　请在相应的选项上打钩或者是在横线上直接填写数字或文字内容。

流动人口调查课题组

2011 年 1 月 5 日

A 基本情况

　　A1 您的性别：①男 ②女

　　A2 您的年龄：＿＿＿＿＿＿＿＿＿＿周岁

　　A3 您的文化程度：①小学毕业及以下 ②初中 ③中专、技校 ④高职 ⑤高中 ⑥大专及以上

　　A4 您的政治面貌 ：①中共党员（正式和预备）②民主党派

③群众

A5 现在您家（以分家为标准，不含有已分家的老人、子女）有几口人？_____ 其中是几代人？_____；有劳动力____人。

A6 你家住房是什么类型的房子：

①楼房②砖瓦平房 ③土坯房 ④木结构房⑤草房或棚屋 ⑥没有房子

您家现住的房子是哪年盖的_____，有多大面积_____平方米；_____人一起居住。

A7 您的婚姻状况（   ）：①未婚且没有女（男）朋友 ②未婚但已有女（男）朋友 ③已婚 ④离婚 ⑤丧偶

A8 您总共有_____个孩子；现在每个孩子的年龄及上学情况是：

孩子次序	孩子年龄	孩子的教育情况是（ ）			
		（1）未到上学年龄	（2）正在中小学读书 孩子的成绩是：①下游②中下游③中游④中上游⑤上游	（3）孩子已经上大学 孩子就读学校是：①专科②三本③二本④普通一本⑤重点一本（211工程以上）	（4）孩子已经不读书了 其毕业学历：①小学②初一③初二④初三⑤高中未读完⑥高中读完⑦专科⑧本科
1					
2					
3					
4					

其中有孩子的请回答下列 A8 题：

您总共有_____个孩子，其中在流动打工地出生的有_____个，在家乡出生的有_____个；现在每个孩子的年龄及上学情况是_____。

B 外出务工情况

B1 您第一次外出打工是哪一年_____年，第一份工作的行业属于下列哪种（　　　）；

打工时间最长的行业属于哪种（　　　）：①生产制造业工人②运输业工人 ③党政事业单位的后勤服务人员 ④住宿餐饮业服务人员 ⑤超市商场服务人员 ⑥个体经营业 ⑦建筑业 ⑧其他职业（请注明）＿＿＿＿＿

B2 您第一份工作是通过什么方式得到的？

①亲戚介绍的 ②同学或朋友帮助联系

③政府组织的 ④用人单位招工

⑤自己找的 ⑥其他（请写明）＿＿＿＿＿＿＿＿＿

B3 您务工前或务工过程中获得过专业技术资格证吗？（　　　）①有 ②没有

B4 您认为自己工作最重要的原因是（限选两项）：（　　　）（　　　）

①别人都出去打工了

②为了给子女创造更好的条件

③见世面、增长见识

④学技术、本领

⑤在家闲得慌

⑥扩大交际圈

⑦工作主要是为了挣钱、谋生

⑧其他（请写明）＿＿＿＿＿＿＿

B5（返乡时间在 3 个月以下者跳至 B7 题）你是哪一年"返乡"的（指最后一次返乡后不再外出打工）＿＿＿＿＿年；您在此次返乡之前曾计划过返乡后不再外出了吗？

①有计划过 ②没有计划过

B6 您当时返乡主要考虑的因素（最多选三项）是：第一＿＿＿＿＿＿第二＿＿＿＿＿第三＿＿＿＿＿

（1）在城里找不到工作

（2）身体得了职业病，要回来养病

（3）自己生了病（不是由工作引起的疾病）

（4）年龄大了，劳动能力下降

（5）要回来自己创业

（6）忍受不了（厌倦）城里的生活状态

（7）为了夫妻生活在一起或为了照顾爱人

（8）为了生孩子

（9）为了子女教育

（10）出于家庭生产经营的需要

（11）为了孝敬父母

（12）其他（请写明）_____

B7 在外打工的日子里，您有过被当地人歧视的经历吗？

	①没有过	②有过，次
在工作时		
在坐车时		
在购物时		
在公园游玩时		
在吃饭时		

B8 总体上讲，您觉得自己在务工地的生活"有尊严"吗？

（　　）①有 ②没有

B9 您现在觉得自己干活（工作）辛苦吗？

①一点不辛苦 ②不太辛苦 ③一般化 ④比较辛苦 ⑤非常辛苦

B10 您感觉自己打工这么长时间，所获得的收入待遇总体上讲公平吗？（　　）

①很公平 ②比较公平 ③一般化 ④不太公平 ⑤很不公平

B11 您打工的单位是否提供下列保险？

项目	提供	不提供
医疗保险		
养老保险		
失业保险		
工伤保险		
生育保险		

B12 您觉得自己通过打工下列方面有变化吗？

影响 方面	①明显 提高	②有所 提高	③无明显 影响	④有所 下降	⑤明显 下降
收入水平					
身体健康					
开阔眼界					
法律知识					
卫生观念					
排队等规则意识					
社会地位					
消费能力					
村庄中影响力					
子女教育重视程度					

C 就业与生活情况

C1 您家里现在一年主要收入来源是依靠：

（1）在本地做散工

（2）在本地做比较稳定的务工

（3）在外地（县以外）务工

（4）个体经营

（5）种自己的田务农

（6）承包他人田地规模化种植

（7）规模化养殖

（8）靠个人积蓄或子女供养

（9）既没有务工，也没有子女依靠，现在是贫困户

（10）其他（请注明）_____

C2 据您了解，与 2005 年农业税减免前相比，每亩农田生产成本大约增加_____元（含化肥、农药、耕作成本），农田灌溉、排水主要是依靠个人解决还是村集体解决？（　　）

①个人解决 ②村集体解决

C3 您觉得自己家生活水平在本村现在属于哪个等级_____；（打过工的请回答）打工前属于____

①上等水平 ②中等偏上 ③中等水平 ④中等偏下 ⑤下等水平

C4 您现在家里还有____亩田地可以耕种？（没有田地的直接跳到 C4）

您家的田地现在是自己种还是承包给别人？

（1）完全自己种或以自己耕种为主——"占收成主要成分的耕种对象是"（   ）

①粮食作物 ②经济作物 ③蔬菜 ④其他

（2）完全承包给别人或承包给别人为主——承包费一年大概为_____元。

C5 您现在干农活还能完全适应吗？

①能 ②不能 ③说不清

C6 您家里 2010 年下列支出大概多少？

（1）人情送礼支出_____

（2）子女教育_____

（3）衣服支出_____

（4）家庭大件耐用消费品支出_____

（5）伙食消费（购买粮油蔬菜或副食品）_____

（6）全年总计大约支出_____

C7 您家里有下列哪些物品：

（1）彩电 （2）黑白电视 （3）电冰箱 （4）洗衣机 （5）热水器 （6）录像机（VCD 和 DVD 等） （7）照相机 （8）电话或手机 （9）空调 （10）电脑 （11）电动车 （12）摩托车 （13）拖拉机 （14）微波炉 （15）农用运输车 （16）轿车

C81 关于经济观念的说法，您认为下列说法是否有道理？

判断说法	①非常有道理	②比较有道理	③一半有道理	④有小部分道理	⑤完全没道理
能挣钱就是好事					

续表

判断说法	①非常有道理	②比较有道理	③一半有道理	④有小部分道理	⑤完全没道理
理想再好不能挣到钱，也没有用					
农村人辍学打工是正常的					
打工能挣到钱一样活得精彩					
有钱能使鬼推磨是正确的					
人有钱比有学历还重要					
农村人有钱一样有地位					
大学生学费太贵上大学不划算					
没钱的人都会比较自卑					
对个人发展而言，学历越来越没有钱重要					

C82 关于农村教育和孩子上学的下列说法有道理吗？

影响说法	①非常有道理	②比较有道理	③一半有道理	④有小部分道理	⑤完全没道理
农民即使对子女教育很重视，孩子也不一定考上大学					
农村孩子即使考上大学，也找不到好工作					
农村孩子即使上大学，找到工作也不一定比打工挣钱多					
农村孩子学习不如城市的孩子好					
农村孩子比城市孩子笨					
农村父母没有城市父母重视子女教育					
农村孩子生活习惯不如城市孩子					
农民即使有条件，孩子成功的机会仍然小于城市					
早点打工挣钱会更多					
在父母的影响方面农村孩子不如城市孩子					

C9 您觉得下列因素对你来说重要吗?

重要性方面	①不重要	②不太重要	③一般化	④比较重要	⑤很重要
农业税取消					
新农村建设政策					
打工时土地不流转出去					
孩子的教育、成长					
一家人在一起					
稳定的生活					
农业劳动方式很自由					
农闲时间多					
农村消费低					
农村空气清新					
农村果蔬新鲜					

C10 当您和家人发生经济困难时首先会求助于:
①家乡亲人和朋友 ②务工时结交的朋友 ③务工所在单位 ④政府部门 ⑤其他_____

C11 您对目前自家收入状况满意吗?请给收入满意情况打个分(100分为满分)_____

C12 您觉得自己幸福吗?给自己的生活幸福度打个分(100分为满分)_____

C13 综合您全家的情况,您认为未来几年您家庭的经济压力会有怎样的变化?
①经济压力越来越大 ②经济压力越来越小 ③经济压力不会有明显变化 ④其他

C14 最近一年您与邻居发生过矛盾吗?(   )①没有过 ②发生过,发生了_____次。

D 社会认知与评价

D1 您觉得下列哪些因素对于一个30岁的人最重要(挑出三

项）：（　　）（　　）（　　）

（1）夫妻关系（2）远离比较严重的职业病（3）经济收入（4）子女教育

（5）人际关系（6）踏实的生活心态（7）健康（不太紧张）的生活节奏

（8）生活环境（卫生条件等）（9）工作稳定性（10）发展前途（11）其他_____

D2 从吃、穿、工作、玩等生活方式上综合来讲，您觉得自己现在像不像一个城里人？

①很像，与城里人基本没有差别 ②有些像，但还有些差别 ③不像，差别很大

D3 对于家乡农村的下列描述与您符合与否？

	1 非常符合	2 比较符合	3 不太符合	4 非常不符
我喜欢家乡农村的安静环境				
我喜欢家乡人与人之间的亲近				
我喜欢家乡熟悉的生活环境				
我已经不习惯家乡比较单调的生活方式（反向）				
我对靠农业生活完全不抱信心（反向）				
我对农业劳作技术基本不了解（反向）				
我非常不愿意回到农村生活（反向）				
我不希望子女在农村接受教育（反向）				
我觉得农村人有良好的品质				
我觉得农村人有人情味生活氛围吸引我				

D4 您觉得在城市生活下列因素对打工的人的影响如何：

影响方面	①影响很小	②影响较小	③影响较大	④影响很大
城市生活费用高				
没有医疗保障				

续表

影响方面	①影响很小	②影响较小	③影响较大	④影响很大
买不起住房				
小孩上学困难				
人际交往少				
空闲时间少				
家人没人照顾				
没有家的感觉漂泊感				
城市交通拥挤				
城市传染病多				

D5 您觉得"有钱就有一切"的说法是否正确？（　　）

①完全正确 ②比较正确 ③不太正确 ④完全不正确

D6 村里面最普遍的打发空闲时间的方式是：

①打牌（麻将、扑克）②看电视 ③聊天 ④闲逛 ⑤去城里 ⑥其他_____

D7 本村现在与十年前对比

	1 明显改善	2 有所改善	3 变化不明显	4 有所恶化	5 明显恶化
村庄道路					
村庄卫生					
村庄人际关系					
村里的治安					
村民的生活水平					
村民住房					
民风					

D8 下列现象在本村是否普遍？

	1 非常普遍	2 比较普遍	3 不太普遍	4 很少	5 没有
父母外出打工，将子女留给爷爷奶奶带					

续表

	1 非常普遍	2 比较普遍	3 不太普遍	4 很少	5 没有
父母过年时"补偿孩子"一下子买很多吃的、玩的					
留守儿童成绩下降					
留守儿童习惯不太好					
老人照顾孙子很费力，但照看效果又不好					
农业耕种、收割方面实行机械化					
村民在盖房的事情上有攀比的心理					
买了洗衣机而放着不用					
买了冰箱放着不用					
买了空调放着不用					

D9 您觉得本村的下列现象是否越来越多？

	变化趋势		
	（1）越来越多	（2）没有变化	（3）越来越少
邻里互助			
对老人很孝敬			
热心村集体的事情			
自私自利			
在家待不住、只想在城里			
在家没意思、靠打牌消磨时间			
铺张浪费			
做事情有自己的主意不随大流			
村集体的事情没人管			
不愿意干农活			
挣多少花多少			

D10 据您所知，本村参与赌博的人大概有几个？ _____

D11 您认为身边熟悉的人中，大多数人的生活压力：

①明显在增加 ②有一定增加，但不明显 ③没有变化 ④有一定减弱 ⑤明显减弱

D12 据您观察，身边的大多数人对未来生活的信心：

①明显增强 ②有一定增强 ③基本没有变化 ④有所减弱 ⑤明显减弱

D13 据您了解，身边熟悉的人对未来几年社会公平的感觉是怎么样的？（　　）

①90%以上的人都有信心，相信越来越公平 ②大约70%～80%的人有信心

③大约50%～70%的人有信心 ④大多数人没有信心，有信心的人只占少数

D14 就周围的大多数人来讲，您感觉大家的生活心态比以前是否变得更乐观？（　　）

①是，比以前更乐观②没有变化③不是，比以前更悲观

D15 就您观察和感觉，现在抱有怨恨（恨政府、恨社会、恨他人）心理的人比前些年是增加了还是减少了？（　　）

①增加很多 ②有所增加③没变④有所减少 ⑤减少很多

D16 您认为未来几年下列情况将上升还是下降？

	将会明显上升	将会有所上升	不会有变化	将会有所下降	将会明显下降
社会贫富分化加快					
底层人向上流动的机会					
农村孩子的受教育机会					
民众不满情绪					
官员腐败程度					
总体社会稳定程度					
群体上访事件发生率					

附加题

关于农民打工的影响和农民工返乡方面，您觉得还有什么要说的？

另外，仍然在外务工的人请回答：您未来准备在城市安家还是返回家乡？如果是在城市安家，您觉得有哪些条件？如果是回家乡，准备什么时候回？为什么？

调查员签名：_____

评估调查对象的家庭经济地位层次_____

附录二　村主任或村民小组长调查问卷

1. 本村总人口是多少_____，目前在外务工的有多少人_____；本村从来没有家庭成员外出打工过的有_____户。

2. 本村最早有人外出打工大概是哪一年____；外出打工的人明显开始增多是哪一年_____。

3. 本村最近两年内约有多少个打工的人返乡（停留三个月以上）_____；而后又出去打工的有多少_____；到目前为止返乡（停留三个月以上）仍然没有外出的有_____人；

其中，回来以在本乡镇（街道）或县城及附近打工为主业的有多少人_____；

回来开个体经营（商店、理发店等）为主业的有多少人_____；

回来从事运输为主业的有多少人_____；回来以农业为主业的有多少人_____；

回来以开厂办企业的有多少人_____；

回来以后既无再就业也无子女依靠从而陷入"贫困户"的有多少人_____。

4. 本村有多少人在工作中遭遇过工伤_____？工伤对其个人和家庭生活、劳动的影响怎么样？（可以结合有工伤经历的对象本人进行调查补充）；

本村务工人员有_____个得职业病的（或者是工作中发现的，或者回乡后发现的）？遭遇了职业病都是怎么处理的？

5. 本村村民在城里（县城与城市）买房的人有_____个；在镇上买房或建房的有_____个。

6. 最近两年内正在读初中的孩子不念完初中就不上了的有多

少个_____，这些不上学的孩子中不上学后直接就去打工的有多少个_____。

7. 根据您的判断，村里初中不读完的孩子多数情况下主要原因是：

①缺乏父母的管教 ②孩子笨，学不会 ③老师教学质量差 ④社会风气太坏所影响 ⑤其他_____

8. 您觉得本村由老人照顾孙子孙女的家庭大约占所有家庭的比例为_____%。

9. 最近五年内本村总共出了几个大学生_____，其他有几个大学生是父母有外出打工经历的_____，有几个是父母没有外出打工经历的_____。

10. 您认为现在本村村民对孩子教育非常重视的占多少比例？____%。

11. 您感觉在孩子上小学时，父母在家与父母不在家的孩子上学成绩有明显差别吗？请举例说明。

12. 据您的了解，总体上讲（综合包括为人处世、学习成绩等），您感觉流动儿童（父母带出去的孩子）与留守儿童（父母外出打工时放在家里的孩子）在小学、初中阶段的身体健康、性格特征、生活习惯等方面有明显的区别吗？

13. 本村现在有_____个村干部（村委会加上党支部），村民小组长有_____个。您觉得村民小组长在农村治理中重要吗？试阐述理由。

14. 社会上有一种说法"孙子住楼房、儿子住平房、老头住草房"，比喻老人与孩子之间的关系，据你了解，本村存在或类似于这种现象的老人有____户，其中属于老人心甘情愿（比如为了孩子小夫妻之间不闹矛盾）的占有____户；父母不情愿但孩子不孝老人也没有办法的有____户。

15. 据您了解，现在村里人一般经济状况的家庭办一场婚礼下列开支大约是多少？

（1）给女方的钱（包括见面礼、聘礼、彩礼等）_____元；

（2）办宴席的钱_____元；

（3）用车_____元；

（4）化妆、结婚照_____元；摄影费_____元；

（5）总计大概_____元。

16. 您觉得本村在外打工的年轻人（30 岁以下者）有多少人愿意返回家乡生活：

（1）多数愿意返回家乡（2）约一半（3）一少部分（4）没有

17. 宗教组织、六合彩等非政府组织现象在本村或邻近村是否存在，请讲一下您所知道的参与时间、人数规模、家庭影响、村庄影响。

18. 本村有村民合作社吗或合作组吗？如果有，请简单阐述它们成立的时间、效果、评价（合作成本、收益）。如果没有，请阐述村民成立合作社或组的意愿、困难。

19. 返乡创业人员（不从事农业的返乡者）的情况，有多少个人回来创办企业、开店经营（个体户），有哪些问题？对返乡后创业的影响因素评价：政府税收、管理，贷款、市场潜力，本地"混混"的干扰等。

20. 您觉得如果让那些想在城市买经济适用房的农民放弃农村土地、宅基地，可行吗？请阐述您的理由。

21. 您觉得村里的治安与大量村民外出打工前相比，有什么变化？

22. 您所知道的本村外出打工的人中，在务工过程中找到对象的有____人；其中找到的对象属于本县以外范围的有____人。

23. 在您认识的农村人当中，结婚以后因为一方或双方外出务工导致离婚的现象有没有？

①没有 ②有，有____户

24. 在您认识的农村人当中，达到婚恋年龄但找不到合适对象的人有没有？

①没有 ②有，有男性____个、女性____个

25. 在您认识的农村外出打工者当中，与城里人结婚（正在恋爱准备结婚的也算）的有没有？

①没有 ②有，有男性____个、女性____个

26. 据您所知，在外面打过工以后，回来在本村或乡镇上干个体户的有多少人？　_____

开办企业（8 人以上的厂）的有多少人？　_____

27. 在农业税减免后，有把减免前承包给别人的田地又要回来自己耕种的吗？

（1）没有（2）有，很少（3）有，比较多

28. 据您所知，本村本来学习不错的孩子因缺乏父母管教而辍学或被开除的有几个？　_____

29. 您认为本村在发展过程中生产建设、邻里关系等方面最突出的障碍或问题是什么，您有什么建议？

附录三　犯罪的农村青少年成长
过程调查问卷

青少年朋友：

　　为探讨国家的农业与农村政策改革的需要，本课题想对农村出生的青少年成长过程作一些调查，拟借此对国家相关政策尤其是农村人口流动政策提供借鉴，您的回答将代表成千上万的农村青少年，同时我们匿名记录您回答的信息，请您真实回答。

　　非常感谢您的配合，请您在相应的选项上打钩或者是将答案写在横线上或将选项的代号写在括号里。

A 基本情况

　　A1 您的性别：①男 ②女

　　A2 您的年龄＿＿＿＿＿＿＿＿＿＿周岁；您已经外出打工几年了（从第一次外出算起）？

　　A3 婚姻状况（　　）：①未婚 ②初婚有配偶 ③再婚有配偶 ④离婚 ⑤丧偶

　　A4 您的户口性质（　　）：①农业 ②非农业 ③其他

　　A5 您目前的户口所在地（　　）：

　　①浙江 ②四川 ③贵州 ④云南 ⑤安徽 ⑥湖南 ⑦湖北 ⑧江西 ⑨河南 ⑩其他

　　A6 您总共上了多少年学＿＿＿＿＿＿＿＿＿（从小学开始，按实际上学的年数计算）

　　A7 您父亲上了多少年学＿＿＿＿＿＿＿＿＿；您母亲上了多少年学＿＿＿＿＿＿＿＿＿

父母亲是否有过离婚（　　　）：①没有 ②有，具体离婚年份是＿＿＿＿＿＿＿

父亲或母亲已经去世的请回答：父亲去世＿＿＿＿＿＿＿年了；母亲去世＿＿＿＿＿＿＿年了。

A8 您 7～12 岁时，您家经济条件在本村属于（　　　）；

12～15 岁您家经济条件在本村属于（　　　）

①下层 ②中下层 ③中层 ④中上层 ⑤上层

A9 您在"进来"之前是做什么工作的（　　　）：

①建筑工 ②小餐馆儿做服务员 ③大宾馆饭店做服务员

④在娱乐业（如歌厅、舞厅、酒吧等）做服务员 ⑤做保安

⑥大型企业（100 人以上）的员工 ⑦给小企业或个体户打工 ⑧运输业工人

⑨装修工或修理工 ⑩收废品 ⑪自己做买卖（个体户）

（12）其他（请注明）＿＿＿＿＿＿＿＿＿＿

A10 您有什么技术吗？（　　　）①会开车（驾驶）②厨师 ③木工 ④油漆工 ⑤电工 ⑥按摩推拿 ⑦车床 ⑧其他（请注明）＿＿＿＿＿＿＿＿

A11 您的收入稳定吗？（　　　）

①很不稳定 ②不稳定 ③不太稳定 ④比较稳定 ⑤非常稳定

A12 在进监狱之前您平均月收入有多少？＿＿＿＿＿＿＿＿＿＿；

在进监狱之前您有收入时，是否寄钱回家（　　　）：

①不寄 ②寄，平均每月寄多少＿＿＿＿＿＿＿

A13 在进监狱之前您平时收入够花费开支吗？（　　　）

①完全不够，缺口很大 ②不够，缺一些 ③差不多 ④有一些剩余 ⑤有较多剩余

A14 您有几个亲兄弟姐妹：＿＿＿＿＿＿＿＿＿；

有的话，他（她）或他们当中上学年数最多的是＿＿＿＿＿＿＿年。

A15 您被抓"进来"的主因是＿＿＿＿＿＿＿＿＿＿＿＿。

A16 您被判的刑期是＿＿＿＿＿年＿＿＿＿＿月；

在这一次犯罪进监狱之前是否进过监狱（　　　）：①否 ②是

B 成长过程

B1 在您 0~6 岁阶段：您的父亲（　　）；母亲（　　）；

①一直打工或者是以外出找工为主 ②一直在家或者是以在家为主

您自己的情况是（　　）①跟随父母或其中一人在务工地上学 ②在老家上学 ③自己去打工或者跟别人去打工

B2 在您 7~11 岁（相当于小学）的时间段：您的父亲（　　）；母亲（　　）；

①一直打工或者是以外出找工为主 ②一直在家或者是以在家为主

您自己的情况是（　　）①跟随父母或其中一人在务工地上学 ②在老家上学 ③自己去打工或者跟别人去打工

B3 在您 12~15 岁（相当于初中）的时间段：您的父亲（　　）；母亲（　　）；

①一直打工或者是以外出找工为主 ②一直在家或者是以在家为主

您自己的情况是（　　）①跟随父母或其中一人在务工地上学 ②在老家上学 ③自己去打工或者跟着别人去打工

B4 您外出打工是从哪一年开始的？（　　）

①小学毕业 ②初中一年级③初中二年级④初中三年级 ⑤高中及以后

B5 您父亲希望您好好读书上大学的愿望高不高（　　）；母亲呢（　　）

①很低 ②较低 ③一般化 ④较高 ⑤非常高

B6 您父亲管教您的方式严不严？（　　）；您母亲管教您的方式严不严？（　　）

①很不严 ②较不严 ③一般化 ④较严 ⑤非常严厉

B7 在您的成长过程中，管您最多（影响你最多）的人是（　　）；其次是（　　）

①父亲 ②母亲 ③兄弟姐妹 ④爷爷奶奶 ⑤外公外婆 ⑥叔叔婶婶或姑妈姑夫 ⑦舅舅舅妈或姨妈姨夫 ⑧其他（请注明）_____

B8 您在小学和初中时，学习成绩在班里大概怎么样的：小学时（　　）初中一年级（　　）初中三年级（　　）

①下游 ②中下游 ③中游 ④中上游 ⑤上游

B9 下列情况描述项目是否符合您的个人经历，请在相应的选项上打钩

6～14岁的情况总体描述	1 很不符合	2 不符合	3 基本符合	4 符合	5 很符合
不管父母多么忙碌，总想多留一些时间陪我	1	2	3	4	5
父母能以愉快的心情与我相处	1	2	3	4	5
父母与我谈话时经常正面引导而不是批评	1	2	3	4	5
父母觉得我能过得快乐比学习成绩好更重要	1	2	3	4	5
父母觉得我犯错误虽然不应该但属于正常的	1	2	3	4	5
我说话时，父母能耐心地听完	1	2	3	4	5
父母能够与我经常亲密地接触（如拉手、拥抱）	1	2	3	4	5
父母一直认为我是一个好孩子	1	2	3	4	5
父母与我谈话时能够了解我内心的感受	1	2	3	4	5
我愿意主动告诉父母我在学校发生的事情和内心感受	1	2	3	4	5
总体上讲，我很满意父母与我的交往状况	1	2	3	4	5

B10 下列关于个人生活状态的描述内容，请选择与您的情况符合程度：

犯罪前的情况描述项	1 很不符合	2 不符合	3 基本符合	4 符合	5 很符合
我经常感觉压力很大	1	2	3	4	5
我对自己究竟想成为怎样的人感觉很困惑	1	2	3	4	5

犯罪前的情况描述项	1 很不符合	2 不符合	3 基本符合	4 符合	5 很符合
我感觉自控能力很差（控制不住自己）	1	2	3	4	5
我感觉自己在小学阶段父母不关心我的学习	1	2	3	4	5
我感觉父母的教育方式不对	1	2	3	4	5
我感觉父母的关系不是太融洽	1	2	3	4	5
我感觉自己与父母之间沟通有困难	1	2	3	4	5
我的情绪时好时坏	1	2	3	4	5
我经常感觉到无助	1	2	3	4	5
我的交往圈比较小	1	2	3	4	5

B11 在您进监狱之前的工作和生活中，下列感觉是否明显？

感觉到累 （　　） ①不明显 ②比较明显 ③很明显

感觉到受歧视 （　　） ①不明显 ②比较明显 ③很明显

感觉生活单调 （　　） ①不明显 ②比较明显 ③很明显

感觉找恋爱对象很难 （　　） ①不明显 ②比较明显 ③很明显

感觉社会不公平 （　　） ①不明显 ②比较明显 ③很明显

C 社会评价

C1 在今后的打算上，您更倾向于在城市里生活还是回农村生活？

①完全倾向于回农村 ②比较倾向于回农村 ③两者没有什么差别 ④比较倾向于待在城里 ⑤完全倾向于留在城里

C2 下列对城市的感觉描述是否符合您的情况：

城市里很好玩 （　　） ①很不符合 ②不符合 ③基本符合 ④比较符合 ⑤很符合

城市很漂亮 （　　） ①很不符合 ②不符合 ③基本符合 ④比较符合 ⑤很符合

想留在城市，但没能力 （　　） ①很不符合 ②不符合 ③基本

符合 ④比较符合 ⑤很符合

在城市生活很累 （　　　） ①很不符合 ②不符合 ③基本符合 ④比较符合 ⑤很符合

我恨城市里有钱的人 （　　　） ①很不符合 ②不符合 ③基本符合 ④比较符合 ⑤很符合

C3 下列对于"富人"的说法，您是否同意：

富人有钱是他们的事，与我无关 （　　　） ①不同意 ②同意

富人有钱是因为他们有能力 （　　　） ①不同意 ②同意

富人享受好的生活是他们有条件、是应该的 （　　　） ①不同意 ②同意

大多数富人都是好人 （　　　） ①不同意 ②同意

应该相信大多富人的钱是合法的 （　　　） ①不同意 ②同意

C4 如果让您对父母亲在教育您的"用心"程度上打分：您会打多少分？

对父亲的"用心"程度打_____分；对母亲的用心程度打_____分。

C5 您是否同意"大学毕业生出来一样没有工作，还不如中学毕业就出去闯"？ （　　　）

①完全同意 ②比较同意 ③说不准 ④不太同意 ⑤完全不同意

C6 就您个人而言，您认为在您成长过程中有哪些条件或者是机会具备的话，您可能不会犯罪？比如老师教育方面、父母教育方面、自己的学习机会等。

附录四　农村青少年成长过程调查问卷
（高三毕业生和大学生用）

青年朋友们：

　　为探讨国家的农业与农村政策改革的需要，本课题想对农村出生的青少年成长过程作一些调查，拟借此对国家相关政策尤其是农村人口流动政策提供借鉴，您的回答将代表成千上万的农村青少年，同时我们匿名记录您回答的信息，请您真实回答。

　　非常感谢您的配合，请您在相应的选项上打钩或者是写上相应的数字。

A 基本情况

　　A1 性别（　　　）：①男 ②女

　　A2 年龄：＿＿＿＿＿＿ 周岁

　　A3 您的文化程度（　　　）：①初中及以下 ②高中 ③中专 ④职高 ⑤大专 ⑥本科

　　A4 您的家乡所在地属于（　　　）：①发达区域 ②欠发达区域

　　A5 您有几个亲兄弟姐妹：＿＿＿＿＿；有的话，他（她）或他们当中文化程度最高的是（　　　）：

　　①小学 ②初中 ③高中 ④中专/职高 ⑤大专 ⑥本科 ⑦研究生

　　A6 您父亲的文化程度是（　　　）；母亲的文化程度是（　　　）

　　①未上小学 ②小学 ③初中 ④高中 ⑤中专/职高 ⑥大专 ⑦本科及以上

　　A7 在您读小学时，您家经济条件在本村属于（　　　）；初中时您家经济条件在本村属于（　　　）

①下层 ②中下层 ③中层 ④中上层 ⑤上层

B 成长过程

B1 在下列年龄段您的父母和您自己的情况分别是怎么样的？

B1-1 在您 0~6 岁阶段：您的父亲（　　）；母亲（　　）；

①一直打工或者是以外出找工为主 ②一直在家或者是以在家为主

您自己的情况是（　　）①跟随父母或其中一人在务工地上学 ②在老家上学

B1-2 在您 7~11 岁（小学）阶段：您的父亲（　　）；母亲（　　）；

①一直打工或者是以外出找工为主 ②一直在家或者是以在家为主

您自己的情况是（　　）①跟随父母或其中一人在务工地上学 ②在老家上学

B1-3：在您 12~14 岁（初中）阶段：您的父亲（　　）；母亲（　　）；

①一直打工或者是以外出找工为主 ②一直在家或者是以在家为主

您自己的情况是（　　）①跟随父母或其中一人在务工地上学

②在老家上学 ③自己去打工或者跟着别人去打工

B2 您父亲希望您好好读书上大学的愿望高不高（　　）；母亲呢（　　）

①很低 ②较低 ③一般化 ④较高 ⑤非常高

B3 您父亲管教您的方式严不严？（　　）；母亲管教您的方式严不严？（　　）

①很不严 ②较不严 ③一般化 ④较严 ⑤非常严厉

B4 在您的成长过程中，管您最多（影响您最多）的人是（　　）；其次是（　　）

①父亲 ②母亲 ③兄弟姐妹 ④爷爷奶奶 ⑤外公外婆 ⑥叔叔婶

婶或姑妈姑夫 ⑦舅舅舅妈或姨妈姨夫 ⑧其他（请注明）＿＿＿＿＿＿

B5 您在小学和初中时，学习成绩在班里大概怎么样的：小学时（　　）初中一年级（　　）初中三年级（　　）

①下游 ②中下游 ③中游 ④中上游 ⑤上游

B6 下列情况描述项目是否符合您的个人经历，请在相应的选项上打钩

6～14岁的情况描述项	1很不符合	2不符合	3基本符合	4符合	5很符合
不管父母多么忙碌，总想多留一些时间陪我	1	2	3	4	5
父母能以愉快的心情与我相处	1	2	3	4	5
父母与我谈话时经常正面引导而不是批评	1	2	3	4	5
父母觉得我能过得快乐比学习成绩好更重要	1	2	3	4	5
父母觉得我犯错误虽然不应该但属于正常的	1	2	3	4	5
我说话时，父母能耐心地听完	1	2	3	4	5
父母能够与我经常亲密地接触（如拉手、拥抱）	1	2	3	4	5
父母一直认为我是一个好孩子	1	2	3	4	5
父母与我谈话时能够了解我内心的感受	1	2	3	4	5
我愿意主动告诉父母我在学校发生的事情和内心感受	1	2	3	4	5
总体上讲，我很满意父母与我的交往状况	1	2	3	4	5

B7 下列关于个人生活状态的描述内容，请选择与您的情况符合程度：

最近几年情况描述项	1很不符合	2不符合	3基本符合	4符合	5很符合
我经常感觉压力很大	1	2	3	4	5
我对自己究竟是什么样的人感觉很困惑	1	2	3	4	5
我感觉自控能力很差（控制不住自己）	1	2	3	4	5

续表

最近几年情况描述项	1 很不符合	2 不符合	3 基本符合	4 符合	5 很符合
我感觉自己在小学阶段的学习习惯有问题	1	2	3	4	5
我感觉父母的教育方式不对	1	2	3	4	5
我感觉父母的关系不是太融洽	1	2	3	4	5
我感觉自己与父母之间有代沟	1	2	3	4	5
我的情绪经常波动	1	2	3	4	5
我经常感觉到无助	1	2	3	4	5
我的交往圈比较小	1	2	3	4	5

C 社会评价

C1 下列对于富人的说法，您是否同意：

富人有钱是他们的事，与我无关（　　）①不同意 ②同意

富人有钱是因为他们有能力（　　）①不同意 ②同意

富人享受好的生活是他们有条件、是应该的（　　）①不同意 ②同意

大多数富人都是好人（　　）①不同意 ②同意

应该相信大多富人的钱是合法的（　　）①不同意 ②同意

C2 如果让您对父母亲在教育您的用心程度上打分：您会打多少分？100 分为满分。

对父亲的用心程度打_____分；对母亲的用心程度打_____分。

C3 您同意"孩子读到大学出来在大城市一样没有工作，还不如中学毕业就出去闯"的说法吗？（　　）①完全同意 ②比较同意 ③说不准 ④不太同意 ⑤完全不同意

C4 对于农村人口外出打工和他们的子女教育，您还有什么想说的？请记录在下面。

图书在版编目（CIP）数据

农民工的终结：基于社会成本与城镇化背景的考察／
刘成斌著. -- 北京：社会科学文献出版社，2017.11
（华中科技大学社会学文库. 教授文集系列）
ISBN 978 - 7 - 5201 - 1699 - 2

Ⅰ.①农…　Ⅱ.①刘…　Ⅲ.①民工 - 城市化 - 研究 -
中国　Ⅳ.①D422.64

中国版本图书馆 CIP 数据核字（2017）第 267725 号

华中科技大学社会学文库·教授文集系列
农民工的终结
——基于社会成本与城镇化背景的考察

著　　者／刘成斌

出 版 人／谢寿光
项目统筹／谢蕊芬　任晓霞
责任编辑／任晓霞　马甜甜

出　　版／社会科学文献出版社·社会学编辑部（010）59367159
　　　　　地址：北京市北三环中路甲29号院华龙大厦　邮编：100029
　　　　　网址：www.ssap.com.cn
发　　行／市场营销中心（010）59367081　59367018
印　　装／三河市尚艺印装有限公司

规　　格／开　本：787mm×1092mm　1/16
　　　　　印　张：23.75　字　数：336千字
版　　次／2017年11月第1版　2017年11月第1次印刷
书　　号／ISBN 978 - 7 - 5201 - 1699 - 2
定　　价／99.00元